东北亚研究丛书

中国东北与俄罗斯远东区域经济合作研究

STUDY ON
REGIONAL ECONOMIC COOPERATION
BETWEEN NORTHEAST CHINA AND RUSSIAN FAR EAST

胡仁霞 著

社会科学文献出版社
SOCIAL SCIENCES ACADEMIC PRESS (CHINA)

　　本书为教育部社科重大项目"中国图们江区域合作开发战略研究"（12JZD050）和2013年吉林大学平台基地建设项目"俄罗斯远东经济发展及中俄区域合作"的研究成果。

内容摘要

在当今世界，开放与合作已经成为各国发展经济的重要途径。远东是俄罗斯最大的一个经济区，位于亚洲东部，与我国东北地区毗邻。该区自然资源丰富，但经济发展落后。为振兴远东经济，维护国家领土安全，2007 年 2 月，俄罗斯政府出台了《2013 年前远东及外贝加尔地区经济社会发展联邦专项规划》。随后，在 2010 年 1 月又批准了《2025 年前远东和贝加尔地区社会经济发展战略》。与此同时，中国改革开放 30 年来，经济快速发展，取得举世瞩目的成绩。然而，东北地区由于体制性、结构性等问题的制约，进入 20 世纪 90 年代以来，经济发展相对滞后，为统筹全国区域经济发展，2003 年中国政府提出推进东北老工业基地振兴战略。2007 年 8 月，国务院正式批复了《东北地区振兴规划》。

中俄两国政府振兴地方经济的规划相继出台，为两地经济一体化提供了难得的机遇。为协调两国的区域发展战略，2009 年 9 月，中俄两国签署了《中华人民共和国东北地区与俄罗斯联邦远东及东西伯利亚地区合作规划纲要（2009～2018 年）》，为两地经济创造大量的合作商机和发展空间。如何抓住这一历史机遇，促使两国的区域振兴和开发相互衔接，实现互利共赢，成为两国政府、学术界以及相关实业界人士迫切需要解决的问题。

本书以区域合作理论为基础，对中国东北和俄罗斯远东区域的发展合作进行综合分析，并依据两地的发展战略规划及国际区域经济合作的发展趋势和规律，在立足于区位比较优势的基础上，全面分析了东北与远东开展区域合作的有利因素和所面临的障碍，着重探究了两地开展区域合作的模式以及实现路径，并提出了适合两地开展区域经济合作的推进机制及我国政府促进两地区域合作的政策选择。

Abstract

In the world today, opening and cooperation have become the important approaches for all the countries to develop the economy. The Far East is the largest economic region of Russia, located in the east of Asia and neighboring Northeast China. The region, with the rich natural resources, but is economically backward. In order to revive the economy of the Far East and maintain the national territorial security, the Russian government promulgated the Outline of Economic and Social Development Objectives of the Far East and Zabaikilsk by 2013 in 2007. Subsequently, it approved the Social and Economic Development Strategy of the Far East and Baygal by 2025 in 2010. Meanwhile, since the reform and opening to the outside, the economy of China has been rapidly developed. However, limited by some problems such as system and structure, etc. , Northeast China has had the economic development relatively backward since 1990s. In order to plan the regional economic development of the country as a whole, the Chinese government presented the strategy of reviving the old industrial base of Northeast China. In 2007, the State Council officially approved the Revival Plan of Northeast China.

The successive promulgation of the plans of reviving the local economy of the Chinese government and the Russian government has provided the unprecedented opportunity for the economic integration of the two regions. In order to coordinate the regional development strategy of both the countries, the heads of state of the two countries signed the Outline of Cooperation Plan of Northeast China and the Far East and East Siberia of Russia (2009 – 2018) . It has become the topic and mission that the governments, academic circles and relevant industrial circles of the two countries are urgent to deal with how to grasp the historical opportunity, implement the plan outline and achieve the connection of economic development, mutual benefits and win – win of the two regions.

Based on the regional cooperation theory, the dissertation carries out the comprehensive analysis of the regional cooperation of Northeast China and the Far East of Russia, comprehensively analyzes the favorable factors and barriers for the regional cooperation of the Far East and Northeast China according to the development strategy plans of the two regions and the development trends and laws of the international regional economic cooperation, puts emphasis on the research on the regional cooperation modes and paths of the two regions and presents the promotion mechanism suitable to the regional economic cooperation of both the regions and the policies selected by the governments of the two countries to promote the regional cooperation of the two regions.

目 录

CONTENTS

CONTENTS

前　言

一　研究背景及意义

远东地区是俄罗斯最大的一个经济区，位于亚洲东部，与我国东北地区毗邻。该地区拥有丰富的自然资源，却一直未能得到充分开发。在冷战时期，远东地区作为苏联的军事重地长期对外封闭，人口稀少。俄罗斯独立后，受苏联解体和激进市场经济改革等因素的影响，远东经济同全国一样，遭到严重的打击，持续多年下滑。直至1999年伴随全国经济的复苏，远东经济才开始出现增长。但同全国相比，远东地区的经济发展水平落后于全俄平均水平。该地区远离俄罗斯西部中心地区且气候恶劣，诸多原因导致该地区的人口流失严重。

俄罗斯政府意识到，如果不改变远东地区的落后状况，那么未来俄罗斯将失去这一地区。为振兴远东经济，维护国家领土安全，同时也为了为国家经济的持续发展提供新的动力和资源保障，俄罗斯政府开始重视并大力推动东部地区的经济发展。虽然冷战结束后，俄罗斯政府多次制定远东地区的发展规划，但由于中央重视程度不够或资金不足等诸多原因，这些规划最终都没有得到落实。普京执政后，随着经济的复苏和国家财政的充实，俄罗斯政府将远东地区的开发提上议程。2007年2月，俄罗斯政府出台了《2013年前远东及外贝加尔地区经济社会发展联邦专项规划》。随后，2010年1月20日普京又批准了《2025年前远东和贝加尔地区社会经济发展战略》。此外，俄罗斯政府还积极争取到2012年在远东符拉迪沃斯托克（海参崴）召开亚太经合组织峰会的机会，所有这一切的目的就是推动远东地区的全面开发与发展。

与此同时，中国改革开放30年来，经济取得了快速发展，然而也存在区域发展不平衡的问题。其中与俄罗斯远东地区毗邻的东北地区由于体制性、结构性等问题的制约,进入 20 世纪 90 年代以来,经济发展相对滞后,进一步发展面临许多困难和问题。为统筹全国区域经济发展,2003 年中国政府提出推进东北老工业基地振兴战略。2007 年 8 月,国务院正式批复了《东北地区振兴规划》。

经济全球化与区域经济一体化是当今世界经济发展并行的两大趋势。世界各国及地区为了维护本国或本地区的利益,积极开展区域经济合作。远东与东北地区不仅地理位置毗邻,而且经济结构互补,开展区域合作具有得天独厚的条件。为适应世界经济全球化和区域经济一体化的形势,推动中俄毗邻地区区域合作的顺利开展,中俄两国领导人于 2009 年 9 月 23 日正式批准了《中华人民共和国东北地区与俄罗斯联邦远东及东西伯利亚地区合作规划纲要 (2009 ~ 2018 年)》,希望通过中国振兴东北与俄罗斯开发远东两大战略的相互衔接,积极促进两地的经济融合,实现两地同步振兴与开发的目的。俄罗斯远东发展战略与中国振兴东北规划的出台,为两地提供了千载难逢的发展机遇,特别是两地合作规划纲要的出台,将有利于推动两地的经贸合作形式从单一的贸易形式扩大到资源开发、工程承包等多种形式。

远东与东北开展区域合作不仅顺应时代潮流,符合经济发展的规律,而且更符合两国两地居民的切身利益。因为开展区域合作不仅能为两地的贸易投资带来便利,而且能够带来商机,实现优势互补,促进两地的经济发展。远东资源丰富但缺乏资金、技术和劳动力,而中国的资金、实用技术、商品和劳动力相对比较充足,所以,加强两地间的区域合作,通过生产要素的自由流通,能够实现生产要素的最佳配置,提高两地的生产能力。

中俄区域合作是两国双边合作的重要组成部分。远东与东北开展区域合作,不仅有利于毗邻地区的经济发展,提高当地居民的生活水平,而且有助于巩固中俄交界地区的稳定与睦邻友好关系,推动两国经贸合作在现有的基础上实现战略升级。

二　国内外研究现状

随着俄罗斯东部开发战略的出台,特别是 2009 年 9 月中俄两国政府签署了《中华人民共和国东北地区与俄罗斯联邦远东及东西伯利亚地区合作规划纲要（2009～2018年）》后，我国政府主管部门和相关学者开始关注这一问题，设立了一些相关的科研项目，并发表了一些相关的论文。但是因为问题提出的时间比较短，而且从实践上看，双方的区域合作尚未有实质性的进展，所以，全面系统地研究两地合作的著作至今还很少。

在国内已公开发表的文献中，一些学者从各自的研究领域出发，对远东地区的经济发展状况做了比较深入的研究。比如俄罗斯科学院远东分院的米纳基尔教授所著的《俄罗斯远东经济概览》（1995），对远东地区的自然资源和人口发展状况，以及远东地区的经济发展和调节机制等方面做了深入的分析。在关于中俄合作方面的研究文献中，黑龙江大学戚文海教授所著的《中俄能源合作战略与对策》（2006）和《中俄科技合作战略与对策》（2008），对中俄两国在能源和科技领域的合作做了全面系统的研究。在涉及远东和东北合作的相关论文中，黑龙江大学李传勋教授所著的《中国东北经济区与俄罗斯远东地区经贸合作战略升级问题研究》（载《俄罗斯中亚东欧市场》2008年第9期）对远东和东北在经贸领域的合作进行了深入研究。此外，还有一些学者对两地劳务、资源和运输等领域的合作进行了研究。在俄罗斯，专门对两地合作进行综合研究的著作还很少见，主要是一些学者就中俄某个领域的合作发表了一些专著和论文。

自20世纪90年代开始，随着东北亚地区经济的快速发展，国内对东北亚区域经济合作的研究开始升温，一些学者对包括远东、东北在内的东北亚地区的政治经济形势进行了大量的历史分析和现实考察，并在此基础上对东北亚合作存在的制约因素和发展前景等问题做了大量研究，同时也对东北亚区域经济合作的基础、合作的必要性、可行性以及该地区开展合作的模式、特点及其对世界经济的影响等进行了深入分析。

综观国内外的研究现状可以发现，由于两地的合作尚处于初级阶段，且涉及两地经贸合作的内容比较宽泛，所以目前国内外对远东和东北开展区域合作的全面综合分析较少，尤其是对两地在合作模式与运行机制方面的研究显得不足。但是，国内外相关学者的研究成果及研究视角给笔者很大启发，为本书的研究提供了很多科学素材，具有较高的参考价值。此外，我国与俄罗斯接壤的边境地区的对俄经贸合作的实践与经验总结不仅为本书的研究提供了素材和分析依据，而且也有助于笔者更客观地认识和总结两地开展区域合作的模式及路径选择。

三 研究思路

本书顺应经济全球化与区域经济一体化发展的时代背景，以两国政府出台的地区发展振兴规划为切入点，立足于两国政府出台的地区发展战略，依据区域经济合作的基本理论，遵循地域分工与协作的基本规律，在中国东北和俄罗斯远东地区现有的经贸合作的基础上，深入分析两地开展合作的有利因素和制约因素，探讨两地发展区域合作的模式、实施途径以及推动机制。

本书分析了远东和东北地区的经济发展现状、两地开展合作的可行性及必然性，立足于两地的比较优势，总结了两地开展合作的优先领域。考虑到两地之间不仅社会制度不同，而且经济技术发展水平也不同，特别是历史文化方面存在较大差异，因此，两地开展区域合作应当依据循序渐进的原则，以边境经贸合作为依托，以双方的中心城市为核心，以远东地区的石油、天然气、森林工业、农业等优先合作领域为切入点，通过大项目的带动作用，实现两地之间跨界产业的联合，最终消除或减少两地间商品和要素的流动障碍，实现两地各种要素的优化配置。

本书正文部分共分七章，主要内容如下。

第一章介绍了区域经济一体化的基本理论及相关实践。了解区域经济一体化的理论不仅可以为两国开展合作提供思想和战略方面的理论支持，而且还可以对实际工作起到指导和预见作用。

1950 年，美国经济学家维纳在《关税同盟问题》一书中首次提出了关税同盟理论，其主要观点是关税同盟会产生贸易创造和贸易转移两种不同的效应。关税同盟的获益与否取决于这两种效应的抵消结果。而关税同盟的效应又可分为静态效应和动态效应。一般来说，关税同盟建立后，由于实现了商品自由流通，各国间竞争加剧，有利于技术提高，促进各国经济发展。但是，关税同盟也会带来负面效应，由于各国情况不同，对各国的影响也不尽相同。

20 世纪 70 年代英国学者罗布森提出了自由贸易区理论。罗布森认为与关税同盟的情况一样，自由贸易区也有贸易创造效应和贸易转移效应，但与关税同盟相比，自由贸易区对成员国的负面影响小于关税同盟。因为自由贸易区可以避免因统一关税而蒙受不必要的贸易转移损失。也就是说，在自由贸易区条件下，成员国可以同时获得内部与外部的经济利益。

共同市场理论的代表人物是米德和伍顿，其主要内容是分析在消除生产要素自由流动的障碍后成员国所获得的经济效应。该理论认为建立共同市场可以产生净收益，一方面，由于实现了生产要素在更大范围内的重新组合，因此提高了资源的配置效应；另一方面，区域范围的扩大导致企业的贸易量和生产量扩大，从而促进了区域内生产的增长和发展。该理论还认为通过大市场内的激烈竞争，实现专业化分工有助于促进技术进步与管理水平的提高，因而会大幅提高劳动生产率。

针对大多数学者都是依据比较优势原理来分析国际区域经济一体化的分工原理这一现状，日本学者小岛清提出了不同的观点。他认为比较优势可能导致产业向某国积聚，如果这种情况长期延续下去，超过一定程度，将会造成成本递增和规模经济报酬递减。因此，他提出了协议性国际分工理论。该理论认为，在实行协议性分工后，两国都只生产一种不同的产品，这将导致市场规模扩大和成本下降，各国都获得了规模经济的好处。

区域经济一体化的实践最早可以追溯到世界殖民体系时期，但区域经济一体化真正实现发展和完善却是在二战后，特别是 20 世纪 80 年代中期后。伴随着经济全球化的脚步加快，区域经济一体化已成为世界经济发展的潮流。加强区域合作，已经成为世界各国发展经济的一个重要途径。

第二章分析了东北和远东开展区域合作的现实基础。发展经济离不开自然资源和经济基础，同样，开展区域合作也需要具备一定的经济条件。远东资源丰富，其主要产业部门是能源、森工和渔业。由于距离西部地区遥远，所以，远东要发展经济就必须对外开放，必须与亚太国家特别是中国开展经济合作。

中国东北地区在改革开放前是典型的资源支撑型经济，实行的是计划经济体制下高度集中的生产体制。随着向市场经济的转轨，东北地区原有的工业化道路出现了难以为继的局面。振兴东北老工业基地的实质就是根据自然条件和社会经济状况的变化，对东北地区原有的发展方向、经济结构等进行重大调整。这就要求东北地区在坚持以改革为动力的同时，加大开放力度，充分利用国内外的资金、技术及管理经验，这是实现东北振兴的必要条件。

东北与远东地区毗邻，相互之间有着悠久的经贸往来传统，更重要的是双方经济存在互补性。经济互补性是开展区域经济合作的重要动因，通过优势互补，实现资源在区域范围内的合理配置，进而提高两地的生产力水平。

第三章主要介绍了远东和东北开展区域合作的战略规划。进入21世纪后，俄罗斯开始重视远东地区的发展，并把远东地区的经济发展提高到国家安全的战略高度。远东地区的战略发展目标就是通过发展经济，提高当地居民的生活水平，巩固当地人口数量，保障国家领土安全。而这一目标的实现光靠俄罗斯自身的力量是不够的，还需要借助与亚太地区国家特别是东北亚国家的合作。中国东北地区的振兴目标定位于"四基地一区"，即未来要将东北地区建设成为"具有国际竞争力的装备制造业基地，国家新型原材料和能源保障基地，国家重要商品粮和农牧业生产基地，国家重要的技术研发与创新基地，国家生态安全的重要保障区"。

为使两国的区域发展规划相对接，创造更多的发展机会，2009年9月中俄两国领导人批准了《中华人民共和国东北地区与俄罗斯联邦远东及东西伯利亚地区合作规划纲要（2009～2018年）》。该纲要的主要内容可概括为三个方面：一是构建地区合作大交通、大流通的格局，目的是突破两地发展区域合作的交通"瓶颈"；二是促进两地间开展环保、旅游、人文等领域的交流与合作，通过扩大人文合作与民间交流，增进相互了解和互信，巩固中俄关系的社会基础；三是推动中俄地区重点合作项目的实施，通过大项目的带动作用，全面开展在能源、矿产品、森工、农业及基础设施建设等各领域的合作。

第四章分析了两地开展合作的优先领域以及合作模式。目前，远东与东北地区之间的经济合作范围十分广泛。但是考虑到两地的要素禀赋及产业结构特点，在现阶段，远东与东北地区开展区域合作的优先领域主要是能源、人力资源、林业与木材加工、渔业资源开发与加工、农业开发合作、基础设施建设及旅游等领域。

远东和东北地区开展区域合作最有效的模式，应当是以边境经贸合作为依托，以双方的中心城市为核心，以双方优先合作的领域为切入点，通过能源和资源开发等领域的大项目，点面结合，全面展开。通过减少两地之间商品、人员及资金流动的障碍，促进两地之间产业的跨国联合，有效地开展区域专业化分工，实现两地优势互补，促进共同发展。

第五章探讨了两地区域合作的实现路径。为实现两地的区域经济一体化，首先要全面提升两地的对外开放水平，让两地丰富的商品、人力资源、服务以及资金等资源实现跨境流动，这样才能实现互通有无，为此需要减少两地相互投资、贸易和人员流动的各种壁垒。在不断扩大相互贸易的同时，依托地缘优势，鼓励发展边境加工业。充分利用距离较近、运输方便的地缘优势，开展"以贸带工，以工促贸"的边境加工业。在此基础上，根据实践需要，积极推进跨境经济合作区的建设，促进边境地区的合作，从以边贸带动为主的单一模式向贸易、投资、加工制造、旅游等协调带动的综合模式转变。

在区域经济合作中要充分发挥中心城市的作用，利用中心城市巨大的集聚和扩散功能，积极打造合作平台，创造合作机遇。同时还要发挥大项目的带动作用，利用城市商会的桥梁作用推动区域合作。对于东北和远东地区而言，开展区域合作还必须在立足区域的基础上积极扩大"内联外引"，积极引入区域外其他国家和地区的资金、技术和管理经验，联合多方力量，共同推进中俄地区经济合作的发展。

第六章分析了远东和东北区域合作中存在的一些问题及制约因素。目前，两地贸易结构的层次比较低，两地的经济合作主要以商品货物贸易为主，服务贸易与技术贸易所占比重较小；相互投资规模小，对地区经济的拉动作用不明显。此外，双方的交易方式也不够规范。目前，制约两地开展合作的因素主要有远东地区人口数量少、基础设施薄弱等因素。一方面，俄罗斯意识到如果不与中国开展合作、不借助东北振兴这个历史机遇，则远东发展战略就不可能顺利实施；另一方面，俄罗斯又担心与中国开展合作会增强中国在远东地区的影响力。这种复杂心态也影响了两地合作的顺利开展。

第七章提出了我国政府促进东北与远东地区开展区域合作的政策选择。东北与远东地区开展区域合作不仅需要市场力量推动，更需要两国政府的推动。首先，需要政府加大政策扶持力度，通过完善法律法规，健全财政、税收等制度安排来维护市场的有效运行；其次，需要两国政府联合制定促进产业合作的优惠政策，引导国内外的企业特别是大企业到区域内投资兴业。

开展区域合作，加强区域基础设施建设是关键。所以，我国政府还要完善对俄经贸合作的基础设施建设。一方面要加快物流大通道建设，另一方面要加快边境地区各类对俄合作区的建设，通过完善的设施来招商引资。同时还要强化政府的公共服务职能，建立服务中心，提供信息交流平台，设立协调机构。做大做强对俄经贸主体是提升对俄区域合作层次的重要支撑，所以，还需要政府加强对各类经贸人才的培养，鼓励中俄联合开展人才培养方面的交流合作，积极吸引有实力的境外企业和投资商参与到对俄经贸合作中。

总之，区域一体化是经济发展的推动力，远东与东北地区的区域合作，不仅能促进当地经济的发展，提高当地居民的生活水平，而且也有利于巩固中俄边境地区的睦邻友好关系，确保两国关系的长期稳定发展。

四 研究的特点与不足

鉴于两地间的区域合作还处于起步阶段，目前国内相关的研究成果还不够全面、系统。本书力求对远东和东北地区的合作进行全面、综合的研究。因此，对两地开展的区域合作进行综合性、系统性分析是本书的特点，也是本书的一个创新之处。通过对两地合作的全面、系统的梳理，运用经济学原理和相关的分析方法，归纳总结出两地开展合作的优先领域、合作模式、发展路径和推进机制。

以往的此类研究文献中，对两地在合作模式与运行机制方面的研究不足，尤其是缺乏可操作性。本书试图在远东和东北地区开展区域合作的模式选择、推进途径方面进行客观的分析和总结，总结出经得起实践检验的、可操作性强的合作模式和发展途径。这既是本书研究的重点和难点，也可以说是本书的创新之处。根据边境地区的实践部门的探索、总结，以及对俄经贸部门的经验反馈，本书归纳出两地经济合作的模式和发展路径，认为远东与东北地区的合作要从实际出发，既要讲究实效，又要具有可操作性，只有满足这两点才具有实际意义。

本书的不足之处在于，由于两地的合作属于次区域合作，所以，相对于中俄两国间的经贸合作资料来说，远东和东北两地间具体的经贸合作资料不足。迄今为止笔者尚未找到专门针对远东和东北地区经贸合作的统计数字，因而在分析过程中只能就东北地区对俄经贸以及远东地区对华经贸的情况进行分析。鉴于远东和东北两地的经贸合作在中俄经贸合作中都占主要地位，这种分析基本上能反映出两地经贸合作的情况。

　　此外，由于两国在产业结构的设计、相关机构的统计方法方面都存在差异，因此在对有关数据进行比较时，缺乏较为统一的口径和比较尺度。鉴于上述原因，很难对两地开展区域合作对地区所产生的经济效果和经济影响做出量化的分析和评估，这是本书的不足，也是今后需要进一步研究的课题。

第一章

区域经济一体化的相关理论与实践

区域经济一体化是当今世界经济发展的重要趋势之一。第二次世界大战后，随着区域经济一体化实践的不断发展，对区域经济一体化的理论研究也不断深入，了解区域经济一体化理论的起源和发展，对东北与远东地区开展区域合作具有重要意义。掌握这些理论，不仅可以为两地开展区域合作提供理论支持，而且还可以对实践工作起到指导和预见作用。

第一节 区域经济一体化的内涵及组织形式

一 区域经济一体化的基本内涵

尽管对"经济一体化"这一概念学术界至今尚无公认的明确定义，但美国著名的经济学家贝拉·巴拉萨（Bela A. Balassa）在其代表作《经济一体化理论》中对其做出了最经典的阐述，即"经济一体化既是一个过程，也是一种状态。就过程来说，经济一体化是指各国采取各种措施消除相互间的歧视；就状态而言，经济一体化是指各国间各种形式差别的消失。"

经济一体化在内涵上有广义和狭义之分。广义的经济一体化，即世界经济一体化，或称全球经济一体化，指的是世界各国经济之间通过取消歧视和限制，彼此相互开放，形成相互联系、相互依赖的有机体。世界经济一体化不是一种静止状态，而是一个动态的过程；它不是经济发展的目的，而是实现目的的手段。狭义的经济一体化是指区域经济一体化，或称区域经济集团化，它是指两个或两个以上的国家或地区相互间不断消除或减少经济政策与体制方面的差异，逐步形成经济相互依存、共同发展的过程。在这一过程中，成员国之间通过促进各国商品、服务、资本、技术和人员的自由流动，达到资源的优化配置，并最终形成一个由各国政府授权组成的具有超国家性质的共同机构，该机构通过制定统一的对内对外经济政策，消除成员国之间阻碍经济贸易发展的障碍。可见，尽管经济一体化的范围并不相同，但是一体化的内涵基本上是一致的，那就是消除或减少贸易和投资障碍，使生产要素不断趋向自由流动。

区域经济一体化可以细分为一般区域经济一体化和次区域经济一体化。次区域经济一体化是相对于一般区域经济一体化而言的，它是在20世纪80年代末90年代初出现的一种新型区域合作方式，是指若干相邻国家或地区在相互接壤的地区形成自然人或法人的跨国界的自由流动，并在平等互利的基础上，通过各种生产要素的流动在生产领域内开展密切的经济协作活动。其实质就是通过生产要素在"次区域"这个地缘范围内的趋向自由化的流动，在该地区范围内实现贸易和投资的自由化，从而达到优化资源配置、提高劳动生产率、实现经济共同发展的目的。

次区域经济合作最早出现在1989年12月，由时任新加坡总理吴作栋倡议，在新加坡、马来西亚的柔佛州以及印度尼西亚的廖内群岛之间的三角地带建立经济开发区，并称为"成长三角"。随后，这一做法迅速得到东亚国家的普遍关注和效仿，亚洲开发银行也曾对这一跨国界的经济合作形式给予大力支持。

中国东北和俄罗斯远东地区之间的区域合作属于次区域经济合作。两地之间的区域合作是中国东北地区和俄罗斯远东地区以地缘优势为依托，以两地经济存在的互补性为前提，在现有生产力发展水平和国际分工的基础上，通过政府间协商，消除或减少区域内阻碍商品、资本和劳务等生产要素流动的各种壁垒，优化资源配置，实现区域内合理分工，降低生产成本，最终促进双方的共同发展。

相对于上述各种区域经济一体化的形式来说，次区域合作是一种较低级的经济一体化，因为在次区域经济合作中既没有法律和协定的约束，也没有超国家机构进行管理。次区域合作更多地体现在功能一体化方面。次区域合作的初始目标主要是加强区域内基础设施的建设与衔接、实现贸易投资的便利化等。所以，次区域经济合作是一种较低水平的区域经济合作。它是指在地理位置相邻的两个或两个以上的国家或地区间实施的一种小范围的经济合作，其实质是相邻国家或地区建立跨国经济区，通过生产要素的自由流动，促进外向型贸易和投资的发展。

随着时代的发展，如今人们给经济一体化这一概念赋予了更广泛的含义。人们既用它来形容一家大公司对小企业的兼并，如跨国公司的兼并与扩张；同时也用它来解释一国国内两个或两个以上相邻地区间的经济融合。比如，一国内相邻的省区之间、城市之间，为发展经济而在社会再生产的某些领域实行不同程度的经济协调，这种现象也同样被称为经济一体化。从上述表述可以看出，经济一体化的外延并不相同，但是一体化的内涵基本上是一致的，那就是消除或减少成员之间的贸易和投资障碍，通过区域内资源的合理配置和最佳的跨境生产分工，实现更大的经济利益。①

二 区域经济一体化的组织形式

区域经济一体化按其主体及动机可分为功能性区域经济一体化和制度性区域经济一体化两种。所谓功能性区域经济一体化是指起初个别企业为追求利益而开展跨国境经济活动，继而规模逐步扩大，逐渐集中于某一特定地区而形成地区经济圈。在这一经济圈中并没有形成关税、配额等方面的优惠制度。比如，一些沿海边境地区自发形成的民间跨境经济交往圈，由于长期开展较为活跃的经济合作，事实上已经将该地区的经济密切连成一片。制度性区域经济一体化是指参与地区经济合作的各主体通过相互协商确定合作条件与方式而形成的一种合作体。制度性区域经济一体化与功能性区域经济一体化最大的差别在于政府部门是否参与经济合作。

对于制度性区域经济一体化来说，在不同发展阶段其表现是不同的。概括起来，根据经济一体化的融合程度，可以从低到高依次分为以下六种形式：优惠贸易安排、自由贸易区、关税同盟、共同市场、经济同盟和完全经济一体化。如表 1-1 所示。

---

① 张永安、杨逢珉：《经济一体化：概念与实践的探讨》，《欧洲》1995 年第 5 期。

表 1 - 1　经济一体化的基本形式及其主要特征

	相互给予贸易优惠	成员之间自由贸易	共同的对外关税	生产要素的自由流动	经济政策的协调	统一的经济政策
优惠贸易安排	√					
自由贸易区	√	√				
关税同盟	√	√	√			
共同市场	√	√	√	√		
经济同盟	√	√	√	√	√	
完全经济一体化	√	√	√	√	√	√

　　从上述区域经济一体化的各种组织形式可以看出，经济一体化的形成过程主要体现在成员间相互消除各种贸易壁垒及建立起互惠关系两个方面。荷兰著名经济学家简·丁伯根（Jan Tinbergen）认为一体化成员间相互消除歧视和管制制度，实行经济交易自由化是消极的一体化；而各国政府运用强制的力量改变现状，通过协商建立新的自由化政策和制度是积极的一体化。一般来说，较低级的一体化更多地体现为相互拆除壁垒，如优惠贸易安排、自由贸易区等；而较高级的一体化则更多地体现为相互建立统一的经济制度，如经济同盟等。消极的一体化即相互拆除贸易壁垒，相对来说比较容易做到，因为它不涉及国家主权的让渡；而积极一体化即相互建立统一的制度则不容易做到，因为它要求在关税以外采取某种形式的共同行动，如采取共同的对外货币政策等，这些合作往往涉及国家主权的让渡，因而难度较大。

第二节　区域经济一体化的理论基础

　　虽然区域经济一体化的实践可以追溯到世界殖民体系的建立及早期欧洲国家间的经济安排时期，但是学者们开始重视这一现象并进行经济学分析却始于二战后。二战后，随着全球区域经济一体化的蓬勃发展，学术界开始对区域经济一体化展开大量的理论研究。其中，较有代表性的区域经济一体化理论研究成果主要有以下几个。

一 关税同盟理论

美国普林斯顿大学经济学教授维纳（J. Viner）于 1950 年在其代表作《关税同盟问题》一书中首次提出了关税同盟理论。他针对传统观点认为关税同盟一定会给成员国增加福利的说法，提出了不同的见解。他认为一国参与关税同盟的经济效应是不确定的，因为关税同盟会产生贸易创造和贸易转移两种不同效应。贸易创造效应是指关税同盟内部取消关税、实行自由贸易后，当一个国家的某些国内产品被来自同盟中另一国家的较低生产成本的进口产品所替代时，就会产生贸易创造。因为创造了过去不曾发生的新的贸易，贸易创造效应通常被视为一种正效应。因为从世界范围来看，这种生产转换提高了资源配置效率，扩大了生产所带来的利益。贸易转移效应是指由于关税同盟的成员国对外实行统一的保护关税，因此会导致个别成员国把原来从同盟外非成员国进口低成本的产品转为从同盟内成员国进口高成本的产品，使贸易方向发生转变，从而发生了贸易转移。贸易转移效应通常被视为一种负效应，因为成员国贸易转移导致低成本的商品生产不得不被放弃，而高成本的商品生产却得以扩大。从世界范围来看，这种生产转换降低了资源配置效率。

由于一国加入关税同盟后，某些产品可能发生贸易创造效应，而另一些产品又可能带来贸易转移效应，因此，该国加入关税同盟究竟能否获利，取决于二者的综合结果。一般来说，一国加入关税同盟能否获利主要受以下几方面因素的影响：（1）入盟后国内价格下降的程度。如果价格下降幅度比较大，入盟后就能获得净增加利益。（2）国内价格的供给和需求弹性。国内价格的供给和需求弹性越大，入盟后获得的消费者剩余就越多，从而就越有可能获得社会福利的净增加。（3）入盟前的关税水平。一国加入关税同盟前的关税水平越高，入盟后国内价格下降的幅度就越大，因而就越有可能获得福利的净增加。[①]

同时，维纳还指出，关税同盟的效应可以分为静态效应和动态效应。静态效应是指关税同盟对成员国商品的价格、数量、进口来源以及经济福利的影响，即会出现贸易创造和贸易转移两种效应。由于各国情况不同，

---

① 梁双陆、程小军：《国际区域经济一体化理论综述》，《世界经济导刊》2007 年第 4 期。

关税同盟对各国的影响也不尽相同。动态效应是指从长期来看关税同盟的建立，会对成员国的经济产生较大的影响。一般来说，关税同盟建立后，由于实现了商品自由流通，各国间竞争加剧，有利于提高技术水平；此外加入关税同盟后有助于成员国提高资源配置效率，促进规模经济发展。

二　自由贸易区理论

英国学者罗布森（Robson）将关税同盟理论应用于自由贸易区，在此基础上提出了自由贸易区理论。他认为，关税同盟并不是最优的选择，因为它不能满足福利的最大化，与自由贸易区相比是次优的。与关税同盟一样，自由贸易区也有贸易创造效应和贸易转移效应。但与关税同盟不同的是，自由贸易区有两个特点：一是成员国对非成员国的进口有制定关税的自主权；二是在自由贸易区内适用原产地规则，也就是说只有原产于区域内的产品，才可以在区域内进行自由贸易。正是上述两个特点使得自由贸易区给成员国带来的负面效应小于关税同盟，因而其福利优于关税同盟。

由此可见，自由贸易协定可以使成员国同时获得内部与外部经济利益，内部经济利益来自于加入自由贸易区后成员国对外贸易的增加，以及由此带来的生产规模的扩大和成本的下降；外部经济利益是指在自由贸易区条件下，成员国对关外国家的出口不但不会减少，反而还会增加。因为成员国可以避免由于统一对外关税而蒙受不必要的贸易转移损失，同时仍然可以获得区域外低成本的供应来源。而在关税同盟条件下，成员国对外部的出口会因统一对外关税而减少，社会福利水平随之下降。所以，罗布森认为关税同盟与自由贸易区相比是次优的。[①]

三　共同市场理论和大市场理论

关税同盟理论和自由贸易区理论作为区域经济一体化的核心理论，它们建立的前提是区域内的生产要素是不流动的。而共同市场是比前两者更高层次的区域经济一体化组织形式，它不仅实现了区域内的贸易自由化，统一了对外关税，而且还消除了区域内生产要素流动的障碍，实现了要素市场的一体化。所以，无论是关税同盟理论还是自由贸易区理论都不适应

---

① 〔英〕彼得·罗布森：《国际一体化经济学》，上海译文出版社，2001，第25页。

共同市场这种区域一体化组织形式。

正是基于这种情况，米德（Meade）和伍顿（Wooton）两位经济学家提出了共同市场理论。其主要内容就是分析研究在生产要素自由流动的条件下，区域一体化对各成员国生产要素价格及收益的影响。通过分析得出的结论是建立共同市场可以产生净收益。共同市场不仅可以增加成员国国民收入的总量，而且还可能伴随区域内技术与管理水平的转移，提高成员国的劳动生产率。

与共同市场理论相近的理论是大市场理论，大市场理论是在共同市场理论基础上发展起来的。其代表人物是西托夫斯基（T. Scitovsky）和德纽（J. F. Deniau）。他们以共同市场为分析基础，通过对"小市场"和"大市场"的对比，分析了大市场所产生的经济效应。其主要观点是建立共同市场后，国内市场向统一的大市场延伸，随着市场范围的扩大，企业会获得规模经济效应。同时，市场扩大导致竞争更为激烈，进而获得技术进步的效益。因为在实行区域经济一体化之前，各国之间推行的贸易保护政策使得各国企业只能面对狭隘的国内市场。而建立共同市场之后，企业生产规模扩大，有助于企业获得规模经济效应。而且，共同市场形成后企业间的竞争更加激烈，优胜劣汰使那些规模较小、经营能力较弱的企业逐渐被淘汰，从而使整个区域经济进入良性循环状态。

虽然大市场理论对共同市场这种区域经济一化形式提供了有力的理论依据，但是该理论也存在不足之处。主要是它无法解释国内市场已经足够大的大国为什么要参与区域经济一体化；此外，该理论把共同市场看成规模经济产生的依据也有些勉强，因为规模经济的获得并非仅有经济一体化或建立大市场这一条道路。

四 协议性国际分工理论

上述区域经济一体化理论都是建立在国际贸易理论，特别是亚当·斯密的绝对成本说和李嘉图的比较优势理论的基础之上的。而日本学者小岛清对此提出了疑问，他认为比较优势可能导致产业向某国积聚。但是，如果这种情况长期延续下去，则不可能完全获得规模经济的好处，反而可能会导致区域内产业的集中和垄断，从而影响经济一体化内部分工的发展和贸易的稳定。因为规模经济达到一定程度后就会产生成本递增和规模报酬递减的现象，而上述区域经济一体化理论并没有考虑到这一点。因此，小岛清认为，在经济一体化组织内部实行协议性国际分工，可以避免上述问题及因竞争加剧而导致的贸易不稳定性。

所谓协议性国际分工是指两国达成互相提供市场的协议，实行协议性分工。比如，在实行分工之前两国都分别生产两种产品，但由于市场狭小，所以产量很小，成本很高。两国建立协议性分工后，一国放弃某种商品的生产并把国内市场提供给另一国，而另一国则放弃另外一种商品的生产并把国内市场提供给对方。这样，两国都各自生产一种不同的产品，从而使市场规模扩大，产量增加，成本下降，协议各国都获得了规模经济的好处。

协议性分工不可能通过市场机制自动地实现，而必须通过成员国之间签订协议来实现，也就是说需要通过两国政府间的政策协调来实现。而且，实行协议性国际分工也不是无条件的。首先，要求两国的工业化水平相当，要素禀赋的差别不大。也就是说协议性分工的对象产品在两国都能生产，差别不大。如果两国的要素禀赋和生产力水平差别太大，那么，要素禀赋丰富的国家、生产力水平较高的国家就完全可以实现专业化，从而也就没有建立协议性国际分工的必要。其次，两国协议分工产品必须是能够获得规模经济的产品，它能够随着生产规模的扩大降低成本并获得规模效益。上述条件表明，经济发展水平相当且消费结构类似的国家间比较容易达成协议，因为这样能够保证协议产品相互需求的均等增长。[1]

第三节　区域经济一体化的实践探索

区域经济一体化的实践最早可以追溯到世界殖民体系时期，当时在一些国家和地区间签署了类似的一体化条约。比如在1921年比利时与卢森堡签订了关税经济同盟，这就是后来的比荷卢三国经济联盟的前身。1932年英国与英联邦其他成员在渥太华帝国经济会议上决定实行英联邦特惠制，即英国与其他英联邦成员在贸易上相互减让关税，实行优惠关税待遇的制度。而对非英联邦成员则没有优惠，仍维持着原来较高的关税。区域经济

---

① 〔日〕小岛清：《对外贸易论》，南开大学出版社，1987，第345~351页。

一体化真正得到发展和完善是在第二次世界大战后，特别是世界贸易组织成立后，参与区域经济一体化的国家数量急剧增长。大致来说，二战后区域经济一体化的发展可分为以下几个阶段。

第一阶段：20世纪50～60年代区域经济一体化的初创时期。

二战后，世界经济和政治格局发生了巨大变化，形成了以美国为首的帝国主义阵营同以苏联为首的社会主义阵营的全球对峙，即所谓"冷战"格局。两种不同的社会制度不仅在政治上对立，而且在经济上形成了以市场经济为主的西方体系和以计划经济为主的东方体系的对立。

为了对抗资本主义国家在战后初期对社会主义国家的经济封锁和战略遏制，1949年1月，以苏联为首的社会主义国家建立了"经济互助委员会"，简称经互会。这是战后最早建立的区域经济一体化组织，经济互助委员会建立初期只有6个国家，即苏联、保加利亚、罗马尼亚、匈牙利、波兰和捷克斯洛伐克六国。之后，阿尔巴尼亚、民主德国、蒙古、古巴、越南等一些社会主义国家陆续加入。可见，经互会的成立带有明显的对抗性和浓厚的意识形态色彩。经互会在成立之初宣布其宗旨是在平等互利的基础上进行经济互助、技术合作和经验交流。初期经互会的活动主要在流通领域互通有无，以此建立密切的经济联系。随后，在苏联的大力推动下，经互会成员国开始在生产专业化方面实行分工与协作。1969年4月经互会第23次特别会议提出了"社会主义经济一体化"方针，指出该组织的发展目标是分阶段实现生产、科技、外贸和货币金融的"一体化"。

与此同时，世界其他国家为发展经济，也纷纷建立区域经济一体化，以促进生产要素的自由流动，提高资源的配置效率。1951年，欧洲六国（比利时、法国、德国、意大利、卢森堡和荷兰）为充分利用它们的煤钢资源以促进经济恢复和防止战争再度爆发，成立了欧洲煤钢共同体。1957年，上述六国在煤钢共同体的基础上在罗马签订了《欧洲经济共同体条约》和《欧洲原子能共同体条约》，统称《罗马条约》。欧洲经济共同体的成立，标志着全球区域经济合作的第一个高潮的到来。

此后，为了与欧洲经济共同体抗衡，英国、瑞典、挪威、瑞士、奥地利、丹麦和葡萄牙七国于1960年1月4日签订了《建立欧洲自由贸易公约》。同样，在美洲区域经济一体化组织也纷纷成立。阿根廷、巴西、智利、墨西哥、巴拉圭、秘鲁、乌拉圭七国于1960年在乌拉圭首都签订条约，正式成立了拉丁美洲自由贸易联盟（LAFTA）；同年，洪都拉斯、尼加拉瓜、萨尔瓦多和危地马拉四国签订了《中美洲经济一体化总条约》，标志着中美洲共同市场（CACM）正式成立。

第二阶段：20世纪60年代中期至70年代中期区域经济一体化大发展阶段。

从第二次世界大战后一直到1973年世界石油危机爆发前是资本主义经济的高速发展时期。在这一时期，由于科学技术的广泛运用，西方资本主义国家的经济普遍得到发展，不仅劳动生产力大幅提高，产业结构也逐步升级。与此同时，随着战后民族独立运动的高涨，殖民体系纷纷瓦解，一大批殖民地国家取得独立。广大发展中国家也纷纷采取各种措施促进经济发展，一批新兴的工业化国家相继出现，世界经济出现了前所未有的繁荣，国际贸易也有了突飞猛进的发展。在这一背景下全球区域经济一体化也得到了快速发展，区域经济集团的数量迅速增加。

1973年英国与丹麦加入欧共体，极大地增强了欧共体的实力。在欧共体规模不断扩大的同时，其内部联系也更加紧密。1964年建成共同农业市场，随后在1968年又提前建成关税同盟。在这一时期广大发展中国家为谋求自身的发展，积极广泛地缔结区域经济一体化组织。大多数发展中国家在独立后不仅缺乏资金与技术，而且经济结构单一，国内市场狭窄。在这种状况下，一方面，发展中国家继续保持同原宗主国和发达国家之间的联系与合作，以获取发展经济所需要的技术支持和资金援助，另一方面，为适应经济全球化的激烈竞争，发展中国家也不断加强彼此之间的交流与协作，积极寻求区域经济一体化。其中，比较重要的有1967年由泰国、菲律宾、印度尼西亚、马来西亚、新加坡五国建立的东南亚国家联盟（ASEAN），1969年由哥伦比亚、秘鲁、智利、玻利维亚和厄瓜多尔五个南美洲国家组建的安第斯条约组织（CAN），以及1975年由15个西非国家创立的西非经济共同体（ECOWAS）等。

第三阶段：20世纪70年代中期至80年代中期区域经济一体化停滞阶段。

20世纪70年代中期至80年代中期，发达资本主义国家的经济普遍陷入"滞胀"阶段。在这一时期，资本主义国家出现生产停滞、通货膨胀及诸种危机交织发生的局面；而广大发展中国家由于各国的社会经济条件不

同、采取的经济发展战略不同，因此经济发展水平很不平衡。大多数发
展中国家受到发达国家经济停滞的影响，加之本身沉重的债务负担和
经济政策的失误，经济发展十分艰难；苏联、东欧国家等一些社会主
义国家长期实施高度集中的计划经济体制的弊端日益显露，经济发展
速度也逐渐放缓。总之，在这一时期，全球经济发展放缓，受此影响
区域经济一体化也进入了停滞阶段。在此期间，欧共体内部一体化进
程缓慢，发展中国家的一体化组织也多遭挫折，一些区域经济组织甚
至中断了活动。

第四阶段：20 世纪 80 年代中期之后区域经济一体化深化与加速发展
阶段。

20 世纪 80 年代中期之后，世界政治经济发生了一系列重大变化。东
欧剧变、苏联解体，从根本上改变了过去那种意识形态的对抗局势。与此
同时，在这一时期关贸总协定的多边贸易谈判也进展不顺，促使各国积极
寻求其他方式推进贸易自由化，越来越多的国家把区域经济合作提升到重
要地位。因此，自 80 年代后期以来，世界范围内的经济集团化、区域化趋
势日益加强，区域经济合作进入一个加速发展的新时期。其主要的表现
如下。

欧洲的区域经济一体化格外引人注目，欧共体内部的经济融合进一步
深化。1993 年 1 月 1 日欧共体统一市场正式启动，区域内实现了资金、商
品、人员和劳务的完全自由流通。1993 年 11 月《马斯特里赫特条约》生
效后，欧共体开始向欧洲联盟过渡。1999 年 1 月 1 日，欧洲单一货币欧元
成功启动，标志着欧洲经济和货币联盟正式建立。

与此同时，欧共体的规模进一步扩大。1986 年西班牙、葡萄牙正式加
入欧共体。1995 年瑞典、芬兰、奥地利加入欧盟。2004 年马耳他、塞浦路
斯、波兰、匈牙利、捷克、斯洛伐克、斯洛文尼亚、爱沙尼亚、拉脱维
亚、立陶宛 10 个国家正式加入欧盟。从而使欧盟实现了历史上第五次也是
规模最大的一次扩张，由原来的 15 国扩大到 25 国，成为世界上最大的区
域经济集团。然而，欧盟并没有停止扩增的脚步，2007 年罗马尼亚和保加
利亚加入欧盟，使欧盟成员国扩大到 27 个。欧盟进一步的发展目标是建立
包括东欧、地中海沿岸各国在内的"泛欧洲集团"。

在亚洲，区域经济一体化组织也有了明显进展。日本随着经济实力的

上升，积极寻求在国际舞台上占有更重要的席位，因而也积极参与地区间的经济合作。1989 年 11 月，日本、加拿大等 12 国在澳大利亚首都堪培拉举行亚太经合组织第一次部长级会议，这标志着亚太经济合作组织的成立。在此期间，东南亚国家联盟（ASEAN）也不断发展扩大，1984 年文莱独立后加入东盟，随后越南、缅甸、老挝和柬埔寨纷纷加入，2006 年东帝汶加入，2007 年 11 月东盟 10 国元首在新加坡签署了具有划时代意义的《东盟宪章》，它是东盟成立以来第一份对成员国具有普遍法律约束力的文件，该文件的签署使得东盟在机制化和法制化建设上迈出了重要的一步。

在美洲，20 世纪 80 年代以来，随着欧洲共同体和日本经济实力的逐步增强，其成为美国越来越不敢忽视的竞争对手。美国为了稳固其在世界经济中的领导地位并与欧洲和日本相抗衡，也积极寻求区域经济一体化来增强其经济实力。1988 年美国和加拿大签署了《美加自由贸易协定》。1994 年，在原"美加自由贸易区"基础上，美国、加拿大、墨西哥三国正式成立北美自由贸易区，从而使工业发达国家与发展中国家之间的区域经济一体化成为现实。在美国的积极推动下，1994 年 12 月第一届美洲国家首脑会议在迈阿密召开，美洲除古巴之外的 34 个国家领导人参加，会议决定成立美洲自由贸易区。但后来由于各国之间在一些具体问题上存在较大分歧，谈判进程受到遏制。此外，在 2004 年 12 月，南美国家在秘鲁举行第三届首脑会议，会议通过《库斯科声明》，宣布成立南美国家共同体。这样，由南美洲 12 国（玻利维亚、哥伦比亚、厄瓜多尔、秘鲁、委内瑞拉、阿根廷、巴西、乌拉圭、巴拉圭、智利、圭亚那和苏里南）组成的南美国家共同体正式宣告成立。

在这一时期，非洲区域经济一体化趋势也日益明显。1992 年 8 月 17 日，南部非洲发展协调会议的 10 个成员国签署了《南部非洲发展共同体条约》等文件，正式将该组织更名为南部非洲发展共同体。另外，由于苏联解体、东欧剧变，经济互助委员会于 1991 年解散。随后，独联体国家在实现经济一体化方面开始进入新的实质性阶段。1995 年，俄罗斯与白俄罗斯成立关税同盟。随后，哈萨克斯坦加入。俄、白、哈三国于 2007 年 10 月宣布将在欧亚经济共同体框架内建立关税同盟，2010 年 7 月三国关税同盟正式开始运作。

总之，20 世纪 80 年代中期后，伴随着经济全球化的步伐加快，区域经济一体化已成为世界经济发展的潮流。加强区域合作、依靠区域经济一体化提高国际竞争力，成为世界各国发展经济的一个重要选择。据世界贸易组织的统计，截至 2005 年 7 月，向世贸组织通报并备案的区域贸易协议有 330 个，其中 206 个是在 1995 年 WTO 成立后出现的。① 另据世界银行统计，截至 2004 年底，全球只有 12 个岛国和公国没有参与任何区域贸易协议（RTA）。174 个国家和地区至少参加了一个（最多达 29 个）区域贸易协议，平均每个国家或地区参加了 5 个。②

尽管当前世界上区域经济一体化组织众多，但是对全球经济影响比较大的区域经济体主要有三个，即欧洲联盟、北美自由贸易区和目前正在筹划和形成之中的"区域全面经济伙伴关系"（RCEP）。欧盟成立半个世纪以来，先后经过六次扩大，截至 2013 年 7 月，欧盟拥有 28 个成员国，总人口达 5.1 亿人，GDP 为 16.1 万亿美元，占世界 GDP 的 30%。目前欧盟已成为世界上发展最快、一体化程度最高、综合实力雄厚的区域一体化组织。同样，北美自由贸易区成立 20 年来，已发展成为当今世界上最大的自由贸易区，囊括 4.2 亿人口，国民生产总值达 11.4 万亿美元。在亚洲，由东盟十国倡议并邀请中国、日本、韩国、澳大利亚、新西兰、印度六国共同参加（"10 + 6"）的区域全面经济伙伴关系目前正在筹建之中。目标就是通过削减关税及非关税壁垒建立 16 国市场统一的自由贸易协定。2000 年 11 月在新加坡召开的东盟"10 + 3"首脑会议上，与会的各国领导人就建立东亚自由贸易区达成共识。2004 年各国组成专家组对建立东亚自由贸易区的可行性进行研究。后因各国对自由贸易区的看法不一，该项研究不了了之。尽管如此，东亚各国并没放弃推动本地区经济一体化的愿望。2011 年 2 月，第十八次东盟经济部长会议提出建立东亚自由贸易区的倡议，并命名为"区域全面经济伙伴关系"（RCEP）；随后在 2011 年东盟峰会上，东盟十国领导人正式批准成立 RCEP；2012 年 8 月东盟十国和中国、日本、韩国、印度、澳大利亚和新西兰 16 国经济部长会议原则上同意组建RCEP；目前 RCEP 正在筹建之中。若 RCEP 建成，它将成为全球最大的自由贸易区，拥有 35 亿人口，约占世界总人口的一半，GDP 总和将达 23 万

---

① 李瑞林、骆华松：《区域经济一体化：内涵、效应与实践途径》，《经济问题探索》2006年第 1 期。

② 朱彤、蒋玲媛：《区域经济一体化的新浪潮特点和动因》，《国际问题研究》2005 年第 6 期。

亿美元，约占全球总量的 1/3。

第四节 区域经济一体化形成和发展的动因

第二次世界大战后，区域经济一体化成为世界经济发展中一个引人注目的现象，特别是进入 20 世纪 90 年代后区域经济一体化迅猛发展，这一切并不是偶然的，而是有着深刻的社会经济和政治动因。

一 经济方面的动因

首先，区域经济一体化是适应社会生产力高度发展与国际分工不断深化的要求。二战后，以原子能、电子工业和高分子合成工业为标志的第三次科技革命兴起，极大地促进了生产力的发展。伴随着社会生产力的发展，越来越多的商品、资本、技术等进入国际市场，世界各国间的经济联系日益密切，相互之间的分工与依赖也日益加深。生产的国际化与社会化客观上要求各国的生产和流通跨越国界，但是这受到各国的经济政策和贸易壁垒的限制。为适应生产力的发展需要，就要消除阻碍经济国际化发展的市场和体制方面的障碍，特别是要消除各国人为的障碍。由于各国经济发展水平与结构的差异，这种自由性不可能在全球范围内实现。在这种形势下，各国纷纷建立或参与地区性的自由贸易组织，即成立区域经济一体化组织。在区域范围内实现各种生产要素的自由流动，实现资源的优化配置，以获得国际分工带来的比较利益。

其次，二战后科学技术的迅速发展为区域经济一体化提供了强有力的技术支持，科学技术成为推动区域一体化组织不断升级的动力。科技革命的迅速发展，特别是通信和运输业的快速发展及其服务费用的迅速下降，为各国经济建立广泛联系创造了良好的媒介，使国际贸易的增长速度超过了经济增长速度，也使各国金融市场之间的联系日益加强，跨国流动的人数越来越多，对外直接投资迅速扩大，全球跨国公司的活动日益频繁等。所有这些最终都推动了区域经济一体化的客观发展与顺利实现。

最后，区域经济一体化也有助于各国应对竞争激烈的国际市场，保障国家经济安全。区域经济一体化是国际市场激烈竞争的产物，在第二次世界大战期间，各国为了各自的利益，实行超保护贸易主义，纷纷提高关税，采取数量限制等措施。不仅如此，还竞相实行外汇管制，外汇不断贬值，这些行为严重影响了国际贸易的发展。面对全球贸易保护主义加剧的形势，为了在竞争中争取主动，同时为本国经济的发展创造更加良好的外部环境，各国都需要和与自己状况相近、地理上相邻的国家联合。其他国家为避免被边缘化进而在国际贸易中被排挤，也积极加入区域一体化组织中。特别是那些经济实力相对弱小的发展中国家，在世界市场上，面对经济实力强大的发达工业国家或区域集团的激烈竞争，处于十分不利的地位。为了维护国家经济利益与促进民族经济发展，需要走共同体的道路，通过多国联合增强自身的经济实力，有效摆脱贫困地位和经济发展困境。于是纷纷采取一体化行动，积极参加区域经济一体化组织。

可见，维护本国现有的经济利益，促进本国经济发展是各国及地区加入经济一体化的内在动因。无论发达国家还是发展中国家，其经济一体化的根本原因都在于维护本国自身的经济利益。

二 政治方面的动因

政治与经济是相辅相成、不可分割的统一体。区域经济一体化的兴起必然有着复杂的政治背景。首先，区域经济一体化有助于成员国间缓解矛盾冲突，稳定地区局势。比如，欧洲各国合作的初始动机和最终目标都是政治。经过两次世界大战的磨难后，欧洲人民为了防止德国军国主义的复辟，实现欧洲地区的长久稳定与和平发展，走上了联合之路。因为加入区域一体化，就意味着各成员国的利益密切联系在一起，彼此间就形成了一荣俱荣、一损俱损的关系。在这种情况下，即使成员国间有矛盾、有摩擦，也会通过协商和平解决，而不是通过武力解决。同样，非洲是一个政治局势比较动荡的地区，大多数国家经济不发达。为稳定地区的政治形势，并推动地区经济发展，2002 年非洲联盟正式成立。这是继欧盟之后世界第二个重要的国家联盟，它是集政治、经济、军事等为一体的全洲性政治实体。① 该联盟成立的主要目标之一是使非洲极端的政治即战争失去生存的土壤，因为经济上的一体化必然会促进区域内的政治和平与稳定。

---

① 朱彤、蒋玲媛：《区域经济一体化的新浪潮特点和动因》，《国际问题研究》2005 年第 6 期。

其次，参与区域经济一体化也是各国实施其对外战略、通过联合抗衡外部强大势力、寻求区域层面的政治保护的需要。区域经济一体化是各国全球战略和对外政策的重要组成部分，美国推动北美自由贸易区、美洲自由贸易区的一个重要动因就是加强对该地区的渗透，把推进美洲自由贸易区作为其提高与欧盟对抗能力的主要手段。同样，欧盟的成立与发展也是为了维护地区内各个国家的主权，增强同美日等大国抗衡的力量，恢复并提高其在国际舞台上的地位。因为欧洲各国经济规模小，与美日相比经济发展相对滞后，各国为谋求进一步的保护体系走上了联合的道路。欧盟形成后，作为一个更强大的整体，可以在国际上更有力地与美国、日本等大国抗争。在亚洲，东盟各国实力相对弱小，为了应对其他国家的区域经济一体化，改变在世界市场上与大国和其他区域集团竞争时的不利地位，也通过多国联合来增强竞争实力，这不仅提高了东盟各国与其他大国和一体化经济组织抗衡的能力，而且也增强了其在 WTO、联合国贸发会议等多边经济组织中的谈判力量，从而更好地促进了地区政治平衡，维护了地区经济利益。[①]

第五节　区域经济一体化对世界经济的影响

二战后，区域经济一体化组织发展迅猛，至今方兴未艾。区域经济一体化对外强调贸易保护，而对内则强调贸易自由，因此，任何形式的区域经济一体化都必然会对成员国和全球经济产生多重影响，既有一定的积极影响，同时又不可避免地具有一定的消极影响。

一　区域经济一体化的效应

（一）区域经济一体化的静态效应

静态效应通常是指区域经济一体化给成员国带来的短期贸易效应，它主要体现在一体化过程本身对成员国外贸的影响而造成的福利效应的增减。美国著名经济学家维纳早在 1950 年就在其所著的《关税同盟问题》一书中指出，关税同盟对成员国既有正面影响，也有负面影响，即它在给

---

① 盛晓白：《论经济一体化形成和发展的内在动因》，《世界经济研究》1995 年第 5 期。

成员国带来贸易创造效应的同时，也会带来贸易转移效应。

贸易创造效应通常被视为一种正效应，它是指关税同盟内部取消关税、实行贸易自由化后，成员国由原本自己生产某些成本较高的产品，转向购买其他成员国低成本、低价格的产品，这样就创造了过去不曾发生的新贸易。从生产角度讲，这种贸易创造使区域内生产成本高的国家的产品被其他生产成本较低的国家的产品所替代，促使区域内资源从原来效率低的生产部门转向效率高的生产部门，这不仅提高了区域内的生产专业化水平，而且也大大提高了区域内的生产效率；从消费者角度来看，从区域内其他伙伴国进口低成本的产品，将会降低本国产品的市场价格，节省消费者的支出，而消费者节省下来的资金又可用于其他产品的消费，从而扩大了社会需求。总之，贸易创造不仅使成员国降低了生产成本，也使消费者节省了开支，提高了成员国的消费者福利。从全球范围来看，这种生产转换提高了全世界资源的配置效率。

贸易转移效应通常被视为一种负效应，它是指成员国之间相互取消关税并对外实行统一的关税后，成员国从区域内国家进口的产品增多，而从区域外国家进口的产品减少，即贸易方向发生变化，产生贸易转移。出现这种状况的原因是对外实行统一的保护关税，致使成员国不得不放弃原来从区域外生产成本低的国家进口产品，转而进口区域内生产成本高的国家的产品。这种贸易转移会造成区域内成员国的福利损失，因为这种转移意味着进口成本增加，这增加了成员国的消费开支。如果从世界范围来看，这种贸易转移使区域外效率相对较高的生产能力被闲置，从而降低了社会资源的配置效率，造成世界整体福利水平的损失。

（二）区域经济一体化的动态效应

动态效应是指建立区域经济一体化后给成员国带来的经济增长效应。区域经济一体化建立后市场规模扩大，竞争也会加剧，成员国经济会因此出现良性循环，从而刺激经济增长，它主要包括区域经济一体化带来的规模经济效应、竞争效应和投资效应。

1. 规模经济效应

建立区域经济一体化后，成员国之间的市场限制被取消，变成了统一的大市场，生产要素和商品可以在各成员国间自由流动。市场容量的扩大有利于企业组织大规模生产，获得规模经济效应，包括扩大生产企业的规模，降低产品的生产成本。在技术和资金日益密集的现代化生产中，经济规模的扩大和劳动生产率的提高有利于增强企业的实力，提高企业的竞争力。成员国消费者也可以较低的价格获得更丰富的商品，增加了消费者的福利。

2. 竞争效应

建立区域经济一体化意味着区域内各国的市场相互开放，取消各国对本国市场的保护，这也意味着区域内的竞争会更加激烈，各国企业会面临其他成员国同类企业的竞争。企业为了在竞争中取得有利地位，必然会加强经营管理，积极研发新技术，采用科技新成果，降低生产成本。虽然这种激烈的竞争会导致区域内部的企业出现垄断，也必然会有一些企业被淘汰，但是从整个区域范围来看，竞争有助于提升生产专业化水平，提高资源的使用效率，促进区域内资源的有效配置和技术进步，降低生产成本，从而提高区域整体的劳动效率和竞争力。

同时，这种竞争也有助于提升区域内居民的生活质量，因为竞争会促进社会生产分工的细化，提升产品质量，从而更好地满足居民对产品多样化的需求。

3. 投资刺激效应

一方面，区域经济一体化形成后市场容量扩大，而且由于成员国之间消除了贸易和投资的限制，因此减少了企业的生产和流通成本。经济环境的改善和生产要素流动的自由化，无疑会降低区域内的生产风险，减少不稳定因素，从而促使企业增加投资，进一步扩大生产规模。

另一方面，区域经济一体化对外实行统一的关税，这意味着对区域外非成员国商品的排斥，而这会促使区域外的成员国转移生产，即非成员国为抵消这种不利影响，会采取绕开关税与非关税壁垒的方式，纷纷到区域内进行投资，在当地组织生产销售。这样客观上也会增加区域内的生产投资。

可见，虽然区域一体化会给成员国带来正负两方面的影响，但是从总体上看，正面影响要大于负面影响，能够为成员国带来切实的经济利益，这也正是二战后至今区域经济一体化方兴未艾的原因。

二 区域经济一体化反映了国际关系的变化

区域经济一体化的实质是成员国限制或让渡一定的经济主权，从而实现区域内各成员国在经济政策上一定程度的统一。而成员国这种经济主权限制和让渡的程度，决定了成员国之间经济结合程度的高低。二战后至今区域经济一体化蓬勃发展且一体化程度不断提高，也反映出全球国际经济关系的深刻变化。

第一，区域经济一体化的发展反映出世界经济的多极化趋势。

区域经济一体化的兴起同世界经济格局的变化是密切相关的，区域经济一体化是经济全球化和国际经济竞争加剧的产物，反过来，它也必将对世界经济和国际关系产生重大影响。经济发展不平衡是世界经济发展的普遍规律，随着科技的进步和生产能力的扩张，世界各国之间的经济实力对比不断发生变化。特别是一些新兴的发展中国家，随着经济的发展，其生产规模和市场份额在全球范围内不断扩张，在世界经济中逐步占据一席之地。经济实力的上升必然导致其在世界政治经济中的地位和作用发生变化，为维护本国经济利益，为经济发展创造更好的环境，它们希望建立公平合理的世界经济秩序，要求同发达国家平等参与国际竞争的愿望更加强烈。而二战后形成的以美国经济霸权为基础的多边贸易体制已经不能适应新形势的发展，不能满足世界各国及各地区经济相互融合、扩大合作的需求。为了解决这一问题，经济上相互依存度较高的国家和地区纷纷开展区域合作，以组成区域经济一体化组织的形式来摆脱超级大国的控制，满足它们开展平等互利的合作及公平竞争的需求。可见，区域经济一体化组织是在世界经济发展不平衡规律的作用下应运而生的，是全球经济竞争的产物，反映了世界经济多极化的要求。

第二，区域经济一体化也体现出世界政治的多极化趋势。

如前所述，很多区域一体化的初衷都带有明显的政治意图。欧洲的经济合作就带有显著的政治色彩，欧盟各国希望通过经济联合走向政治联合，实现欧洲的长治久安；同样，美国也是试图利用北美自由贸易协定来巩固其在北美的政治经济地位。20世纪90年代以来，越来越多的国家加入区域经济集团，致使国际关系越来越带有区域集团的色彩。世界经济的多极化推动了世界政治的多极化，这是因为地区经济一体化程度加深后，必然要求用制度来巩固其成果，从而推动国际政治格局的多极化。① 从某种意义上说，世界政治的多极化体现了国际关系趋向民主、平等的发展进程。反过来，世界政治的多极化发展，也将进一步强化区域经济一体化趋势的发展，因为政治上的联盟需要相应的经济联盟作为基础保障。

三 区域经济一体化推动了经济全球化进程

由于区域一体化在产生贸易创造的同时，也会发生贸易转移，因此，有些学者认为区域经济一体化对经济全球化存在负面影响，会阻碍经济全球化的健康发展，不利于全球经济的共同繁荣。但实际上很多学者通过对欧共体建立后所产生的贸易创造及贸易转移进行了实证研究，得出的结论是欧洲一体化所带来的贸易创造远远高于贸易转移；同样，也有学者对《北美自由贸易协定》生效以来的区域内和区域外国家的贸易额进行了比较研究，结果发现，北美自由贸易区的建立并没有对区域外国家造成严重的贸易转移。相反，区域经济一体化在为区域经济发展注入新的活力的同时，也促进了世界经济的融合，推动了经济全球化的发展进程。②

首先，区域经济一体化在促进区域内贸易增长的同时，也促进了世界贸易的发展。二战后，区域经济一体化组织迅速增加，区域内成员国之间消除了贸易壁垒，实现了商品和劳务的自由流通。特别是欧洲统一大市场建成后，实现了商品、资金、劳务人员的无国界限制的自由流动，为市场容量的扩大和市场的深化创造了有利条件，有力地推动了世界贸易自由化进程。虽然区域经济一体化必然会造成一定的贸易转移，但是区域经济一体化所产生的贸易创造要远远高于贸易转移部分。这是因为区域内实现了自由贸易的同时创造了投资机会，促进了区域内各国生产分工和生产专业化的发展，从而扩大了贸易规模。事实也证明了这一点，欧共体的一体化发展并没有对其最重要的贸易伙伴——欧洲自由贸易区成员国带来太大的经济影响。

无论区域经济一体化还是经济全球化都是追求贸易自由化和经济一体

---

① 朱彤、蒋玲媛：《区域经济一体化的新浪潮特点和动因》，《国际问题研究》2005 年第 6 期。

② 雷光宇：《论区域经济一体化对经济全球化的促进作用》，《华章》2011 年第 9 期。

化，只是范围的大小不同，从这个角度看，两者的目的存在一定程度的重合。但是，经济全球化的发展客观上要求突破国家间的界限，而区域经济一体化毕竟是地区性的组织，地域会妨碍成员国贸易的更大发展和资源的最优配置。从这一点看，二者存在矛盾。但从长远看，区域经济一体化与经济全球化并非背道而驰，区域经济一体化必然会加速世界经济一体化的进程。在某种程度上，可以说区域经济一体化为经济全球化奠定了基础，起到了推动作用。这是因为区域经济一体化内部实现了成员国的生产要素的自由流动，加强了区域内各国经济的依存关系。国际贸易和国际投资的发展是衡量经济全球化的重要指标。区域经济一体化不仅推动了国际贸易发展，而且还推动了国际直接投资的快速发展；不仅扩大了区域内的贸易和相互投资规模，而且也推动了成员国对外贸易和对区域外的直接投资。从这一点看，区域经济一体化也推动了经济全球化进程。区域经济一体化组织的内部合作以及相互之间合作的深化将促使世界经济向一体化趋势发展。

其次，从另一个角度看，区域经济一体化也为经济全球化创造了有利的政治环境。因为区域经济一体化可以通过成员国间的经济融合增强成员国之间的相互理解与信任，从而可以有效地维护地区和平与稳定。比如，西欧各国在经济一体化加快的同时，也为该地区创造出了和平共处的局面，法德这两个"宿敌"之间的关系也在区域合作后得到了前所未有的改善。区域经济一体化在促进地区和平、维护地区稳定方面发挥着积极作用，这无疑有助于推动经济全球化的健康发展。因此，可以说区域经济一体化与经济全球化是相辅相成的，二者相互促进，共同发展。

第二章

东北与远东区域经济合作的现实基础

经济发展离不开地理环境与自然资源的制约。同样，开展区域经济合作也需要具备一定的经济条件。了解远东和东北的资源和经济发展情况，分析两地开展区域合作的可行性与必要性，对于两地明确各自在国际分工中的方向与目标，因地制宜地开展有效合作尤为重要。

第一节　东北地区社会经济发展概况

一　东北地区的自然概况

通常所说的行政区划上的东北，是指位于我国东北部的黑龙江、吉林和辽宁三省。而本书所说的东北地区是指"东北经济区"，即在地理上不仅包括黑龙江、吉林、辽宁三省，而且还包括内蒙古东部地区的赤峰市、兴安盟、通辽市、锡林郭勒盟和呼伦贝尔市，土地面积为126万平方公里，占全国国土面积的13%。① 之所以将内蒙古东部地区划入东北经济区，是因为内蒙古东部与东北三省同处于一个经济发展区，历史上相互之间的经济联系密切，且经济发展过程中有很多相似之处，面临共同的问题和矛盾。因此，在2007年8月国务院批复的《东北地区振兴规划》中，将内蒙古东部地区正式纳入东北经济圈，以此规划为标志，内蒙古东部地区和东北三省共同参与东北振兴规划。

东北地区位于我国东北部，处于东北亚中心地带，其东、北、西

---

① 国家发展改革委员会、国务院振兴东北地区等老工业基地领导小组办公室编《东北地区振兴规划》，http://www.gov.cn/gzdt/2007－08/20/content_721632.htm。

三面分别与朝鲜、俄罗斯和蒙古接壤，西南部与华北地区连接；南濒渤海，隔日本海和黄海与日本、韩国相望，是连接东北亚与欧洲大陆桥的重要枢纽，不仅区位优势显著，而且战略地位也极为重要（见图2－1）。

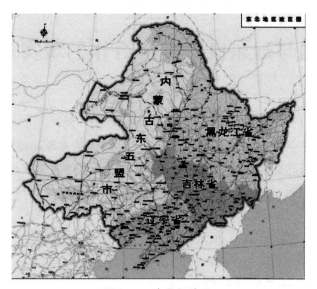

图 2－1　东北经济区

资料来源：振兴东北网，http：//chinaneast. xinhuanet. com/gzjb. htm。

东北地区矿产资源丰富、主要矿种比较齐全。现已探明储量的矿种就有 84 种，占全国已探明矿种的 64%，其中绝大多数是大中型矿床。东北地区的油气资源在全国居于重要地位，其中石油储量占全国 1/2 以上，主要分布在大庆油田、辽河油田以及吉林油田。天然气储量占全国的 1/6，油页岩储量达 211.4 亿吨，占全国的 68%，主要分布在吉林省。东北地区的铁矿石储量为 1241.6 亿吨，占全国储量的 1/4，主要分布在辽宁省的鞍山、本溪地区和吉林省的通化－浑江地区。① 此外，东北地区的森林资源也很丰富，是全国最大的林区，现有林地面积达4393 万公顷，森林总蓄积量为 37 亿立方米。东北林区的木材品种齐全，

---

① 陈才、李广全、杨晓慧等：《东北老工业基地新型工业化之路》，东北师范大学出版社，2004，第 5~7 页。

林质优良，现有树种达100多种。[1]

二 当前东北地区经济发展形势

东北地区的经济起步较早，新中国成立之初，国家从战略发展需要出发，同时也是为了适应当时的国际国内形势，把建设我国重工业的基地选择在东北。"一五"时期规划的156个重大项目中，有56个落户在东北。大批国家重点发展的重工业部门，如钢铁、汽车、机械制造、化工、电力、军工等也都集中布局在东北。这些重大工业项目的建成奠定了中国工业化的初步基础。到了第二个五年计划期间，在国家优先发展重工业方针的指导下，东北迅速建成了国家重化工基地。新中国的第一架飞机、第一辆汽车、第一吨特钢、第一吨铝都是在这里产出的。东北地区被誉为新中国的"工业摇篮"。以东北为龙头的老工业基地的建立，极大地推动了中国的工业化进程，使中国在较短时间内拥有了较完整的工业体系。

随着东北地区重工业体系的建成，东北地区的重工业生产能力迅速提高，在全国所占的比重快速增长（见表2-1）。从表2-1可见，早在20世纪60年代，东北地区就拥有发达的冶金工业、电力工业、机械制造工业，特别是重大装备制造业，在我国国民经济中占有举足轻重的作用。[2]

表 2-1 1965 年东北地区重工业生产状况

	原煤（万吨）	原油（万吨）	发电（亿度）	生铁（万吨）	钢（万吨）	水泥（万吨）	木材（万m³）	机床（万台）	汽车（万辆）
辽宁省	2433.0	52.0	112.3	533.1	511.3	285.4	20.8	0.83	—
吉林省	1027.0	5.4	58.2	—	1.5	25.6	474.6	0.03	3.42
黑龙江省	2049.0	834.2	33.3	—	32.3	65.4	1302.3	0.12	—
东北合计	5509.0	891.6	203.8	533.1	545.1	376.4	1797.7	0.98	3.42
占全国比重（%）	23.7	78.8	30.1	49.5	44.5	23.1	45.1	24.8	84.4

资料来源：国务院全国工业普查领导小组办公室、国家统计局工业交通物质统计司编《中国工业经济统计资料》，中国统计出版社，1987。

---

[1] 肖亭：《东北简介》，振兴东北网，http://www.chinadaily.com.cn/zgzx/zxdb/2009-10/27/content_8854545.htm。

[2] 陈才、李广全、杨晓慧等：《东北老工业基地新型工业化之路》，东北师范大学出版社，2004，第63~64页。

东北地区是我国重要的粮食主产区，具有得天独厚的发展农业的有利条件。2002 年全区耕地面积为 21.5 万平方千米，占全国耕地总面积的16.68%；人均耕地面积为 0.31 公顷，是全国人均耕地面积的 3 倍。而且，东北地区土质肥沃，是世界著名的三大黑土地分布区域之一。肥沃的土地为东北地区农业的发展提供了有利的条件。东北粮食生产产量高，商品粮调出多，在全国占有举足轻重的地位。"九五"期间，东北经济区粮食产量占全国的比重已达 13.3%，人均粮食产量为 628.8 公斤，是全国平均水平的 1.58 倍。东北作为国家重要的商品粮生产基地，承担着国家粮食储备及特殊调剂任务，为支持国家建设和保持社会稳定做出了重要贡献。此外，东北的生物资源丰富，具有发展大宗农畜产品加工业的优势，是我国重要的农牧业生产基地。

总之，在中国历史上，东北的经济发展曾取得举世瞩目的成就。这里不仅拥有健全的工业体系，发达的林业和农业，而且还具有良好的生态环境和雄厚的科教人力资源，是我国自然地理单元比较完整、经济实力较强的经济区，在全国经济发展中占有重要地位。

然而，自改革开放以来，在市场经济大潮的冲击下，东北的经济发展遇到了巨大挑战，东北老工业基地长期积累的体制性、结构性矛盾日益显现。主要表现在东北地区长期实行的高度集中的生产体制不能适应改革后的市场经济体制，需要向以市场为导向的灵活体制转变；同时，东北地区长期以来形成的以重工业为主、以重型国有经济为中心的经济结构也需要向以效益为中心、多种经营成分并存的经济发展模式转变，而这一转变不是在短时间就能够完成的。此外，东北地区一些资源型城市长期以来以资源开发为主，产业结构单一。经过数十年的高强度开发，一些资源开采行业面临可持续发展的困境。受上述诸多因素的影响，从 20 世纪 90 年代开始，东北大批国有企业陷入困境，大量职工下岗失业，经济发展滞后——这就是所谓的"东北现象"。

"东北现象"的出现是与东北经济发展特点密切相关的。东北老工业基地的建设，特别是在第一个五年计划时期，主要是在苏联的帮助下进行的，采用的是苏联的工业建设模式，是高度集中的计划经济体制。国有经济占主导地位，非国有经济和民营经济不发达。此外，东北经济的发展特点是典型的资源支撑型经济。在新中国成立以来的半个多世纪中，东北经济的蓬勃发展主要是依托该地区丰富的自然资源和国家大量的投入实现的。在经济增长方式上以粗放型增长方式为主；在经济结构方面，东北地区重型、超重型产业结构特征突出，农业、森林工业、矿业等资源开发工业为主要产业，第三产业发展滞后，城市服务功能不完善。向市场经济转轨后，东北地区的经济发展模式难以适应新体制的要求，东北地区第三产业发展不充分，资源型产业的调整面临困难，后续产业缺乏等问题日渐显现。上述问题使改革后东北地区的总体市场竞争力大幅下降，经济增长乏力，地区生产总值和地区工业增加值占全国的比重不断下降，如1980年东北地区生产总值和工业增加值占全国的比重分别为13.7%和17.8%，而到2004年这一数据分别下降至9.3%和9.6%。[①]

为统筹全国经济发展，党的十六大提出了"支持东北地区等老工业基地的调整与改造"的决定。2003年10月国务院又出台了《关于实施东北地区等老工业基地振兴战略的意见》，这是自改革开放以来中央首次针对东北等老工业基地发展做出的重大战略决策。2007年8月2日国务院正式批复《东北地区振兴规划》，与此同时，中央振兴东北等老工业基地的其他各项配套改革政策及措施也纷纷出台。

随着中央振兴东北老工业基地战略及各项配套改革措施的出台，东北地区的经济增长速度明显加快。2008年，东北三省的经济总量达28196亿元，与2003年相比翻了一番，年均增长13.05%。2008年，吉林省增速位列全国第二；辽宁省增速保持了不低于东部沿海地区的平均速度，在全国也位居前列；黑龙江省连续五年保持11.6%以上的增速（见表2-2和表2-3）。

表2-2 振兴战略实施以来东北地区生产总值与全国对比

单位：亿元,%

	2003年	2004年	2005年	2006年	2007年	2008年
辽宁省GDP	6002.54	6672.00	8009.01	9214.21	11023.49	13461.57
吉林省GDP	2662.08	3122.01	3620.27	4275.12	5284.69	6424.06
黑龙江省GDP	4057.40	4750.60	5511.50	6201.45	7065.00	8310.00

① 王洛林、魏后凯：《东北地区经济振兴的战略思路及政策措施》，《学术动态》2006年第14期。

续表

	2003 年	2004 年	2005 年	2006 年	2007 年	2008 年
东北三省 GDP 合计	12722.02	14544.61	17140.78	19690.78	23373.18	28195.63
全国各地 GDP 合计	139254.08	167587.17	197789.03	230484.28	275624.62	327219.80
辽宁占全国比重	4.31	3.98	4.05	4.00	4.00	4.11
吉林占全国比重	1.91	1.86	1.83	1.85	1.92	1.96
黑龙江占全国比重	2.91	2.83	2.79	2.69	2.56	2.54
东北三省占全国比重	9.14	8.68	8.67	8.54	8.48	8.62

注：全国及各地区增速为按地区统计后的折算增速。以上数据来源于历年中国统计年鉴。
资料来源：国家发改委东北振兴司：《振兴老工业基地工作简报》第 492 期，2009 年 12 月 21 日。

表 2 - 3　2003~2008 年东北地区 GDP 增长率与全国对比

年　份	增长率（%）						相对增长率（以全国为1）			
	全　国	东北地区	东北与全国增速差额	东部地区	中部地区	西部地区	东北地区	东部地区	中部地区	西部地区
2003	12.1	10.8	- 1.3	13.4	10.8	11.5	0.89	1.11	0.89	0.95
2004	13.4	12.3	- 1.1	14.4	13.0	12.9	0.92	1.07	0.97	0.96
2005	12.8	12.0	- 0.8	13.5	12.7	13.1	0.94	1.05	0.99	1.02
2006	13.7	13.5	- 0.2	14.2	13.1	13.2	0.99	1.04	0.96	0.96
2007	14.2	14.1	- 0.1	14.2	14.2	14.5	0.99	1.00	1.00	1.02
2008	11.7	13.4	1.7	11.1	12.2	12.4	1.15	0.95	1.04	1.06

资料来源：国家发改委东北振兴司：《振兴老工业基地工作简报》第 492 期，2009 年 12 月 21 日。

从表 2 - 3 可以看出，自实施振兴东北地区等老工业基地战略以来，东北地区经济和社会发展均出现可喜的重大变化。东北进入了快速发展时期，经济实力显著增强，2008 年东北经济增速超过全国的平均水平。2003~2012 年十年间，东北三省经济总量由 2003 年的 1.27 万亿元增长到 2012 年的 5.04 万亿，年均增长 12.7%，增速高于全国，比前十年加快 3.5 个百分点。特别是 2008~2012 年五年中，东北三省 GDP 平均增速明显高于全国平均水平（见表 2 - 4）。2012 年，东北三省经济总量占全国 GDP 总量的 9.7%。东北三省人均 GDP 达到 45930 元，折合美元为 7307 美元，超过全国水平（6100 美元）。①

————————

① 刘永刚、谢玮、于巧楠：《东北振兴十年记：新十年"政"逢其时》，《中国经济周刊》2013 年第 29 期。

表 2-4　"十一五"期间东北三省地区生产总值

单位：亿元,%

	2006 年		2007 年		2008 年		2009 年		2010 年	
	名义GDP	实际同比增速	名义GDP	实际同比增速	名义GDP	实际同比增速	名义GDP	实际同比增速	名义GDP	实际同比增速
全国	216314.4	12.7	265810.3	14.2	314045.4	9.6	340902.8	9.2	401512.8	10.4
东北三省	19715.2	13.5	23373.2	14.1	28195.6	13.4	31078.2	12.7	37493.5	13.6

资料来源：相应年份的《中国统计年鉴》，中国统计出版社。

在经济增长速度加快的同时，东北地区的经济发展质量和效益也明显改善，产业布局也趋于合理。其中，作为东北地区体制和机制改革突破口的国有企业改革取得重大进展，非公经济发展迅速，目前已占据半壁江山。国有经济比重偏高局面逐步改变，工业改造升级、结构调整和机制改革取得明显成效，企业自主创新能力明显增强。与此同时，东北地区在经济运行质量不断提升的同时，居民收入总体水平也持续提升，生活质量不断得到改善。

但是分析东北地区经济增长的因素可以发现，拉动经济发展的"三驾马车"的作用并不均衡。总体上看，东北地区的消费需求比较旺盛，消费对经济增长的拉动作用不断增强。实施振兴战略十年间，东北三省社会消费品零售总额年均增长 13.3%。特别是近几年东北地区消费持续活跃，对经济增长的支撑力不断增强。2009~2012 年四年间东北三省实现的社会消费品零售总额分别达 12172 亿元、14311 亿元、16824 亿元和 19482 亿元，在这四年间同比增长速度分别是 18.7%、18.7%、17.5% 和 15.8%，均高于全国同期平均水平。其中，2009 年东北三省的社会消费品零售总额同比增速高于全国 3.2 个百分点，占全国消费品零售总额的 9.7%。特别是吉林和黑龙江两省的社会居民消费在经济发展中起到了绝对作用。2012 年吉林省实现社会消费品零售总额 4772.94 亿元，同比增长 16.0%，增幅高于全国平均水平 1.7 个百分点，在全国并列排在第 2 名，在东北三省及内蒙古自治区中排在第 1 位。① 2012 年，黑龙江省全年实现社会消费品零售总额 5453.4 亿元，比上年增长 15%，增幅高于全国平均水平近 1.6 个百分

---

① 吉林省信息中心：《吉林省 2012 年消费品市场运行情况》，http：//202.106.125.32：90/index/index/showdoc.asp? blockcode = DQBGJLFX&filename = 201303072147。

点，消费对经济增长的贡献率达到 55% 以上。①

另外，东北地区的投资对经济的拉动作用也很明显。十年来，东北三省的投资持续保持高位，固定资产投资增速大大高于全国平均水平。2004～2008 年五年间，东北三省的社会固定资产投资增幅均保持在 30%以上，大大高于全国平均水平。2009 年受全球金融危机影响，东北地区的投资增速有所下降，但是随后又迅速反弹，2010 年东北地区的投资增速达 29.5%，高于全国 23.8% 的平均水平（见表 2－5）。2011 年，东北三省的固定资产投资额为 32691 亿元，同比增长 30.5%（同期全国为23.8%），在全国四大区域板块中排名第一，分别高出东部、中部和西部地区 9.2 个、1.7 个和 1.3 个百分点。其中辽宁、吉林、黑龙江三省的固定资产投资额分别达 17726 亿元、7441 亿元和 7524 亿元，同比增长 30.1%、30.3% 和 31.8%。②

表 2－5　"十一五"期间东北三省固定资产投资

单位：亿元，%

	2006 年		2007 年		2008 年		2009 年		2010 年	
	投资	增速	投资	增速	投资	增速	投资	增速	投资	增速
东北三省	10520.0	37.0	13920.1	32.3	18714.0	34.4	23732.8	26.8	30726.0	29.5
全国	109998.2	23.9	137323.9	24.8	172828.4	25.9	224598.8	30.0	278121.9	23.8
东北占全国比重	9.6		10.1		10.8		10.6		11.0	

资料来源：相应年份的《中国统计年鉴》，中国统计出版社。

相反，相对于消费和投资来说，东北地区的外贸出口对经济的拉动作用比较弱。一直以来，东北地区外向型经济发展缓慢，对外贸易额占全国的比重较低。2003 年，东北三省 GDP 占全国的 11.1%，固定资产投资占全国的 6.4%，社会消费品零售总额占全国的 10.5%，而进出口总额却仅占全国的 4.5%。2003 年东北三省的外贸出口依存度只有 12.5%，大大低

---

① 《2012 年黑龙江省社会消费品零售总额逾 5400 亿》，《黑龙江经济报》，http：//www.hlj.gov.cn/zwdt/system/2013/01/30/010486138.shtml，2013 年 1 月 21 日。

② 刘永刚、谢玮、于巧楠：《东北振兴十年记：新十年"政"逢其时》，《中国经济周刊》2013 年第 29 期。

于全国 31.1% 的平均水平。[1] 中央振兴东北老工业基地战略出台后，东北地区的对外贸易发展较快，对外经济合作水平也不断提高。在东北振兴战略出台后的 2003～2012 年十年间，东北三省的外向型经济不断取得发展，对外贸易额年均增长 16.5%，对外出口总额年均增长 14.5%。其中，2011 年东北三省实现对外贸易额 1564 亿美元，同比增长 25.1%，高于同期全国平均水平的 22.5%；同样，2012 年东北三省实现对外贸易额 1663.8 亿美元，同比增长 6.4%，高于全国平均增幅（同期全国平均增幅为 6.2%）。但是，东北地区的对外贸易发展不够稳定，2008 年东北地区实现进出口总额 1086.9 亿美元，同比增长 25%，高于全国平均水平 7.2 个百分点。[2] 然而，2009 年受金融危机影响，东北三省的对外贸易额大幅下降 16.5%，降幅超过全国平均水平（见表 2－6）。而且，从全国范围来看，东北三省的进出口总量较小。"十一五"期间，东北三省的对外贸易额占全国总量的比重始终维持在 4% 左右。2010 年，东北三省的进出口总额占全国的比重为 4.1%，2011 年略有上升为 4.3%，大大落后于东北地区的 GDP 和固定资产投资占全国的比重。与全国平均水平特别是与东部沿海发达地区相比，东北地区的外贸出口对经济的贡献率较低。

表 2－6 "十一五"期间东北三省进出口总额

单位：亿美元,%

	2006 年		2007 年		2008 年		2009 年		2010 年	
	总额	增速	总额	增速	总额	增速	总额	增速	总额	增速
东北三省	691.6	21.1	870.7	25.9	1089.0	25.1	909.1	－16.5	1230.7	35.3
全 国	17604.0	23.8	21737.3	23.5	25632.6	17.9	22075.4	－13.9	29740.0	34.7
东北占全国比重	3.9		4.0		4.2		4.1		4.1	

资料来源：相应年份的《中国统计年鉴》，中国统计出版社。

国内外的实践充分表明，经济的开放度在很大程度上决定地区经济发

---

[1] 傅自应：《发展外向型经济 振兴东北老工业基地》，http://fuziying. mofcom. gov. cn/article/speechheaders/200408/20040800260223. shtml。

[2] 国家发改委东北振兴司：《东北三省 2008 年经济形势分析报告》、《东北三省 2009 年经济形势分析报告》。

展的整体水平。改革开放以来，我国东部沿海地区的经济之所以取得飞速发展，就是因为抓住了历史机遇，大力发展开放型经济，通过吸引外资、扩大出口，实现了区域经济的快速崛起，并对周边地区产生了重要的示范和带动作用。东北地区的对外开放度落后于全国平均水平，尤其落后于沿海发达省区。对外贸易对地区经济的拉动作用较小，贡献率较低。未来东北地区的振兴发展，需要进一步加大开放力度，充分发挥东北地区既沿边又沿海、地处东北亚区域中心的独特优势，推进东北地区全方位的对外开放格局。充分利用目前亚太地区特别是东北亚地区区域合作出现的有利契机，推动东北地区外向型经济的发展。2012 年 9 月，国务院颁布了《中国东北地区面向东北亚区域开放规划纲要（2012－2020 年）》。该纲要的主要内容是从国家战略和全局的高度推动东北地区对外开放，发展外向型经济。通过加强东北亚区域合作，充分吸引国内外资金、技术及管理经验，实现东北经济的结构调整和产业升级。

第二节　远东地区的社会经济发展

一　远东地区的自然概况

远东联邦区是俄罗斯八大联邦区之一，[①] 也是俄罗斯面积最大、人口最少的经济区，其面积为 621.59 万平方公里，占全俄领土的 36.4%。人口为 644.04 万人，占全俄人口的 4.9%。[②] 远东地处俄罗斯东部边陲，北临北冰洋，东濒太平洋，南部与中国、朝鲜接壤，隔海与美国、日本相望，是俄罗斯通往亚太地区的门户，战略位置十分重要（见图 2－2）。

远东地区由 9 个联邦主体组成，分别是哈巴罗夫斯克边疆区、滨海边疆区、堪察加边疆区（2007 年由堪察加州与科里亚克自治区合并而成）、阿穆尔州、萨哈林州、犹太自治州、马加丹州、萨哈（雅库特）共和国和楚科奇自治区。这 9 个联邦主体的面积和人口状况见表 2－7。

①　为了加强中央与联邦主体之间的联系，2000 年 5 月 13 日普京发布第 849 号总统令，将俄联邦 89 个联邦主体划分为七个联邦区。2010 年 1 月 19 日梅德韦杰夫又签署总统令，从南部联邦区中划分出北高加索联邦区，成为俄罗斯第八个联邦区。

②　Федеральный округ Информация об округе. http：//www. dfo. gov. ru/index. php？id＝25。

图 2 - 2　远东联邦区位置

资料来源：远东联邦区政府网站，http：//www.dfo.gov.ru/region。

表 2 - 7　远东及各联邦主体的面积和人口状况

	面　积		常住人口截至 2009 年 1 月 1 日		人口密度
	万平方公里	占比（%）	万人	占比（%）	（人/平方公里）
俄罗斯联邦	1709.66	100	14190.40	100	8.31
远东联邦区	621.59	36.40	646.01	4.55	1.04
萨哈（雅库特）共和国	310.32	18.17	94.98	0.67	0.31
堪察加边疆区	47.23	2.77	34.35	0.24	0.73
滨海边疆区	16.52	0.97	198.80	1.40	12.03
哈巴罗夫斯克边疆区	78.86	4.62	140.19	0.99	1.78
阿穆尔州	36.37	2.13	86.45	0.61	2.38
马加丹州	46.24	2.71	16.30	0.11	0.35
萨哈林州	8.71	0.51	51.45	0.36	5.91
犹太自治州	3.60	0.21	18.54	0.13	5.15
楚科奇自治区	73.75	4.32	4.95	0.03	0.07

资料来源：表中面积数据来源于远东联邦区政府网站，http：//www.dfo.gov.ru/index.php？id = 33，人口数据来源于中国驻俄罗斯哈巴罗夫斯克总领馆经商室网站，http：//www.mofcom.gov.cn/artical/i/dxfw/jlyd/20100406880981.html。

　　外贝加尔地区（也译"后贝加尔地区"）是指俄罗斯贝加尔湖以东的东西伯利亚东南部地区，包括布里亚特自治共和国、后贝加尔边疆区以及伊尔库茨克州的东北部。外贝加尔地区与远东地区在地理位置上毗邻，且相互间在历史上就有着密切的经济联系。所以，在俄罗斯通常把二者联系在一起，政府制定的计划也通常是把这两个地区作为一个整体来制定的。远东和外贝加尔地区的领土面积总计达 699.87 万平方公里（占俄罗斯联邦领土总面积的 40.99%），截至 2006 年 1 月 1 日，远东和外贝加尔地区的人口总数为 874.2 万人。[1]

远东地区自然资源极为丰富，堪称"世界上唯一尚未得到很好开发的自然资源宝库"。这里拥有经济社会发展所需要的各种资源，尤其是能源、矿物资源、森林资源和生物资源储量丰富。据有关机构评估，截至 2003 年 1 月，远东地区石油剩余探明可采储量（A、B 及 C_1 级）为 4.15 亿吨，C_2 级石油为 2.531 亿吨。远东的石油储量主要分布在萨哈共和国和鄂霍次克海大陆架。其特点是油气田的地质构造比较复杂，油气层较多。在天然气方面，截至 2003 年 1 月，远东地区天然气剩余探明可采储量（A、B 及 C_1 级）为 2.003 万亿立方米，C_2 级天然气初评储量为 1.349 万立方米。[2] 远东天然气主要分布在雅库特和萨哈林两大地区。雅库特地区的天然气不但储量丰富，而且质量好，不含有害杂质，有利于发展高效能的天然气加工业。而萨哈林地区的天然气大多属于重烃少的甲烷系，开发规模较小。

远东地区的森林总面积约为 3.16 亿公顷，森林覆盖率为 40.7%，木材蓄积量为 223.1 亿立方米，成熟林和过熟林占该地区木材总蓄积量的 70% 以上。[3] 远东地区不仅森林资源丰富，而且森林物种繁多。其中哈巴罗夫斯克边疆区是远东地区森林覆盖面积最大的地区，其森林面积占整个远东地区的 53.7%，木材蓄积量占远东地区木材总蓄积量的 1/3 以上。

远东地区的矿物资源丰富，已发现的矿物原料种类有 70 多种。包括有色金属和贵金属矿石，如金刚石、黄金、白银、铅、锌、铝、钨、萤石与铁等。其中，远东地区已探明的锑、硼、锡的储量占全国总储量的 88% ~

---

① 《2013 年前远东和外贝加尔经济和社会发展联邦目标规划》，《远东经贸导报》2008 年 2 月 4 日。

② 冯玉军、李东、丁晓星编译《俄罗斯东西伯利亚与远东油气开发基本方向》，《国际石油经济》2004 年第 2 期。

③ 2007 年 8 月中国（牡丹江）木业博览会资料：《俄罗斯远东地区森林资源概况》，ht-tp：//www.mudanjiang.gov.cn/public/AE/index.jsp? TemplateNameN = AE&TemplateXMLName = 1&CNumberN =261&ArticleTitleN =3350。

95%；萤石和水银储量占全国总储量的 41%～63%；钨占全国总储量的 24%，铁矿石、铅、天然硫、磷灰石占全国总储量的 8%～10%。[①]

此外，由于远东地区三面临海，鱼类资源十分丰富，是俄罗斯重要的捕鱼区，也是世界著名的渔场。

二　当前远东地区经济发展形势

远东地区虽然幅员辽阔，资源丰富，但是经济比较落后。在俄罗斯 8 个联邦区中，远东地区的经济增速多年低于全俄平均水平（见表 2-8）。

表 2-8　2002～2011 年俄罗斯各联邦区经济增长情况（同比%）

	2002 年	2003 年	2004 年	2005 年	2006 年	2007 年	2008 年	2009 年	2010 年	2011 年
俄罗斯联邦	105.5	107.6	107.4	107.6	108.3	108.3	105.7	92.4	104.6	105.4
远东联邦区	103.7	105.9	106.6	104.6	105.3	109.4	103.4	101.5	106.8	105.3
中央联邦区	107.6	108.7	107.4	109.8	109.9	108.9	107.5	89.2	103.0	104.8
西北联邦区	108.6	107.1	108.5	106.6	107.7	109.0	104.7	94.9	104.4	106.1
南部联邦区	105.8	103.8	109.8	106.1	108.8	110.1	108.5	92.8	105.4	106.5
北高加索联邦区	107.3	106.9	112.0	108.6	110.3	110.1	108.4	101.2	103.5	106.5
伏尔加联邦区	102.6	106.9	105.8	104.5	107.9	109.1	105.2	92.5	105.8	106.8
乌拉尔联邦区	104.2	108.4	106.7	110.2	107.5	105.5	103.4	92.0	106.8	104.6
西伯利亚联邦区	104.1	107.5	108.3	104.8	106.2	107.5	104.1	95.9	104.4	105.0

资料来源：俄罗斯国家统计局网站，http：//www.gks.ru/wps/wcm/connect/rosstat_main/rosstat/ru/statistics/accounts/#。

---

① 〔俄〕米纳基尔主编《俄罗斯远东经济概览》，对外贸易经济合作部东欧中亚经贸合作研究咨询组译，中国对外经济贸易出版社，1995，第 2 页。

从表 2 - 8 看出，在 2002～2011 年的十年中，除 2007 年、2009 年和 2010 年外，其余年份远东经济增速都低于全国平均水平。2006 年远东联邦区生产总值在各联邦区中排名最后。2008 年远东地区生产总值为 14457 亿卢布，同比增长 3.4%，但地区 GDP 增长速度低于全国平均水平（5.7%）。

造成远东经济落后的主要原因是远东产业结构单一，经济发展严重依赖资源开发和初级产品加工业，制造业发展滞后。工业虽然在远东经济中占主导地位，但其主要生产部门是燃料动力、有色金属开采与加工、机械制造、木材采伐与加工、捕鱼业等。如在 2008 年远东工业生产总值中，矿产开发领域产值占 54.4%，加工制造业产值占 26.3%，水电气生产及配送领域产值占 19.3%。①

造成远东产业结构比较单一的原因是在苏联时期实行高度集中的计划经济体制，国内各经济区之间建立了明确的分工和协作关系。远东作为原料产品和军用产品的供应基地，主要产业部门是能源供给业、森林工业、渔业和军工业，其中，军工企业的产值占全区生产总值的 30%～50%。在这种分工体制下，远东向其他地区供应石油制品、木材及木制品、金属矿物及机器制造产品，而远东所需的生活消费品，如食品、轻工产品等则从国内其他经济区运入。因此，远东的资源工业和能源工业比较发达，而农业和轻工业落后。

1992 年俄罗斯实行激进的市场经济改革后，国家对远东地区的国防订货锐减，使得该区的工业发展受到极大影响，大批工厂出现停产、半停产状态。与全国一样，远东经济陷入困境，持续多年下降。在经济危机期间，远东主要依靠出口能源、木材、水产品、废旧金属以换取外汇进口生活必需品等来维持当地居民的生产和生活。由于经济危机持续多年，政府财力不足，加之国内民用技术落后，从而制约了远东产业结构的升级调整。

农业方面也是这样，远东农业主要包括种植业和畜牧业。种植业主要集中在气候等自然条件较好的南部地区，其中滨海边疆区、阿穆尔州和犹

---

① 陈境霓：《远东联邦区 2008 年社会经济概况及对华贸易情况》，《驻哈巴罗夫斯克总领馆经商室经贸调研》2009 年第 2 期。

太自治州、哈巴罗夫斯克边疆区的农作物产量约占远东全区产量的 90%，主要农作物是土豆、豆类和蔬菜。由于远东地区大部分土地位于常年冻土带，受气候条件制约，远东的农业基础十分薄弱。加之苏联长期奉行重视重工业而忽视农业和轻工业的产业政策，所以远东地区的农业一直比较落后，不能满足当地居民对主要粮食产品的需求。远东地区所需要的农产品包括粮食、蔬菜、水果以及轻工业等日用品需要大量从外地调入。

市场经济改革后，远东农业失去了中央政府的巨额补贴，加之改革后国内局势动荡，经济持续多年下滑，导致远东本已十分落后的农业生产全面陷入衰退中，下降幅度大大超过全国平均水平。据专家估算，1990～2003 年全俄粮食播种面积下降 28%，而远东地区下降 61%，全俄粮食产量下降 38%，而远东则为 76%。① 随着国家总体经济的恢复发展以及俄罗斯一系列旨在稳定和发展农业的政策措施的出台，远东农业逐步摆脱衰退，自 2004 年起缓慢回升，但不够稳定。

伴随着全国经济的复苏，远东地区的经济也从 1999 年开始出现稳定增长态势。但是，远东经济发展的多项指标都低于全国平均水平。然而，2009 年远东成为全国经济发展最快的地区。当年受全球金融危机的影响，全国经济下滑 7.9%，在这一背景下，远东经济不仅没有下降，反而逆势增长，当年地区生产总值增长 1.5%。工业、农业、建筑业、服务业、渔业等多项指标均超过上年同期水平，成为当年国家经济发展中的一个亮点。2010 年远东地区经济继续保持良好发展势头，经济增长速度高于全国平均水平，2011 年远东经济增速略微落后于全国平均水平。

远东地区经济发展之所以近几年出现良好态势，个别年份的经济增速还超过全国水平，首先得益于当地矿产资源开采业的发展。远东自然资源丰富，矿产资源开采和加工一直是当地的主导产业。近年来，远东各联邦主体对能源及各种有色金属等矿产资源的开采规模不断扩大，带动了地区经济总量的增加。其次，加工业的快速增长也促进了经济发展。一直以来，俄罗斯的经济结构不合理，经济增长过分依赖能源等资源产业，为改变结构，政府积极倡导经济多元化、鼓励发展加工业。在林业领域，为限

---

① 中国驻哈巴罗夫斯克总领馆经商室：《远东地区农业生产现状》，http://khabarovsk.mof-com.gov.cn/aarticle/ztdy/200511/20051100697092.html。

制原木出口,俄罗斯政府自2007年起先后几次提高原木出口关税。在政府政策的引导下,近年来,远东地区的原木出口不断下降,而木材加工业却稳步增长。2010年,远东木材加工业产值同比增长26.6%,增幅列全国之首。此外,大量基础设施的开工建设成为远东经济发展的重要助推力。随着国家经济的发展,以及对外合作的不断深化,远东一些重要的基础设施建设,如港口、铁路和公路等逐步展开,特别是"东西伯利亚 - 太平洋"石油管线的建设和运营,以及为迎接在海参崴举办的2012年APEC峰会,俄罗斯政府投入大量资金进行城市改造,累计约合226亿美元的大规模资金投入不仅改善了远东的基础设施面貌,而且对远东地区的经济增长也起到了重要的推动作用。这一点从2011年远东主要社会经济指标就可以看出(见表2 - 9)。2011年远东地区经济增长高于全国平均水平,劳动者的工资收入和居民生活水平也逐渐改善。但也可以看出拉动经济增长的主要因素是固定资产投资增加、工业发展和建筑业的发展。

表2 - 9   2011年远东联邦区主要社会经济指标的同比增长情况

单位:%

	人口数量(2012年1月1日)	居民实际货币收入	居民实际消费支出	劳动者实际工资	工业生产值	农业生产值	实际住房面积	零售贸易额	固定资本投资
俄罗斯联邦	0.1	101.1	106.7	102.8	104.7	123.0	106.6	107.0	108.3
远东联邦区	- 0.3	101.5	105.5	105.4	108.8	107.6	117.4	105.3	121.4
萨哈(雅库特)共和国	- 0.3	103.4	103.1	110.7	111.3	95.3	105.2	102.7	123.6
堪察加边疆区	- 0.5	99.2	105.5	102.2	120.1	100.6	119.2	105.0	96.0
滨海边疆区	- 0.2	102.9	105.6	104.2	119.3	110.6	110.6	103.5	121.3
哈巴罗夫斯克边疆区	- 0.03	97.2	105.6	106.4	115.8	102.1	127.6	106.4	103.9
阿穆尔州	- 0.9	112.9	115.5	104.4	125.6	122.1	144.8	118.7	136.1
马加丹州	- 1.3	98.0	105.3	104.0	107.7	94.3	114.1	105.5	100.8
萨哈林州	- 0.3	96.5	102.1	100.4	102.9	109.0	118.7	102.2	136.6
犹太自治州	- 1.1	96.8	96.9	105.5	104.1	100.6	100.8	94.2	128.8
楚科奇自治区	1.3	109.5	100.4	110.8	93.5	192.0	811.3	101.6	164.9

资料来源:俄罗斯国家统计局网站,http://www.gks.ru/bgd/regl/b12_14p/isswww.exe/stg/d01/01 - 02.htm。

从居民收入情况来看，在苏联时期，由于远东地理位置偏远，自然气候恶劣，加之基础设施不完善，政府为稳定当地的人口形势，一直对远东地区提供优惠待遇，实施相对较高的收入政策。所以在苏联时期远东地区居民的名义收入和实际收入都高于全国平均水平。苏联解体后，随着市场经济改革的实施，物价放开，俄罗斯爆发恶性通货膨胀，消费品市场价格飞速上涨，居民实际购买力下降，特别是普通工薪阶层居民生活水平急剧下降。据俄罗斯联邦统计局和其他相关政府部门的资料，与1991年相比，1994年俄罗斯人均月实际工资下降32%。进入21世纪后，国家经济逐步恢复，特别是普京2000年第一次就任国家总统后，重视改善居民生活水平，实行居民货币收入超前增长的政策。据统计，在2003~2010年俄罗斯GDP年均增长4.5%，而居民工资年均增长24%。扣除通货膨胀因素后，实际工资增长仍明显高于GDP增长。[①] 远东地区与全国形势一样，自2000年以来远东地区的居民收入不断增加，2002年远东居民月均工资为5979卢布，而到2007年则上升至16726卢布。[②] 而且，从整体上看，远东地区的人均名义工资一直高于全俄平均水平，2011年远东地区居民的实际货币收入和劳动者的实际工资增幅都高于全国平均水平。但是由于远东地区的通货膨胀率自2003年开始多数年份都超过全俄平均速度（见表2-10），因此远东居民的名义收入不断缩水，与其他地区的比较优势逐渐丧失，实际收入水平呈相对恶化趋势。

表2-10　远东联邦区食品消费价格增长情况

年 份	2000	2001	2002	2003	2004	2005	2006	2007	2008	2009	2010	2011
俄罗斯联邦	117.9	117.1	111.0	110.2	112.3	109.6	108.7	115.6	116.5	106.1	112.9	103.9
远东联邦区	116.2	114.2	110.4	112.3	112.6	112.4	109.3	111.6	116.2	108.6	109.3	106.0
萨哈（雅库特）共和国	116.9	112.1	109.3	111.9	112.3	114.8	115.6	109.7	116.6	107.4	105.7	107.7
堪察加边疆区	117.2	118.0	107.9	107.9	114.1	112.2	112.6	110.7	115.3	110.7	111.6	104.9
滨海边疆区	116.7	113.7	109.4	112.8	111.7	111.7	106.8	112.5	116.4	108.7	109.7	105.1
哈巴罗夫斯克边疆区	116.3	117.7	111.0	114.1	114.0	111.9	107.4	111.0	114.5	108.3	110.1	107.1

① 陆南泉：《俄罗斯如何提高居民福利》，《东方早报》2013年6月18日，第C15版。

② 姜振军：《21世纪以来俄罗斯远东地区对外贸易发展问题研究》，《俄罗斯东欧中亚市场》2012年第9期。

续表

年 份	2000	2001	2002	2003	2004	2005	2006	2007	2008	2009	2010	2011
阿穆尔州	115.7	115.8	108.4	115.8	109.3	111.6	108.8	112.0	118.7	107.7	110.4	106.2
马加丹州	117.5	116.6	107.6	107.8	109.8	113.2	106.8	113.4	119.5	111.6	110.9	105.4
萨哈林州	116.5	109.1	113.5	109.5	118.0	113.0	109.7	113.5	116.4	109.9	111.1	105.0
犹太自治州	114.2	113.5	113.1	113.5	112.9	111.9	104.3	113.9	118.5	108.8	111.2	105.3
楚科奇自治区	116.9	103.9	117.9	117.5	112.3	116.7	111.2	105.5	107.3	115.7	100.6	106.4

资料来源：俄罗斯国家统计局，http：//www.gks.ru/bgd/regl/b12_14p/isswww.exe/stg/d03/25－03.htm。

对外贸易在远东地区的经济发展和居民生活中占有重要地位，因为远东人口稀少，地区内部市场规模有限，加之远东远离本国西部中心地区，在这种情况下，远东只能依靠和周边国家的经济合作来发展本地经济，通过积极发展对外贸易来扩大本地的经济规模。在20世纪90年代市场经济改革初期，对外贸易在很大程度上弥补了远东因生产下降导致的日用品匮乏，对缓解远东地区的经济危机、保持社会稳定起到了积极作用。自1999年远东经济复苏以来，对外贸易对远东经济连续十年保持增长起到了重要作用，见图2－3和表2－11。2009年受全球金融危机影响，远东的对外贸易额大幅下降，当年地区实现对外贸易额221亿美元，比2008年减少32%，但降幅低于全国平均水平。2009年俄罗斯全国对外贸易额为4690亿美元，同比下降36.2%。[①] 2010年远东对外贸易额迅速回升，2011年继续保持高速增长态势，全年实现地区外贸总额339.5亿美元，同比增长29.4%。[②]

尽管近年来远东经济增长稳定，对外贸易也保持了良好的发展势头，但是相对于国内欧洲部分远东经济仍然落后。产业结构不合理，制造业、加工业落后，农业生产率低下，农产品不能满足当地需求等问题至今没有解决。目前远东农业发展资金短缺，农业技术投入不足，设备老化严重。此外，远东的农业扶助体系不健全、劳动力短缺等多种因素使远东农业的

---

① 俄新网：《俄远东海关2009年进出口贸易额减少三分之一》，http：//rusnews.cn/eguoxin-wen/eluosi_caijing/20100120/42684807－print.html。

② 中国驻俄哈巴罗夫斯克经商室：《2011年俄远东联邦区外贸总额同比增长29.4%》，ht-tp：//www.mofcom.gov.cn/aarticle/i/jyjl/m/201203/20120307997174.html。

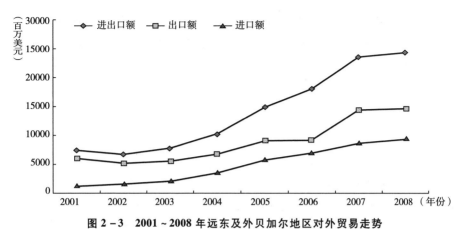

图 2 - 3 2001～2008 年远东及外贝加尔地区对外贸易走势

资料来源：http://www.assoc.fareast.ru/fe.nsf/pages/fecon_ftrade_itogi_2008.htm。

生产率低于全俄平均水平，居民生活所需的粮食、蔬菜、水果等农产品大量依赖国外进口。

表 2 - 11 俄罗斯远东各联邦主体对外贸易发展情况

单位：百万美元

	2000 年				2005 年				2008 年			
	与远外国家的贸易		与独联体国家的贸易		与远外国家的贸易		与独联体国家的贸易		与远外国家的贸易		与独联体国家的贸易	
	出口	进口	出口	进口	出口	进口	出口	进口	出口	进口	出口	进口
俄罗斯联邦	89269	22276	13824	11604	208846	79712	32627	18996	398103	230429	69809	36611
远东联邦区	3625.3	635.8	7.2	34.3	8918.0	5622.5	20.1	19.2	13921.1	8832.2	142.8	17.9
萨哈（雅库特）共和国	1089.0	35.0	0.5	4.0	2140.5	68.9	11.3	1.7	2163.0	100.1	128.4	2.6
堪察加边疆区	122.4	28.8	0.1	0.8	146.7	39.9	1.9	0.4	168.9	117.5	1.8	0.2
滨海边疆区	608.8	318.8	3.6	10.5	1048.6	2206.2	0.6	1.9	868.6	5808.0	2.4	2.1
哈巴罗夫斯克边疆区	1306.9	113.8	1.3	8.4	2803.9	548.9	4.6	12.5	1709.2	1081.7	5.3	12.2
阿穆尔州	58.3	15.8	0.1	1.3	164.3	113.8	0.4	0.1	270.3	413.3	1.9	0.3
马加丹州	3.7	39.8	0.1	1.5	19.9	80.2	0.0	0.2	128.4	128.4	0.0	0.3
萨哈林州	423.8	77.7	1.5	7.4	1061.4	2486.3	1.3	0.6	8590.0	1006.0	2.3	0.2
犹太自治州	12.1	4.2	0.0	0.4	8.3	8.8	0.1	0.3	21.6	36.9	0.9	0.0
楚科奇自治区	0.3	1.9	0.0	—	1524.3	69.4	0.0	1.5	1.2	140.3	—	—

资料来源：俄罗斯国家统计局网站，http://www.gks.ru/wps/wcm/connect/rosstat/rosstatsite/main/publishing/catalog/statisticCollections/doc_1138623506156。

远东地区人口流失严重、劳动力不足问题至今也未能得到解决。市场改革以来，远东地区的人口数量每年都在减少，这种状况至今没有得到改善。1991～2010 年的 20 年间，远东地区的人口减少了 24.31%，特别是地处远东北部偏远、自然条件恶劣的一些联邦主体，其居民人数减少状况更为严重。如马加丹州在 20 年间人口减少了 71.08%，堪察加边疆区在 20 年间减少了 30.9%（见表 2 – 12）。

人口外流是远东地区人口减少的主要原因，当然人口出生率低也是一个因素。远东地区远离国家中心地带，气候条件恶劣，生活成本高。在苏联时期，由于政府对该地区实施严格的户籍管理制度及多项优惠鼓励政策，这里的人口数量比较稳定。苏联解体后，政府取消了自由迁移的限制，远东大量人口重新迁回人口相对稠密、经济相对发达的西部欧洲地区，导致远东地区的人口数量持续减少。在远东流失的人口中，有大量年富力强的技术骨干和熟练工人，这些人员的流失导致远东许多企业的技术岗位人员匮乏。俄罗斯《太平洋之星》报道，2001 年在远东阿穆尔州的共青城，人口流失致使建筑工、气焊工、机床熟练工等约 2000 个职位空缺，招不到相应的熟练工人。

表 2 – 12　2010 年远东联邦区人口统计数据

主体名称	2010 年人口（人）	城市人口比例（%）	人口密度（人/平方公里）	1989 年人口（人）	2010 年比 1989 年增长（%）
阿穆尔州	830103	66.80	2.28	1057781	– 21.52
犹太自治州	176558	67.60	4.90	215937	– 18.24
堪察加边疆区	322079	77.35	0.68	466096	– 30.90
马加丹州	156996	95.40	0.34	542868	– 71.08
滨海边疆区	1956497	76.10	11.79	2258391	– 13.37
萨哈（雅库特）共和国	958528	64.10	0.31	1081408	– 11.36
萨哈林州	497973	79.70	5.72	709629	– 29.83
哈巴罗夫斯克边疆区	1343869	81.80	1.79	1824506	– 26.34
楚科奇自治区	50526	64.80	0.07	157528	67.93
合计（远东联邦区）	6293129	—	1.02	8314144	– 24.31

资料来源：《2010 年俄罗斯远东联邦区人口统计数据》，《西伯利亚研究》2012 年第 5 期。

人口流失恶化了当地的人口结构，也导致远东劳动力不足，这是影响远东经济发展的一个重要原因，因为发展经济要以适度的经济人口规模为基础。俄罗斯政府鼓励国内居民特别是海外侨民移居远东，2007年初俄罗斯政府实施"促使侨胞自愿移居俄罗斯计划"，目的就是希望在2007～2012年通过政府承诺提供的优惠福利条件吸引几十万移民到西伯利亚和远东地区定居。这里所说的"侨胞"是指那些懂俄语、受到俄罗斯传统文化熏陶，同时又愿意回归俄罗斯的独联体国家居民，主要是哈萨克斯坦、乌兹别克斯坦、吉尔吉斯斯坦和塔吉克斯坦的俄语居民。然而，以远东目前的社会经济发展状况以及当地的气候条件很难吸引外部人口大量流入，所以，远东地区的劳动力短缺问题在短时期内难以解决。

第三节　东北与远东区域经济合作的必然性与可行性

东北与远东有着漫长的共同边界，双方开展区域经济合作不仅有着地缘优势，而且还有着两地民间长期形成的经贸联系和传统友谊，只是由于历史原因这种联系曾一度中断。改革开放之后，随着中苏关系的"解冻"，两地间一度中断的经济联系又重新活跃起来。由于交通便利，加之经济结构上的互补性，两地的经贸关系发展迅速，目前，双方已互为重要的合作伙伴之一。作为中俄两国的接壤地区，东北与远东是两国开展经济合作的前沿和桥梁，在两国交往中发挥着其他省区无法替代的作用，两地间的经济合作也成为两国经济合作的重要组成部分。

一　东北与远东区域经济合作的必然性

区域经济一体化已经成为世界经济发展的潮流，尤其是进入21世纪以来，区域经济一体化已成为各国、各地区发展经济的重要手段。面对经济全球化带来的严峻挑战，毗邻的远东和东北地区加强合作也成为两地推动经济发展的必然选择。

首先，远东开放、发展对外合作具有必然性。苏联时期，远东地区是国家重要的军工生产基地之一，长期对外封闭，经济和社会发展落后于其他地区。在当时的计划经济体制下，远东地区一直是国家财政重点扶持的地区。政府一直对该地区的资源开采业等部门实施政府补贴政策，为保证该地区的经济开发，政府每年投入大量资金，从而保障了远东经济的持续稳定发展。苏联解体后，俄罗斯开始向市场经济转轨，政府取消了对远东地区的各种投资和财政补贴，而与此同时，物价放开导致国内运输费用大幅上涨，严重影响了远东经济的发展。据相关部门统计，在 1990～1993年，俄罗斯的铁路运价上涨了 1700 倍，港口装卸仓储费上涨了 500 倍。运费的急剧上涨迫使远东地区大幅减少从国家西部地区的产品采购，同样，高昂的运费也使远东地区的产品很难销售到西部地区，远东与西部地区间的经济联系减弱。受此影响，远东地区的生产规模缩减，经济陷入严重的危机之中。远东地区经济结构单一，与西部地区经济联系的中断使其经济结构不合理问题更为突出。所以，市场经济改革后，该区所受到的经济打击甚于其他地区。该区生产总值和工业产值的下降幅度、亏损企业的比例都高于全俄的平均水平（见表 2-13）。由于失业人数剧增，加之物价飞速上涨，远东居民的实际收入下降，远东居民的生活水平开始低于全俄平均水平。全区有近 1/3 的人口生活在贫困线以下，这一指标远远高于全俄平均水平。[①]

表 2-13　1996 年远东主要联邦主体工业产值指标（同比下降幅度%）

	全俄平均	滨海边疆区	哈巴罗夫斯克边疆区	阿穆尔州
总　产　值	-5.0	-13.0	-10.0	-11.0
工业产值	-5.0	-38.6	-13.0	-23.2

资料来源：李传勋：《转型时期的俄罗斯远东》，哈尔滨工业大学出版社，1998，第 56 页。

　　由于距离遥远且运费昂贵，远东地区逐渐减弱了与本国西部地区的经济联系；而远东本地区人口稀少，内部市场规模有限，难以支撑经济规模的扩大。在这种情况下，要解决远东的经济危机，发展经济，只能依靠与周边国家的经济合作。对远东来说，发展经济必然要扩大外部市场，发展外向型经济。远东的地理位置决定其必然要与亚太国家特别是相邻的东北亚各国合作。远东地处亚洲太平洋沿岸，在地理位置上与东北亚各国隔界相邻或隔海相望。所以，对远东来说，最近、最现实的市场就是亚太市

---

① 李传勋：《转型时期的俄罗斯远东》，哈尔滨工业大学出版社，1998，第 4～6 页、第 56～57 页。

场。因此，市场经济改革后，远东意识到其经济发展的出路在于加强与亚太地区的经济合作。

从国际环境看，与远东相邻的亚太地区近几十年来经济蓬勃发展，世界经济和政治中心逐渐向亚太转移。俄罗斯政府也希望抓住时机，充分利用有利的外部环境，加强与亚太地区的合作，带动远东地区的经济发展，改善国内长期存在的地区经济发展不平衡问题。1996 年 4 月俄罗斯政府批准通过《1996 ~ 2005 年远东及外贝加尔地区经济社会发展联邦专项规划》，其目的就是加强远东同亚太国家的经济联系，以摆脱远东的经济危机，促进经济发展。

从国家安全角度看，长期以来俄罗斯国内的经济发展不平衡，东部地区特别是远东地区的经济发展落后，已成为地区不安定的主要因素之一。俄罗斯传统上就是一个欧洲国家，全国的政治、经济和文化中心始终是在欧洲，人口也主要集中在欧洲地区。在苏联时期，远东作为全国重要的军事生产基地一直处于封闭状态，基础设施、经济发展水平都落后于西部地区。所以，远东一直有"被莫斯科遗忘"的感觉。加之远东在地理位置上远离西部中央地区，气候恶劣，所以，改革后人口流失现象严重。俄罗斯政府意识到，要稳定远东居民的生产生活，维护国家领土完整，就要发展远东经济，缩小地区间的发展差距。普京早在第一个总统任期，就重视发展远东地区的经济。上台后不久，他于 2000 年 7 月 21 日召开的"远东和外贝加尔地区发展前景"会议上做了题为"俄罗斯需要一个什么样的远东"的发言，他说道，"如果现阶段我们不作努力，那么，要不了几十年，自古以来生活在远东的俄罗斯居民就会变成基本上说日语、汉语和朝鲜语了。我们没有任何权利让远东地区经济发展落后"。所以，无论是出于发展远东经济还是出于国家安全的考虑，俄罗斯都必须开放远东，大力开发远东经济，发展远东对俄罗斯具有重要的战略意义。

二　东北与远东区域经济合作的可行性

区域合作是在一定的国际政治与经济环境下进行的，任何区域合作都需要具备一定的条件，只有具备了一定的条件，合作才能顺利展开并取得预期效应。中国东北与俄罗斯远东开展区域合作具有以下有利条件。

第一，得天独厚的地缘优势。

中国与俄罗斯拥有 4314 公里的边界线，共有四省区与俄罗斯毗邻，其中黑龙江省 3038 公里，内蒙古自治区 1010 公里，吉林省 212 公里，新疆回族自治区 54 公里。在两国边界线上有数十个国家一类口岸和边境互市贸易区。其中在黑龙江省拥有的 25 个国家一类口岸中有 15 个是边境口岸，分别是：漠河、黑河、孙吴、逊克、嘉荫、萝北、同江、抚远、饶河、虎林、密山、绥芬河（公铁两用）、东宁、富锦；吉林省与俄罗斯的边界线长 241 公里，有边境口岸 2 个（珲春－克拉斯诺公路口岸和珲春－卡梅绍娃亚铁路口岸），均为一类口岸；内蒙古自治区北部与俄罗斯接壤线上有对俄口岸 5 个，分别是满洲里（公铁两用）、黑山头、室韦和二卡。[1] 中俄两国边境的主要对应口岸情况见表 2 - 14。

此外，在两国边境地区还有数十个中俄边民互市贸易区。截至 2007 年，经国务院或当地省级政府批准设立的中俄边民互市贸易区共有 12 个，其中黑龙江省有 10 个，分别是黑河、绥芬河、东宁、抚远、虎林、同江、密山、饶河、逊克、萝北；内蒙古自治区有 1 个，是满洲里；吉林省有 1 个，是珲春。在上述边民互市贸易区中，已经有 3 对互贸区办理了简化俄罗斯公民进入中方一侧互贸区手续的换文，即黑河－布拉戈维申斯克互市贸易区、满洲里－后贝加尔斯克互市贸易区和绥芬河－波格拉尼奇内互市贸易区。[2]

随着科学技术的进步以及交通和通信设施的发展，对于开展区域合作的双方来说，"地理区位说""空间概念"已不再是区域经济合作绝对必备的条件，一些国家即使地理位置不相邻，也同样可以签署 FTA，也可以开展区域合作。但是，不可否认的是，在其他条件相同的情况下，开展区域合作的国家或地区间的地理位置越近，经济一体化带来的利益就越大。因为地理位置相邻、交通便利自然会降低运输成本和两地间的流通成本，实现"正经济效应"。

总之，中国东北和俄罗斯远东山水相连，口岸相通，这里集中了全国主要的对俄贸易口岸和边民互市贸易区，在各口岸之间，公路、铁路相连接，交通发达，这些便利的天然条件把东北和远东连为一体，也为双方加强地方经贸合作创造了有利条件。

---

① 中俄经贸合作网：《"俄罗斯商务日"资料：中俄边境口岸情况》，http：//www.crc.mofcom.gov.cn/article/hqhuishiba/eshangwuri/200706/40733_1.html。

② 中俄经贸合作网：《"俄罗斯商务日"资料：中俄边境贸易》，http：//www.crc.mofcom.gov.cn/article/hqhuishiba/eshangwuri/200706/40744_1.html。

表2-14 俄罗斯远东地区与中国边境主要对应口岸

代号 No.	国际口岸特点	过境口岸名称（海关）	国际口岸性质	工作时间	过境商品名称
1	公路汽车过境口岸（5个）	克拉斯金诺公路口岸（哈桑区海关）	国际货物和旅客运输	一周六日，夏季：11:00~19:00，冬季：10:00~18:00	出口商品主要是：冷冻鱼、水产、木材；进口商品主要是：食品、日常生活用品、工业品（设备、建材）
2		波格拉尼奇内公路口岸（格罗捷克沃海关）	国际货物和旅客运输	一周六日，8:00~22:00	主要进口商品：食品（蔬菜、水果、油脂类）、建材
3		马尔科沃公路口岸（乌苏里斯克海关）	双向货物和旅客运输	一周五日，夏季：11:00~20:00，冬季：10:00~19:00	出口商品主要是：原木（占出口量90%）；进口商品主要是：大米（占进口量的97%）
4		波尔塔夫卡公路口岸（乌苏里斯克海关）	双向货物和旅客运输	一周六日，9:30~21:30	过境商品主要是：钢板（占81%），其他金属制品
5		图里-罗格公路口岸（乌苏里斯克海关）	双向货物和旅客运输	一周六日，夏季：11:00~18:00，冬季：9:30~17:30	过境商品主要是：粮食和蔬菜
6	混合放行口岸（9个）	阿穆尔捷特（比罗比詹海关）	国际货物和旅客运输	一周六日，11:00~19:00	出口商品主要是：原材料；进口商品主要是：食品、农业机械
7		下列宁镇（比罗比詹海关）	国际货物和旅客运输	一周六日，11:00~19:00	出口商品主要是：原材料；进口商品主要是：食品、农业机械
8		巴什阔沃（比罗比詹海关）	国际货物和旅客运输	一周六日，11:00~19:00	出口货物主要是木材（加工和未加工），旧设备；进口商品主要是食品和日用品

续表

代号 No.	国际口岸特点	过境口岸名称（海关）	国际口岸性质	工作时间	过境商品名称
9		布拉格维申斯克（布拉格维申斯克海关）	国际货物和旅客运输	一周六日，8：00～22：00	出口货物主要是钢轨、废旧黑金属、木材、管材、设备；进口食品、布料
10		扎林达（布拉格维申斯克海关）	国际货物和旅客运输	一周六日，8：00～22：00	出口货物主要是木材；进口食品（蔬菜、水果）
11		康斯坦丁诺夫卡（布拉格维申斯克海关）	国际货物和旅客运输	—	—
12	铁路放行口岸（2个）	波雅尔克瓦（布拉格维申斯克海关）	国际货物和旅客运输	一周六日，8：00～22：00	出口货物主要是原木（90%以上）、废旧黑金属（6%）；进口设备、蔬菜、建材
13		乌沙克瓦（布拉格维申斯克海关）	国际货物和旅客运输	—	—
14		巴克罗夫卡（哈罗夫斯克海关）	双向货物和旅客运输	一周六日，10：00～19：00	进口商品主要是日用品（纺织品、鞋）、食品（蔬菜、水果、大米）
15		波克拉尼奇内（格罗捷阔沃海关）	国际货物和旅客运输	客运每日8：00～22：00；货运昼夜不间断	出口货物90%以上是原木和锯材，进口散装货物、日用品和建材
16		马哈林诺（哈桑海关）	国际货物和旅客运输	一周五日，8：30～17：30	出口商品主要是木材、锯材

注：根据俄罗斯与中国1994年月1月27日签定的协议，除马哈林诺铁路口岸外，上述口岸均为两国政府确认的国家级边境口岸。

资料来源：赵立莹：《俄罗斯远东地区基本情况》，绥芬河旅游网，2008年8月5日。

第二，两地自然资源和经济结构的互补性。

互补性是两地发展区域经济合作的基石，也是区域经济合作的原动力。正是这种互补性促使两地生产要素的跨国界流动，并在此基础上实现区域内资源的优势互补。远东和东北之间的经济互补性主要表现在以下两个方面。

一是自然资源和人力资源的互补性。远东地区资源丰富，在能源、矿产、渔业和森林等方面具有比较优势，这无疑是该区吸引外资的最大优势。但是由于历史原因以及气候条件的制约，远东地区的农业和轻工业相对薄弱。此外，该区人口稀少，劳动力短缺。而东北地区虽然资源比较丰富，但是由于数十年的高强度开采和挖掘，目前东北的煤炭、木材以及石油等许多资源已进入枯竭期。在人力资源方面，中国是人口大国，东北地区不仅有着丰富的劳动力资源，而且与其他一些国家相比，东北地区的劳动力在气候等方面更能适应远东地区的环境。事实上，由于两地劳动力资源互补，近年来中国劳动力已经成为促进远东地区社会经济发展的重要动力之一。

二是产业结构的互补性。俄罗斯独立20年来，至今没能摆脱苏联时期形成的产业结构框架，农、轻、重比例长期失调，轻工业、纺织工业和食品工业的发展相对滞后。远东地区更是如此，远东地区的经济结构以资源开发等重工业为主，农业与食品工业、轻纺等工业薄弱，不能满足当地需求，每年需要进口大量的轻工产品、食品和蔬菜水果。而中国改革开放30年来，生产能力和工艺水平不断提高。在一些工业技术领域，如轻纺、食品、家电等一些行业形成了一定的技术优势。中国的食品、轻纺、电子、家电等产品物美价廉，无论在价格上还是在性能方面都很受俄罗斯人欢迎。东北地区是我国的粮食主产区，农产品加工业技术比较成熟，在国际市场上有一定的市场竞争力。

远东与东北两地经济互补性较强，远东地区有丰富的资源，而东北地区有充足的资金和劳动力，有完善的工业体系和巨大的市场，正是由于具备了这种互补性，两地的区域经济合作才不是一种愿望，而是具有可能性和现实性的。因此，应积极促进两地开展区域经济合作，通过分工与协作，相互取长补短，实现两地"双赢"和"多赢"。

第三，两地经贸往来密切，依存度高，为区域合作奠定了坚实基础。

自两国恢复边境贸易以来，远东和东北就揭开了经贸往来的篇章。虽然在俄罗斯独立初期，两地的经贸发展经历了波动起伏阶段，但进入21世纪后，两地之间的经济合作逐步进入稳定发展时期。

俄罗斯在独立之初实行外贸自由化改革，国家将外贸自主权下放给地方。与此同时，中国各地受 1992 年邓小平南方讲话的鼓舞，积极扩大对外开放。正是在这一时期，中俄两国的边境贸易特别是易货贸易出现了迅猛发展。然而，这一时期双方在贸易中也出现了一些问题，如经营秩序混乱、中国大量质量低下的伪劣产品流入俄罗斯市场等。为解决这些问题，俄罗斯政府采取了限制对华易货贸易等治理措施，规定从 1993 年起对易货贸易征收 50% 的关税，对 14 种商品实行专营，对 17 种商品实行许可证制度等；我国政府也出台了一些调控措施，如明确边境贸易范围，加强对边境贸易的规范管理等。这些措施的出台导致自 1994 年初开始，中俄之间过热的边境贸易急剧降温，双边贸易也进入低潮时期。随着 1997 年 11 月中俄东段边界划界结束，边境地方贸易经过几年调整开始稳步回升，两国边境地区的经贸合作进入平稳发展阶段。①

从远东地区对华贸易的情况来看，进入 21 世纪后，除了个别年份之外，远东与中国的贸易额一直稳步增长。据俄罗斯远东海关统计，2009 年远东联邦区外贸总额为 155 亿美元，其中对华贸易额为 44.5 亿美元，占远东外贸总额的 28.7%，中国成为远东地区最大的贸易伙伴，其次分别为韩国（占26.7%），日本（占 26.2%）。② 远东与中国的具体贸易情况见表 2 - 15。

表 2 - 15　2001~2010 年远东地区与中国贸易额

单位：亿美元

年　份	出口额	进口额	外贸总额
2001	18.07	1.96	20.03
2002	11.79	4.73	16.52
2003	15.99	5.74	21.73
2004	18.35	9.10	27.45
2005	20.37	11.87	32.24
2006	23.72	17.04	40.76
2007	17.43	25.26	42.69

---

① 李传勋：《俄罗斯远东对华关系的回顾与展望》，《求是学刊》2000 年第 2 期。
② 国家发改委东北振兴司：《振兴老工业基地工作简报》第 527 期，2010 年 2 月 19 日。

续表

年　份	出口额	进口额	外贸总额
2008	16.50	32.07	48.57
2009	24.04	20.81	44.85
2010	30.30	39.10	69.40

资料来源：中国驻哈巴罗夫斯克经济商务室资料。

　　从东北地区来看，随着中俄两国关系的改善，东北地区的对俄贸易日益频繁，对俄贸易额不断扩大，在国内对俄贸易中占有重要地位（见表2-16）。[①]

表2-16　东北三省对俄罗斯贸易情况

单位：万美元，%

年　份	黑龙江			吉　林			辽　宁		
	外贸总额 同比增幅	出口额 同比增幅	进口额 同比增幅	外贸总额 同比增幅	出口额 同比增幅	进口额 同比增幅	外贸总额 同比增幅	出口额 同比增幅	进口额 同比增幅
2000	137483 50.1	46500 100.4	90983 33.0	6841 6.5	982 11.3	5859 5.8	23676 —	8476 —	15200 —
2001	179904 30.9	77969 67.7	101935 12.0	6986 2.1	1252 27.5	5734 -2.1	26212 10.7	10229 20.7	15983 5.1
2002	233268 29.7	97221 24.7	136047 33.5	5784 -17.2	1971 57.4	3813 -33.5	32949 25.7	12919 26.3	20030 25.3
2003	295505 26.7	163802 68.5	131703 -3.2	5730 -0.9	2970 50.7	2760 -27.6	37282 13.2	16524 27.9	20758 3.6
2004	382297 29.4	215352 31.5	166945 26.8	10820 88.8	7360 147.8	3461 25.4	53225 42.8	21391 29.5	31834 53.4
2005	567645 48.5	383644 78.2	184001 10.2	17927 65.7	14274 93.9	3653 5.6	80494 51.2	33862 58.3	46632 46.5
2006	668693 17.8	453956 18.3	214737 16.7	43925 145.0	37788 164.7	6137 68.0	100705 25.1	54462 60.8	46243 -0.8
2007	1072789 60.4	817047 80.0	255742 19.1	80190 82.6	72389 91.6	7801 27.1	135000 34.1	80000 46.9	55000 18.9

　　资料来源：李传勋：《中国东北经济区与俄罗斯远东地区经贸合作战略升级问题研究》，《俄罗斯中亚东欧市场》2008年第9期。

---

　　①　李传勋：《中国东北经济区与俄罗斯远东地区经贸合作战略升级问题研究》，《俄罗斯中亚东欧市场》2008年第9期。

从表 2-16 中可以看出，从 2000 年起，由于中国经济的强劲增长特别是俄罗斯经济的稳定复苏和回升，东北地区对俄贸易出现整体快速发展的形势。但是，东北三省对俄贸易发展水平差异较大，其中黑龙江省始终处于领先地位，2007 年黑龙江省对俄贸易突破百亿美元大关。

从东北地区对俄贸易结构看，东北地区从俄罗斯进口的商品以资源性物资为主，主要包括原木、原油、纸浆、化肥和机电产品等。出口商品主要以服装、鞋类、机电产品和纺织品等低附加值的劳动密集型产品为主。从贸易形式看，东北地区对俄贸易包括边境小额贸易、一般贸易、民间贸易、加工贸易等多种贸易形式。以黑龙江省为例，2006 年边境小额贸易额所占比重为 69.5%，一般贸易额所占比重为 16.9%，其他贸易占 12.9%，加工贸易占 0.7%。可见，在黑龙江省对俄贸易中，边境小额贸易方式占主导地位，其次是一般贸易和其他贸易，排在最后一位的是加工贸易，所占比重不到 1%。这说明黑龙江省对俄经济合作还是以商品贸易为主，东北地区其他省区对俄贸易情况与黑龙江省大致相同。[①]

在东北和远东两地的贸易规模快速增长的同时，两地的投资合作也得到一定的发展，见表 2-17。两地间的经贸合作已逐步从单一的以日常生活用品和原材料为主的易货贸易扩大到包括森林资源开发和木材加工、农业种植和农产品加工、工程承包等多种形式在内的经济技术合作。但是总体上看，两地的投资合作水平不高、规模不大。中方在远东的投资形式主要是建立独资企业或与俄方合资办企业，投资领域多为自然资源开发和初级加工等劳动密集型产业，技术和资本密集度不高，主要是农业种植和养殖、森林采伐和木材初加工、餐饮旅馆业、建筑材料、塑料包装制品、制衣、食品加工业等。

表 2-17　2000~2006 年中国对远东及外贝加尔主要地区的投资

单位：万美元

主体名称	2000 年	2001 年	2002 年	2003 年	2004 年	2005 年	2006 年
哈巴罗夫斯克边疆区	155.00	19.99	1448.56	995.97	696.04	1362.31	772.77

---

① 李传勋：《中国东北经济区与俄罗斯远东地区经贸合作战略升级问题研究》，《俄罗斯中亚东欧市场》2008 年第 9 期。

续表

主体名称	2000 年	2001 年	2002 年	2003 年	2004 年	2005 年	2006 年
滨海边疆区	190.00	50.00	60.89	200.00	103.64	184.29	310.75
阿穆尔州	5.89	0.30	33.60	44.36	220.00	153.06	208.94
犹太自治州	5.94	0.94	45.38	53.31	47.73	186.29	78.58
布里亚特共和国	68.78	2.82	6.31	—	0.10		6244.63
堪察加边疆区	—	—	—	0.16	0.20	13.70	—
赤塔州	27.17	64.76	5.00	10.65	50.00	50.00	1205.00
合　计	452.78	138.81	1599.74	1304.45	1117.71	1949.65	8820.67

资料来源：中国驻哈巴罗夫斯克经济商务室资料，http：//khabarovsk. mofcom. gov. cn/aarticle/
zxhz/tjsj/200704/20070404606980. html.

　　此外，两地的金融合作和人文往来也十分密切。为促进对俄贸易结算
和投融资便利化，黑龙江省各外汇指定银行利用地缘优势积极发展对俄边
贸金融服务，不断创新对俄外汇业务，目前已初步形成了区域规模比较优
势。截至 2011 年末，黑龙江省已有 12 家商业银行与俄罗斯国内的 24 家商
业银行建立了代理行关系。哈尔滨银行 2007 年底成立全国首家卢布兑换中
心，成为全国最大的卢布现钞兑换机构，卢布兑换量约占全国兑换总量的
90％。2009 年 7 月该行又成立个人外汇业务中心，开通了国内首家卢布存
款业务。2010 年 12 月，哈尔滨银行正式挂牌成立黑龙江卢布现钞交易中
心。目前，黑龙江省相关金融机构不断发展对俄金融业务，包括卢布兑
换、卢布存款以及卢布现钞交易等多种金融服务，不仅方便了两地间的人
员往来和货物跨境流通，也促进了两地经贸合作的发展。

　　同样，近年来，随着两国关系的不断深化，两国边境地区在人文领域
的交流合作日益扩大。边境地区之间的官方和民间文化交流日益频繁，教
育、文化、卫生、体育、旅游等人文领域的合作不断发展。东北三省依托
地缘优势，与俄罗斯远东地区的多个地方政府建立了长期文化交流机制，
每年与这些地区开展形式多样、内容广泛的文化交流活动。比如黑龙江省
的黑河每年举办中俄文化大集，吉林省政府经常在远东各地举办文化经贸
旅游图片展和文艺演出等。丰富多彩的文化交往不仅加深了相互间的了
解，增进了两地人民的传统友谊，同时也对经济发展起到了促进作用。两
地间的经贸往来不断发展，人文往来日益密切，表明两地间的相互依存关
系不断加深，这不仅为两地开展区域合作奠定了坚实的基础，同时客观上

也推动了两地区域合作的深化。

第四，两国政府高度重视，积极推动两地区域合作。

俄罗斯政府在独立之初奉行"一边倒"的亲西方政策，把融入西方和争取西方的援助作为对外政策的首要目标。然而，俄罗斯的努力并没有得到预期的回报，于是，俄罗斯开始全面调整自己的对外政策，将"一边倒"的对外政策调整为东西方兼顾、全方位的外交政策。进入 21 世纪后，伴随着亚太地区经济的蓬勃发展，世界的经济和政治中心逐渐向亚太转移。从俄罗斯国内的情况看，经过几十年的开发，其欧洲地区的资源相对枯竭，而辽阔的东部地区不仅自然资源丰富，而且毗邻蓬勃发展的亚洲市场，发展空间很大。国内外局势的变化，促使俄罗斯调整国家发展战略"向东看"，开始重视对亚太的外交，希望搭上亚太地区经济发展的"快速车"，打造国家经济新的增长点。而远东是俄罗斯连接亚太的桥头堡，远东地区发展部前任部长伊沙耶夫曾说过："俄罗斯的经济增长点在远东，未来俄罗斯经济的发展在很大程度上取决于远东的发展情况。"所以，俄罗斯希望远东加强与亚太各国的经济合作，积极融入亚太经济体系。对俄罗斯来说，其未来经济的发展，其能否崛起成为世界性的经济大国，以至于其国家到 2020 年能否成为世界第五大经济体，都在很大程度上取决于东部地区的发展状况。

2012 年 5 月，普京再次重返克里姆林宫，第三次就任俄罗斯总统。在 2012 年 2 月 27 日，距离总统大选不到一周之际，普京在《莫斯科新闻报》上发表一篇题为《俄罗斯与变化中的世界》的文章阐述了其外交观点。在这篇文章中，普京首次将俄罗斯与亚太关系的论述放在俄罗斯与欧美关系之前。这在以往是没有过的，因为俄罗斯一直认为无论从民族、历史文化还是从经济融合的角度来看，俄罗斯都属于欧洲国家。所以，在外交上俄罗斯历来都是以欧洲为重心。2012 年 5 月，刚上任的普京总统又批准在新政府组成中增设一个专门主管远东开发的部门——远东地区发展部。该部门机构庞大，下设 5 个副部长，250 多名工作人员。其主要职责是协调国家规划与远东各联邦主体的计划，监督各联邦主体落实国家规划的情况，更好地将联邦政府的决策贯彻到地方。这在苏联和俄罗斯的历史上也是前所未有的。2012 年底，普京总统与以往一样发表年度国情咨文。但与以往不同的是，在谈到国家未来发展方向时，普京强调俄罗斯"21 世纪的发展重点是向东发展，西伯利亚与远东是俄罗斯发展的巨大潜力之地"。① 上述种种迹象表明，开发远东地区已成为新时期俄罗斯的一项基本国策，"向东看"成为俄罗斯当前重要的经济社会发展战略之一。

　　远东的开发与发展离不开与周边国家的合作，特别是与中国的经济合作。因为中国不仅是亚太地区的重要经济体，而且是俄罗斯最大的邻国。由于地理位置毗邻，更由于改革开放以来中国经济的快速发展带来的机遇，所以俄罗斯在实施远东地区的对外开放政策时，把同中国开展经济合作摆在了重要位置。2009 年 5 月，时任俄罗斯总统的梅德韦杰夫在哈巴罗夫斯克市召开的"俄罗斯远东地区与中蒙区域合作"会议上指出，中国不仅是俄罗斯工业产品的庞大市场，而且拥有巨大的金融资源可以投资俄罗斯的经济领域，俄罗斯应当明确与中国合作的优先地位。梅德韦杰夫总统还明确指出，俄罗斯应吸引中国的金融资金投向纳霍德卡、海参崴等远东地区的石化和发电站等项目。2010 年 1 月俄罗斯出台的《2025 年前远东和贝加尔地区社会经济发展战略》也明确强调该地区应优先与中国开展合作。

　　同样，中国政府一直高度重视并积极促进两国的区域经济合作，并将其视为提升中国东北地区外向型经济水平的重要举措之一。东北外向型经济发展薄弱，振兴东北就必须发展外向型经济，而东北地区是对俄开展经贸合作的前沿地区，发展对俄经贸合作有利于促进地区对外开放，有助于振兴东北经济。从全国来看，中俄区域合作是中俄两国面向 21 世纪战略协作伙伴关系的重要组成部分，发展区域合作也有助于巩固两国战略协作伙伴关系的物质基础。

　　中俄两国政府及有关部门为推进两国的经济合作签署了一系列合作协定和相关文件，为中俄两国开展经贸合作奠定了法律基础。比如 2007 年中俄两国政府签署了《中俄关于鼓励和保护相互投资的政府间协定》，规定在投资待遇方面，双方给予对方投资最惠国待遇。2009 年 6 月两国批准《中俄投资合作规划纲要》，明确了中俄两国的优先投资领域；同年 9 月，两国领导正式批准《中华人民共和国东北地区与俄罗斯联邦远东及东西伯

---

① 俄罗斯总统网站，http：//www.kremlin.ru/news/17118#sel =，2012 年 12 月 12 日。

利亚地区合作规划纲要（2009～2018年）》，纲要具体规划出两地开展合作的200多个重点项目，这不仅为两地开展合作提供了难得的机遇，而且必将极大地推动两地经贸关系的深化。两国各级政府还成立专门推动中俄区域合作的组织机构，如两国早在1998年就成立了"中俄地区合作和边境合作协调委员会"，负责协调和整顿边境地区的经济合作，以推动和保障两地经贸合作的顺利进行。

俄罗斯政府为保证远东发展战略的顺利实施，加大了政府财政资金的支持力度。比如，为落实2007年9月出台的《2013年前远东及外贝加尔地区经济发展联邦专项纲要》，俄罗斯联邦财政投入了5673.5亿卢布（约合1233亿元人民币），其中75%的资金来自联邦预算。[①] 中国政府也对中俄经贸合作给予了大力支持，在项目审批、贷款贴息等方面提供方便与优惠。

此外，两国地方政府也积极推动两地合作。远东地方政府纷纷出台一些优惠政策，如滨海边疆区议会通过一些地方性法规，以减免地方税的方式吸引包括中国在内的外国投资。东北地区各省区也纷纷加大了对地区的基础设施投入，并出台一些支持政策等。比如，2006年黑龙江省政府投入8000万元资金，通过委托贷款、政府贴息等方式扶持省内对俄经贸合作的重点企业。

三　东北与远东区域经济合作的利益分析

深化两地的区域经济合作是顺应两国毗邻地区经济发展的客观需要，反映了中俄边境地区寻求合作共赢的热切愿望。希望通过深化合作促进两地融合，带动两地经济繁荣，给两地人民带来实实在在的利益。

对远东地区而言，加强与东北地区的经贸合作能够缓解远东地区日用生活品供应紧张的局面。远东地区由于产业结构不合理，轻工业、农业发展落后，当地生产的轻工产品、食品等日常生活品不能满足居民需要，需大量从外地进口。一直以来，中国物美价廉的商品对填补当地供应缺口发挥着重要的作用，特别是在俄罗斯市场经济改革初期，两国边境地区的易

---

① 关键斌：《俄远东发展战略出炉　强调优先与中国合作》，《青年参考报》，http：//qnck.cyol.com/content/2010－01/30/content_3067221.htm，2010年1月30日。

货贸易为当地居民度过艰难时期做出了巨大贡献。即便是今天，远东地区居民所需的食品、蔬菜、水果等仍然大量从中国进口。中国的商品在远东进口中占有很大份额，2012 年远东地区自中国进口的商品总额为 48.9 亿美元，占其进口总额的 46.3%，中国是远东第一大进口来源国。而且，通过深化与东北的经济合作，远东还能够促进经济结构调整，提升产业结构的抗风险能力。俄罗斯政府一直在努力改变远东地区过分依赖能源和资源的经济结构，改变远东地区出口单一，能源、钢铁、海产品和木材等产品在出口中占主导地位的局面。希望远东地区扩大技术含量大、附加值高的产品的生产和出口。所以，俄罗斯东部开展合作应坚持"工艺技术换资源"的原则，通过合作达到"自然资源利用效率最佳、环境保护最优、国家利益最大、产品附加值最多"的目标。东北地区的轻纺工业、农牧业、食品工业等工艺技术先进，汽车、化工、机械制造、医疗机械及医药保健等产业也具有较强的市场竞争力。与东北在这些领域开展技术合作，能推动远东地区产业结构升级，减少本地经济对国际能源市场的依赖，提升远东地区抵御经济风险的能力。

对东北地区来说，与远东开展区域合作可以提升东北地区外向型经济的水平，通过区域合作实现优势互补、扩大市场份额，从而加快东北老工业基地振兴的步伐。一直以来，东北地区受计划经济体制影响，外向型经济薄弱，振兴东北经济很重要的一点就是要扩大对外开放。扩大对外开放是中央振兴东北老工业基地战略的重要组成部分，也是振兴东北经济的重要路径。中央希望东北地区利用区位优势加强与东北亚各国的合作，提高东北地区在全国开放格局中的战略地位。俄罗斯远东地区是东北地区开展对外经贸的重要区域之一。事实上，自从 1982 年两国边境开放以来，东北地区与远东的经贸发展虽有起伏，但发展迅猛。从最初的易货贸易，发展到来料加工，再到走出去到远东投资兴业，目前两地的经贸合作已经形成一定的规模。两地经贸合作在中俄两国经贸合作中的地位越来越重要。同样，与远东开展区域合作也有利于促进东北地区的经济发展。在改革开放前，在中俄边境数千公里的中国一侧，由于历史和地理等多种原因，经济发展缓慢，基础设施薄弱，当地居民的生活水平也较低。但是自从开展对俄合作以来，对俄边境地区的生产总值、人均国民收入和地方政府财政收入都得到大幅提高。边境地区的各种基础设施也日趋完善，人民生活水平也明显提高。

开展区域合作有助于扩展东北和远东两地的经济发展空间，实现优势互补，扬长避短，使两地资源得到合理配置。同时，通过深化区域内的分工与协作，能够降低生产成本，提高区域生产效率，提升两地产品的国际竞争能力。随着市场规模的扩大，区域内市场竞争加剧，企业为保持自己的销量，追求更大的利润，必然会更加关注市场动向，积极改进和提高生产技术，主动适应市场，生产出更加适销对路的产品。相信随着两地区域合作的逐步推进，相互间的贸易壁垒会逐渐减少，投资会日益增加，两地间的专业分工也会进一步深化，使两地企业获得更多的规模经济利益，为两地经济发展带来更大的发展动力。

从国家关系的角度看，两地的区域合作还有助于促进两国的民间交往，加深彼此的信任，从而确保两国边境地区的睦邻友好和社会安定。冷战结束后，经济因素在国际关系中的作用不断上升，国与国之间的经济竞争上升到突出地位，经济利益成为各国制定外交政策的基本出发点，经济合作也成为国家之间政治关系的重要内容。俄罗斯独立后，中俄两国关系发展顺利。1996年，两国已建立全面战略协作伙伴关系，2001年双方又签署了《中俄睦邻友好合作条约》，明确"世代友好、永不为敌"为两国关系的最高准则。中俄区域经济合作不仅是两国战略协作伙伴关系的重要物质基础，同时也是中俄战略协作伙伴关系的重要组成部分。加强两地的区域经济合作是巩固和发展两国战略协作伙伴关系的重要基石。深化两地的区域合作不仅能促进两地的经济发展，还可以保障中俄边境地区的安全，确保中俄战略合作伙伴关系顺利发展。

总之，无论从地缘政治角度、国际关系角度考虑，还是从现实经济利益着眼，加强中国东北与俄罗斯远东地区的区域经济合作，对两国都具有极为重要的现实意义和战略意义。开展区域经济合作能够有效发挥两地经济的互补性，增进两地居民的了解与互信，实现中俄边境地区的经济繁荣，推动两国的战略协作关系不断迈上新台阶。

第三章

东北与远东区域经济合作的战略规划

第一节　东北地区经济发展战略

一　东北振兴战略的形成

改革开放以来，我国经济高速增长，特别是东部沿海地区的经济发展尤为迅猛。与此同时，以东北地区为首的老工业基地，却由于体制机制等原因面临发展困境，大量农产品积压、地方财政负担沉重、地区产业竞争力下降，特别是一些资源枯竭型城市出现了国有企业职工大规模下岗待业、就业形势严峻等现象。这些问题引起中央政府的高度重视，2002年11月，党的十六大提出了"支持东北地区等老工业基地加快调整和改造，支持资源开采型城市发展接续产业"的决定。随后，一些中央领导同志先后赴东北地区就老工业基地调整改造进行调研。在此基础上，2003年9月，中央政府出台《关于实施东北地区等老工业基地振兴战略的若干意见》，明确提出了振兴东北等老工业基地的发展战略。2003年12月，国务院振兴东北地区等老工业基地领导小组正式成立，标志着东北老工业基地振兴战略全面启动。

随着东北地区等老工业基地振兴战略的实施，东北地区的经济社会发展明显加快，但是，东北地区经济发展中的一些深层次矛盾也开始显现，比如，区内部分资源供给能力下降、生态环境保护缺乏有效协调等问题进一步凸显，迫切需要进行统筹规划。在这种情况下，2007年8月，为促进区域内的协调发展，国务院正式批复了由国家发展改革委员会、国务院振兴东北办组织编制的《东北地区振兴规划》。①

这是我国首次出台的东北全面发展规划，它是依据《关于实施东北地区等老工业基地振兴战略的若干意见》和国家"十一五"规划纲要精神，以振兴经济为主题展开的跨省区规划。《东北地区振兴规划》的编制工作从 2005 年 5 月开始，至 2007 年 8 月国务院批复原则同意，历时两年。《东北地区振兴规划》的主要内容包括阐明国家的战略意图，明确政府的工作重点；确定地区振兴的总体思路、主要目标和发展任务；为对区域发展的重大问题进行统筹协调，规划还提出了加快东北地区振兴的一些政策措施。规划以"十一五"时期为重点，重大问题展望到 2020 年。

东北振兴战略实施五年后，东北地区的经济发展取得了巨大成绩。一方面，东北振兴作为一个国家级的战略，在经过五年的实践以后，需要根据形势的发展进一步充实其战略内涵。另一方面，受 2008 年全球金融危机的影响，东北地区的工业生产受到一定的冲击，一些企业的产品价格下降，订单减少，资金回收困难，这些问题的出现给东北振兴战略的进一步实施带来很大的挑战。要应对金融危机特别是要在应对国际金融危机中实现新的跨越，进一步推动东北经济的发展，就需要对东北振兴战略进行深入研究与部署。在这种背景下，2009 年 8 月 17 日，国务院出台了《关于进一步实施东北等老工业基地振兴战略的若干意见》（国发〔2009〕33 号），对东北地区振兴做出了新一轮战略部署。这是国务院继《关于实施东北地区等老工业基地振兴战略的若干意见》下发执行后，出台的又一个指导东北地区等老工业基地振兴的综合性政策文件。该意见的出台，为挖掘出东北加快发展的巨大潜力，形成具有独特优势和竞争力的新的经济增长极指明了方向。

到 2012 年，东北振兴战略实施了 9 年，取得了重要的阶段性成果，地区改革开放成效显著，经济实力显著增强，经济发展速度高于全国平均水平。但是不可否认，一些制约东北地区经济发展的体制性、机制性、结构性矛盾尚未根本解决，为使东北地区在经济保持平稳较快发展的同时，着力转变经济发展方式，提高经济增长的质量与效益，2012 年 3 月，国家发

---

① 国家发展改革委员会、国务院振兴东北地区等老工业基地领导小组办公室编《东北地区振兴规划》，http：//www.gov.cn/gzdt/2007 - 08/20/content_721632.htm。

改委又出台了东北振兴的纲领性文件《东北振兴"十二五"规划》。该规划明确提出了东北地区在"十二五"时期经济、社会、民生、生态等六方面的振兴目标，而且强调要进一步解放思想，坚持把深化改革开放、推动体制机制不断创新作为推动地区经济发展的强大动力。时隔半年之后，2012 年 9 月，国务院又正式批复东北地区的另一个区域发展规划——《中国东北地区面向东北亚区域开放规划纲要（2012 ~ 2020 年）》。该纲要从国家战略和全局高度指导东北地区实施更加积极主动的对外开放战略。这个规划纲要详细列出了一些重点的基础设施建设项目和对外合作项目。该规划纲要还强调要提升重点区域的引领带动作用，重视人文领域的交流合作，并以 2015 年和 2020 年为时间节点，提出了具体的发展目标。为保证上述目标的顺利实现，该规划纲要还明确规定政府将在财税、投资、金融等方面给予具体的支持政策。

二　东北振兴的战略目标及主要内容

（一）东北振兴的战略目标

在 2007 年 8 月国务院批复的《东北地区振兴规划》中明确提出要经过 10 ~ 15 年的努力，把东北地区建成我国综合经济发展水平较高的重要经济增长区域。具体来说就是要将东北地区建设成为经济体制机制较为完善、产业结构布局合理、城乡区域协调发展、资源型城市良性发展、社会和谐的综合经济发展水平较高的经济区。《东北地区振兴规划》还首次明确了东北振兴战略目标，即把东北地区建设成"具有国际竞争力的装备制造业基地、国家新型原材料基地和能源保障基地、国家重要粮食和农牧业生产基地、国家重要的技术研发与创新基地和国家生态安全的重要保障区"，即"四基地一区"战略目标。

东北振兴目标的确立是建立在东北地区现有的经济基础之上的。装备制造业一直以来就是东北地区的传统优势产业，东北地区在该行业中的许多领域都处于国内领先水平。通过提升东北地区在重型机械、数控机床、汽车整车及零部件制造、轨道交通设备制造、输变电设备、大型成套装备等行业的发展水平，将东北地区打造成具有国际竞争力的装备制造业基地是完全可行的。同样，东北地区也一直是我国重要的商品粮基地。目前，东北地区提供的商品粮占全国总量的比例在 1/3 左右。将东北地区建设成国家重要的商品粮和农牧业生产基地，就是在现有的优势农业产业的基础上，大力发展现代农业，进一步巩固其国家重要商品粮基地的地位。而之所以确立将东北建成国家新型原材料和能源保障基地的目标，是因为东北地区的资源环境较为优越。这里不仅资源总量丰富，而且资源种类齐全，东北地区的资源总量和开发规模一直居于各大经济区前列，是全国其他地区无法比拟的。为更好地利用东北地区的各种资源，确保各种资源的可持续发展，就要在资源开采过程中建立长效机制。遵循市场规律，采取必要的法律、经济和行政措施，引导和规范各类市场主体对资源的开发和利用，明确各方在资源开发、生态环境保护等方面的权利和义务。

（二）《东北振兴规划》的主要内容

《东北振兴规划》共分八个部分，包括面临的形势、指导思想和振兴目标、促进产业优化升级、推进资源型城市可持续发展、协调区域发展、提高支撑保障能力、增强发展活力和政策措施与实施机制。概括起来，东北振兴的内容可以分为以下四个方面。

第一，大力促进工业结构优化升级。

针对东北地区高新技术产业和现代服务业比重较低、结构性矛盾比较突出的问题，规划明确指出，东北地区要在继续做优做强装备制造业等支柱产业、提升优势产业竞争力的同时，着力推进自主创新，依靠技术进步，培育新兴产业，构建新型工业化产业基地。

为此需要加大对研发的支持和投入力度，加强东北地区技术研发和创新基地的建设，推进落实激励自主创新的政策措施。依托上述产业，增强东北地区的自主创新能力，加快培育具有自主创新示范和带动作用的龙头企业，从而实现东北地区的经济增长方式的转变。

为此还要消除经济发展的体制性障碍，完善市场机制，鼓励非公有制经济发展等。努力将东北建设成在全国具有重要地位的两大（石化、钢）精品原材料基地，以及具有国际竞争力的现代装备制造业基地；同时，积极培植三大新增长点，建设若干个具有国际竞争力的现代产业基地和产业集群，具体来说就是以电子信息、新材料、生物工程与制药、新型装备制造产业等为主体的高新技术产业，以医药、家具和食品等为核心的新兴制造业，以及以民营企业为核心的中小企业集群，从而实现东北地区结构性布局调整的目标。

第二，大力发展现代农业。

东北地区是我国的粮食主产区，发展农业具有得天独厚的条件。要在继续巩固其国家重要商品粮基地地位，促进农业稳定发展，不断增加农民收入的基础上，大力发展现代农业，提升东北地区农业的整体素质和竞争力。在确保其是我国最大的粮食安全生产基地的同时，将其建设成以乳制品和肉类为主的精品畜牧业基地，以及绿色农产品基地与农副食品加工基地。

为此需要加强农业生产基地建设。一方面，要加强商品粮基地建设和各种农田水利基础设施的建设，加大对良种培育和农机装备的投入力度，提高农业的劳动生产率，确保东北地区稳定的粮食生产能力和在全国的商品粮供给能力；另一方面，畜牧业发展水平是农业现代化的标志，要积极推进东北地区的畜牧业发展及相关设施建设。东北地区地域辽阔，生态资源丰富，具有发展生态型畜牧业的优势。要将东北地区打造成以中部平原为中心的肉蛋奶生产与加工精品畜牧带，以西部农牧地区为依托的牛羊育肥基地，以松嫩草原和蒙东草甸草原为基础的大型现代化奶牛饲养和牛羊繁育区。同时，要加大绿色食品产业的发展力度，建设绿色农产品生产基地，充分利用东北地区的有利资源环境，打造一批高标准的国家级和省级绿色农业基地与农产品出口基地。[①]

第三，促进服务业发展。

要积极发展服务业，特别是要大力发展现代服务业。在规范、提升生活服务业的同时，还要大力发展面向生产的服务业。生产型服务业指的是能够与传统产业密切结合的服务业，它是加速第二、第三产业融合的关键环节。要积极构建现代物流业、国际金融、国际商务等生产性服务功能平台，大力发展旅游业，整合区域旅游资源，实现旅游资源共享。

要依托东北地区的资源优势和产业优势，积极推进服务业领域的对外开放，尤其是要鼓励外商投资现代物流等生产性服务业。为此需要完善和落实各项与服务业相关的政策法规，比如制定鼓励服务业发展的投资、税

---

① 姜四清：《解读〈东北地区振兴规划〉》，内蒙古新闻网，http：//news.nmgnews.com.cn/xam/article/20071113/163304_1.html，2007-11-13。

收、用地、价格等政策。同时，还要加强服务业基础设施的建设，比如改善重点旅游景区的基础设施条件，加强公共文化基础设施，以及完善公共文化服务体系等。服务业的发展要坚持市场化、产业化、社会化的方向，以中心城市为依托，构建现代服务体系，加强区域协作，提升区域服务业水平的整体水平。

第四，提高区域发展的支撑保障能力。

针对东北地区就业、再就业和社会保障压力仍然较大，区内部分资源供给能力下降，一些资源型城市可持续发展能力较弱，接续替代产业发展缓慢，以及一些区域和水域由环境污染造成的生态问题突出等问题，一方面要大力开发就业岗位，积极发展服务业等吸纳就业能力强的产业，特别是要鼓励中小企业的发展，鼓励劳动者自谋职业和自主创业；另一方面，要健全社会保障体系，完善新型农村合作医疗制度和农村救助体系，建立健全城镇基本养老、基本医疗和失业救济保险制度。与此同时，要加强资源型城市的生态环境建设，提高资源利用效率，积极发展循环经济，促进资源型城市的生态环境良性发展，加强生态建设和环境保护，提高区域发展的可持续性。[①]

在《东北振兴"十二五"规划》和《中国东北地区面向东北亚区域开放规划纲要（2012～2020年）》中强调要充分发挥东北与俄蒙朝毗邻、与日韩一衣带水、地处东北亚区域核心位置的地缘优势，扩大对外开放，加强与东北亚周边国家经济合作，发展开放型经济，吸引并整合区域的要素资源，把东北地区建成面向东北亚区域开放的重要合作枢纽。

总之，要利用东北老工业基地振兴的契机，加大东北地区的产业结构调整，构建集约型产业发展模式，增强东北地区产业发展的竞争力和可持续性，经过几十年的努力，提升东北地区的高新技术产业、现代服务业和轻工业的竞争力，将东北地区打造成全国重要的精品原材料基地、装备制造业基地和粮食生产基地。同时，在对外经济合作方面，把东北建成面向东北亚区域的开放性的合作平台，实现东北老工业基地的全面振兴。

---

① 国家发展改革委员会、国务院振兴东北地区等老工业基地领导小组办公室编《东北地区振兴规划》，http：//www.gov.cn/gzdt/2007 - 08/20/content_721632.htm。

三　《东北地区振兴规划》的主要特点及实施机制

(一)《东北地区振兴规划》的主要特点

《东北地区振兴规划》是由国务院批复的第一个跨省的区域性发展规划，是集国家有关部门以及东北社会各界之力编制而成的规划。作为一个统筹区域经济发展的文件，它具有以下三个特点。

第一，具有全局性和前瞻性。《东北地区振兴规划》从东北地区的实际出发，针对东北地区由于体制限制、资源环境约束而面临的问题，根据国内外形势，以全球视野谋划东北地区的发展，并具体规划了一批关系全局的重大项目。

第二，目标明确，可操作性强。规划明确了东北振兴的总体战略目标是建成"四基地一区"。面对老工业基地长期积累下来的矛盾和问题，规划明确提出了振兴的具体内容，即加大东北地区的产业结构调整，转变经济增长方式，构建集约型产业发展模式。针对东北地区就业问题比较突出，以及一些资源型城市可持续发展面临困境等问题，规划提出一方面要大力开发就业岗位，鼓励劳动者自谋职业和自主创业；另一方面要健全社会保障体系等。可见规划目标明确，重点突出，具有可操作性，是指导东北地区今后一个时期实现全面振兴的纲领性文件。

第三，强调区域合作，促进区域共同发展。长期以来，受行政体制的制约，在东北三省的各种规划中缺少跨省的重大项目设计，没有对地区重大生产力布局进行空间战略性的协调，各专项规划之间也缺少横向联系与衔接。而这次出台的《东北地区振兴规划》突破了以往的行政体制限制，规划的范围覆盖辽宁省、吉林省、黑龙江省和内蒙古东部地区，期望通过区域间的协调规划，最大限度地优化资源配置，促进东北地区经济持续快速发展。为确保规划的顺利实施，国务院还要求完善东北区域间的协作交流机制。

(二)《东北地区振兴规划》的落实机制

为确保东北振兴战略的顺利实施，我国政府还围绕东北振兴的目标和主要任务，制定了促进东北振兴的配套政策措施，建立了相关的组织执行机构和实施机制。首先中央要求国务院有关部门根据各自的职责分工，加大政策扶持和财政转移支付力度，为东北振兴创造良好的政策环境。比如，在中央政府的支持和号召下，国家财政部、国家税务总局决定自2004年7月，在东北地区实行扩大增值税抵扣范围、调整资源税税额标准和企业所得税优惠等税收政策。一些金融机构也加大了对东北地区符合信贷条件的项目的信贷支持力度，积极支持东北地区符合条件的企业进行债券融资等。同样，为保证《中国东北地区面向东北亚区域开放规划纲要(2012~2020年)》的顺利实施，政府也明确规定将在财税、投资、金融等方面给予具体支持。

为确保把规划落到实处，中央还要求国家有关部门和东北各级地方政府合理分工，地方政府负责研究制定规划实施意见和具体工作方案，国家有关部门对规划实施进行监督指导。为加强东北各省区之间的联系，建立了东北四省区高层协调会议制度，以协商解决区域发展过程中出现的各种问题。在东北四省区高层协调会议制度的大框架下，还设立了不同部门和层次的协调组织机构，推进区域合作。比如，为落实《东北振兴"十二五"规划》，国务院要求东北四省区制定具体的实施意见和工作方案，落实工作责任，加强跨省（区）合作，发挥东北地区的行政首长协商机制，重点解决合作中的重点、难点问题。同时，国家还支持和鼓励国内发达地区参与东北老工业基地振兴，形成区域相互合作、互动、多赢的局面。

第二节　远东地区经济发展战略

一　不同时期的远东经济发展政策

（一）沙俄时期的远东经济发展政策

沙俄时期，为了对远东这块新占领的土地进行统治，加速对这一地区经济的开发，沙俄政府采取了一系列行之有效的措施。比如，为解决当地人口稀少、劳动力匮乏的问题，沙俄政府加强了移民运动，采取优惠条件鼓励人们向这里迁移，同时大力吸引国外劳动力以解决劳动力不足问题；为发展远东的交通运输业，在19世纪末20世纪初，沙俄政府修筑了西伯利亚大铁路和中东铁路；日俄战争期间，日本舰队对远东海岸的封锁造成该地区的工业品和粮食供应中断，为解决这些问题，沙俄政府在1904~1909年一度宣布实行自由贸易，对来自中国、蒙古和朝鲜等国的贸易免收关税，从而吸引大批外国商人前来贸易和投资。

沙俄政府的上述措施，加快了远东地区经济发展的进程，远东地区的农业、手工业、商业在这一时期得到了初步发展，交通运输和城市建设得以初步建立。但总体上看，这一时期远东地区的经济发展水平的提升只能说是初步的、低水平的。据统计，在沙俄时期，在远东地区经济状况最好的 1913 年，其工业总产值也仅占全俄的 0.5%。[①]

（二）苏联时期的远东经济发展政策

冷战时期，远东地区是美苏对抗的东方前沿。在这一时期，远东在全苏经济布局中是"国家工业原料基地"，当时苏联对远东的经济发展政策总体来说是重视自然资源的开发，忽视社会经济的均衡发展。

苏联在很长一段时期内一直将其经济发展重心放在欧洲，全国 70% 以上的人口和 75% 以上的工业生产都集中在苏联的欧洲地区。相反，对西伯利亚及远东地区的经济发展却未给予应有的重视。在这一时期，苏联一直是将远东和西伯利亚作为一个整体进行综合规划的。这一时期苏联对东部地区的规划和发展重点主要是以开采当地资源为主的采掘业。比如，20 世纪 30 年代，苏联在西伯利亚建成了乌拉尔－库兹涅茨克大型煤炭－钢铁联合企业；50 年代苏联政府在安加拉－叶尼塞河上建立了一系列大型水电站和火电站；60 年代又在西伯利亚的秋明和托木斯克等地建立了油气生产综合体；70 年代实施了贝阿铁路干线工程投资纲要；到了 80 年代苏联政府对东部地区的开发重点转向了大型天然气田的开发，制定了《西伯利亚自然资源综合开发规划》等。[②]

虽然，上述资源开发推动了包括远东在内的东部地区的经济发展，但是这一时期的经济发展主要以开采当地自然资源为主。经济发展中除了采掘业外，国家军工制造业也占有较大的比重，轻工业薄弱，农业生产落后。上述经济政策的实施造成了远东地区不仅经济发展落后，而且经济结构畸形，基础设施建设"欠账"较多。

到了 20 世纪 80 年代后期戈尔巴乔夫执政期间，随着世界经济形势的变化，苏联政府开始重视对远东地区的开发。1986 年戈尔巴乔夫在视察海参崴时发表讲话说："现在是从根本上着手开发远东的时候了。"并且还提

---

①　王少平：《20 世纪初俄国远东地区经济的发展》，《龙江社会科学》1996 年第 2 期。

②　张颖春：《俄罗斯远东经济发展战略的区域经济学分析》，《俄罗斯中亚东欧研究》2008 年第 4 期。

出远东要发展外向型经济，要变成国家向东方开放的窗口，要加强对亚太地区的经贸和技术合作。在戈尔巴乔夫的推动下，1987年苏联制定了《2000年远东地区综合发展计划》，目标是："要在这里建立一个与全苏和国际分工有机联系的高效率的国际经济综合体，并具有自己强大的资源和科研生产基地、最佳的经济结构和发达的社会服务系统"。①

尽管戈尔巴乔夫时期苏联开始意识到远东开发的重要性，但是，当时国家经济发展缓慢甚至停滞，政府财力不足，加之纲要中的许多具体目标和执行机制都不够明确，缺乏可操作性，特别是随后不久在20世纪80年代末90年代初发生的苏联解体和东欧剧变，导致国家面临政治、经济、外交上的全面困境，从而使远东开发计划难以落实，最后不了了之。

（三）俄罗斯时期的远东经济发展政策

叶利钦执政时期也比较重视远东地区的经济发展。在俄罗斯独立初期奉行亲西方的"一边倒"外交政策失败之后，俄罗斯调整外交政策，实施"全方位"外交，即在重视西方外交的同时，重视并加强对亚太国家的外交。1996年叶利钦总统亲自签署了《1996～2005年远东及外贝加尔经济与社会发展联邦专项纲要》，该纲要由俄罗斯社科院牵头、由包括总统经济顾问及跨部门负责人在内的课题小组编制。目的是通过编制和落实纲要、规划，完善远东地区的基础设施建设，发挥远东地区的资源优势，"使远东成为俄罗斯参与亚太经济一体化政策中的重要环节"。尽管当时叶利钦政府开发远东地区的决心很大，但是由于当时国家经济连续多年下滑，国内社会局势动荡，政府的财政资金严重短缺，因此该发展纲要最终也成为"纸上谈兵"，没有得到实施。

2000年普京第一次当选俄罗斯总统后，决心重振俄罗斯雄风，加强了对包括远东在内的东部地区的开发，并多次公开表示开发东部地区是其"优先任务"。在普京的推动下，俄罗斯政府在2001年编制了《2010年前俄罗斯西伯利亚及贝加尔地区经济社会发展纲要》，随后在2005年又对该纲要进行大幅度修改。但是，受当时俄罗斯整体经济发展速度依然缓慢的制约，这一计划迟迟未能全面落实。2006年12月俄罗斯国家安全委员会通过了发展国家东部地区经济的战略决议，强调这是为适应当前国际经济

---

① 崔日明：《亚太经济合作中的苏联》，《苏联东欧问题》1991年第6期。

关系的变化而做出的决定，也是加强俄罗斯联邦经济安全的重要手段。至此，俄罗斯已把促进远东地区的经济发展提高到国家安全的战略高度。2007 年俄罗斯政府修改了《1996～2005 年远东及外贝加尔地区经济社会发展联邦专项规划》，在此基础上出台了《2013 年前远东及外贝加尔地区经济社会发展联邦专项规划》。随着俄罗斯政府将开发远东和西伯利亚地区纳入国家发展整体规划，俄罗斯对东部地区的开发进入新阶段。

梅德韦杰夫上任后，继承了普京的经济发展路线。2009 年 11 月，梅德韦杰夫总统在出席亚太经合组织第十七次领导人非正式会议时特别强调指出，"发展远东和西伯利亚地区是国家最优先的发展方针"。2009 年底俄罗斯政府又批准了《2025 年前远东和贝加尔地区经济社会发展战略》。①

2012 年 5 月普京重返克里姆林宫，第三次就任俄罗斯总统。普京上任2012 年底，普京发表了新总统任期的首个国情咨文。在谈到国家未来发展方向时，普京强调俄罗斯"21 世纪的发展重点是向东发展，西伯利亚与远东是俄罗斯未来发展的巨大潜力之地"。上述这些举措表明，发展东部地区已成为俄罗斯新时期发展的重要战略目标之一。

二　俄罗斯经济发展战略东移的原因

普京及之后的"梅普组合""普梅组合"为何如此重视东部地区，出台多项远东发展规划，并采取诸多具体措施确保远东地区发展规划的落实？一方面，是因为远东发展滞后，人口流失现象严重，因此引起中央政府对其经济与社会发展的未来趋势的担忧；另一方面，是因为俄罗斯经济自 1999 年开始复苏，连续多年保持稳定增长，随着经济形势的好转，国家实力逐渐恢复，为开发东部地区提供了财力保证，开发远东的时机已经成熟。所以，政府把远东开发提上国家经济发展的议程。具体来说，俄罗斯重视东部地区的发展，不断加快东部开发的步伐主要是出于如下考虑。

（一）国内因素

俄罗斯地跨欧亚大陆，幅员辽阔。东西部地区之间在资源、自然气候条件方面存在很大差异，而且各地的经济基础和人口密度也大不相同。东部地区特别是远东地区虽然拥有丰富的资源，但一直是俄罗斯人烟稀少、

---

① http：//www.rsppdfo.ru/strategiya－soc－ekon－razvitiya－dv.

经济欠发达的地区。所以，俄罗斯国内的经济发展差距较大，虽然是在同一个国家，但东部和西部居民的生活水平相差悬殊。远东地区气候条件恶劣，基础设施落后，致使生产成本居高不下，长期制约当地经济的发展。据相关部门的统计数据，远东和贝加尔地区的单位 GDP 的电力能耗为全国平均水平的 1.8 倍，石油能耗为 2 倍。[①] 同样，远东地区居民的生活水平也落后于俄罗斯西部地区。远东经济结构单一，轻工业不发达，农业劳动生产率低下，一直以来远东地区生产的农副产品和食品不能满足当地居民的需求，在向市场经济转轨之前，远东地区的粮食供给只能保证需求量的 15%，肉类为 57%、乳制品为 52%、蔬菜为 57%。改革后，远东的农业生产持续多年下降，进入 21 世纪后远东的农业生产有所增长，但日用生活品和食品不能满足居民生活需要的现象并没有改变，至今仍需从外地调运或自国外进口。根据俄罗斯科学院远东分院太平洋地理研究所学者、院士巴克拉诺夫研究员在 2004 年的调研结果，远东地区每年需要从外地调运和自国外进口的粮食约占居民消费量的 10%，肉类产品约占 75%、乳制品占 40% 以上、蔬菜占 25%。[②] 就俄罗斯全国范围来看，全俄的工农业生产仍主要集中在西部经济发达地区，社会资金也主要流向西部经济发达地区。如果这一趋势不能改变，那么，未来远东与西部发达地区经济社会发展水平的差距不仅不会缩小，而且还会出现继续扩大的趋势。

俄罗斯政府意识到，要解决国家区域经济发展不均衡的问题，改变东部地区长期落后的局面，就必须加大国家的调节作用，采取措施促进东部地区的经济发展。俄罗斯今后能否崛起，能否成为世界性的经济大国，在很大程度上取决于本国东部地区能否得到发展。因为西部地区经过几十年的发展，资源逐渐匮乏。这一点从俄罗斯石油开采的重心不断东移就可以看出，俄罗斯最初是在巴库开始机械采油，经过约半个世纪的开采后，高加索产油区走过了产油巅峰；接替它的是伏尔加 – 乌拉尔产油区，它的顶峰时期是在 20 世纪 50 ~ 70 年代，只持续 20 多年时间；从 20 世纪 70 年代开始直至今天，西西伯利亚是俄罗斯的主要产油区，承担向欧洲出口油气的重任。而到目前，西西伯利亚的石油产量已达峰值，所以急需东西伯利

---

① 谭武军：《俄罗斯加快开发远东和贝加尔地区》，http：//world. people. com. cn/gb/57507/10842640. html。

② 崔建平：《俄罗斯远东地区生活资料生产情况》，《俄罗斯中亚东欧市场》2006 年第 5 期。

亚和远东来接替。因为东部地区特别是远东地区是一块尚未大规模开发的资源宝地，所以说，东部地区是"俄罗斯 21 世纪生存和发展的重要战略储备"，不能成功开发这片土地，俄罗斯就很难以"强国"姿态重返世界政治和经济舞台的中心。[①]

另外，远东长期落后也会威胁俄罗斯国家的领土安全。早在 20 世纪90 年代俄罗斯转轨初期，长时间的政局动荡和经济危机，致使中央政府的权威下降，引发了许多联邦主体的地方分立倾向。远东地区远离中央发达地区，经济发展落后，市场经济改革后，又失去了中央政府的财政扶持，加之国内运费大幅上调，造成远东与西部地区经济联系的断裂。这一切都促使远东地区对国家政治文化中心的情感依赖减弱，助长了地方分离主义的情绪。当时，远东有五个行政区和赤塔州酝酿成立"远东共和国"，即要恢复 20 世纪 20 年代初的远东共和国。还有一些州和边区也提出自治的口号。尽管这其中有一些行政主体提出独立口号的目的只是向中央政府施压，为本地区争取更多的经济利益，[②] 但它却危害了国家领土完整，对国家统一造成很大的影响。

随着中央对地方垂直管理的强化以及宪法的修改，这些分离倾向最终得以平息。但是，市场经济改革以来，远东人口外流现象却始终没能制止。据相关的统计数据，1991～2010 年的 20 年间，远东地区流失人口达180 多万人，约占当地人口总数的 1/4。而且直至目前，远东地区的人口流失还没有停止的迹象。大量人口的流失不仅造成远东劳动力的匮乏，制约了当地经济的发展，而且也给俄罗斯带来不安全感。与此同时，远东地区与国家西部地区的经济联系大大减弱，出现了远东经济发展与国家整体经济发展脱节的迹象。相反，远东与周边的东北亚各国的经济联系却越来越紧密，周边国家对远东的影响也越来越大。远东地区在经济上与联邦中央相脱节的现象，更加重了俄罗斯政府的不安全感。为改变这种局面，稳定远东的人口形势，加强国家在远东地区的影响力，就必须调整远东地区的发展政策，振兴远东经济。

（二）国际因素

俄罗斯与欧洲地区的经济合作经过多年的发展，继续向深度开拓的难

---

① 林永锋：《俄能源战略转型推进至深水区》，《中国能源报》2010 年 1 月 18 日，第 9 版。

② 殷建平：《俄罗斯的地区分离倾向》，《西伯利亚研究》1994 年第 4 期。

度很大；20 世纪 70 年代以来，亚太地区特别是位于西太平洋地区的东亚地区的经济高速增长，经济增速大大高于同期世界经济的平均水平。据相关的统计资料，在 1983～1992 年 10 年间，经济增长速度超过 6% 的国家和地区绝大多数都集中在亚太地区，如中国的经济增速达 8%，东盟各国经济的平均增速均在 5% 以上等。亚太地区的对外贸易快速增长，贸易额在世界经济贸易中的比重不断上升。2010 年 APEC 的人口约占全球总人口的 40.5%，GDP 约占全球的 54.2%，对外贸易额约占全球贸易总额的43.7%。[①] 亚太地区经济的蓬勃发展使该地区成为世界经济发展最具活力的地区，当前世界主要经济体如中国、日本、韩国以及充满活力的东盟各国都位于该地区。伴随着亚太经济的快速发展，世界经济与贸易中心逐步向亚太转移。在 2010 年 5 月召开的第 18 届欧盟和东盟部长级会议开幕式上，欧盟轮值主席国西班牙外交大臣莫拉蒂诺斯指出，亚太地区已经成为世界经济和地缘战略的重心，而且这一地位"将会在新世纪进一步得到加强"。

俄罗斯意识到，在经济全球化与区域经济一体化已成为当今世界经济发展趋势的今天，俄罗斯应该积极参与亚太地区的经济一体化。如果脱离该区域的经济一体化，那么，俄罗斯与其他发达国家在经济和技术上的差距将会拉大，甚至被世界经济边缘化。远东地区在地理上位于亚太地区，开发远东更需要与亚太地区进行合作，借助亚太地区这个世界上经济发展最快、最具发展活力的平台实现远东经济的快速发展。而且，俄罗斯要想在亚太区域合作中占据主动地位，就更需要重视与亚太地区的经济联系，加强与亚太各国的经济合作。

可见，对俄罗斯来说，无论是从政治、经济，还是从国家安全角度看，都需要重视远东经济开发，加强远东与亚太地区的经济联系。

三　当前远东经济发展战略的主要内容与特点

（一）当前远东经济发展战略的主要内容

俄罗斯政府在 2007 年 7 月出台的《2013 年前远东及外贝加尔地区经

---

① 陆建人：《APEC 20 年：成败得失与未来方向》，http：//www.pecc - china.org/zh/yanjiu/2011 - 09 - 27/A150.html。

济社会发展联邦专项规划》中指出，在近期由于远东在机械制造、信息技术等技术含量高的领域尚无力与亚太地区的国家竞争，因此，当前远东和外贝加尔地区的经济发展目标定位于自然资源的开采加工，以及过境交通运输能力的发挥。利用该地区的地理位置和资源优势，加强同亚太地区特别是东北亚各国的经济合作。俄罗斯政府希望通过落实该规划，实现远东地区生产总值增长 2.6 倍、基础投资额增长 3.5 倍、人口增加 10% 的目标。①

在上述专项规划的基础上，2009 年底俄罗斯政府又出台了《2025 年前远东和贝加尔地区经济社会发展战略》，对远东及外贝加尔地区在 2025 年前的发展进行了详细规划。该发展战略从地缘政治经济的角度出发，对远东和贝加尔地区的社会经济现状、进一步发展面临的挑战与问题进行了详尽的分析；指出该地区发展的首要战略目标，是通过发展经济提供舒适的生存和发展环境，巩固人口数量，确保国家的地缘政治安全。该发展战略规划到 2025 年，远东地区的居民收入水平将由 2010 年的每月 1.9 万卢布（当时 1 美元约合 29.7 卢布）增至 6.6 万卢布，人均住房面积从 19 平方米增至 32 平方米，创新产品数量在全部产品中所占的比重从 8.9% 提高至 16%。

为实现上述发展目标，《远东和贝加尔地区 2025 年前经济社会发展战略》强调远东和贝加尔地区必须加速经济发展，并以每五年为一个阶段，提出了"三步走"的阶段性发展规划，具体阶段如下。

第一阶段为 2010~2015 年，主要任务是扩大对该地区的投资规模，启动一批新的投资项目，如兴建新的基础设施项目、工业领域和农业领域的项目来提高劳动就业率。同时，积极采用并推广节能新技术。

第二阶段为 2016~2020 年，主要目标是兴建大规模能源项目，提高对原材料的深加工，扩大产品的出口份额，特别是扩大对所开采的原材料进行深加工的产品出口份额。完成核心交通运输网络的建设，包括公路、铁路、机场和海港网络，以扩大过境客运和货运量。

第三阶段为 2021~2025 年，主要任务是发展创新型经济，实施大型开

---

① 圣彼得堡华人协会网：《2013 年前远东及外贝加尔地区经济社会发展联邦专项规划》，http://www.china-russia.org/news_6301.html.

采、加工和石油天然气出口项目，完成对大型能源和交通项目的建设等。①

远东各个时期发展战略的出台为远东地区的发展指明了方向，同时也表明俄罗斯政府高度重视远东地区的发展，并将其纳入国家发展的长期战略中。根据上述俄罗斯政府制定的远东发展战略和发展规划，可以将现阶段远东经济发展战略的主要内容概括为以下三个方面。

第一是通过发展远东地区的经济，改善当地的生活环境，使远东地区的发展水平达到全国发展的平均水平，从而抑制人口外流现象，防止远东地区的"去俄罗斯化"。最终实现巩固远东地区的人口形势、确保地缘政治安全的目的。

第二是利用远东的能源等自然资源优势和地理区位优势，促进远东地区资源、能源产业的发展，在提高加工能力和产品附加值的前提下，扩大能源及其他资源制成品的出口；发展远东的交通运输业，将远东打造成连接欧亚的运输通道，从而带动远东地区的经济发展，继而确保整个俄罗斯的经济增长。

第三是充分利用远东的地缘优势，将远东的经济发展融入亚太地区的经济发展中，通过加强与亚太地区的经济合作，吸引大量外国投资进入远东地区的交通基础设施建设、木材深加工等领域，从而加快远东地区的经济发展。② 同时，还强调要提升远东与亚太地区国家的合作水平，加强在高科技领域的合作，以此改善产业结构，增强俄罗斯在亚太地区国际组织中的作用。

（二）当前远东经济发展战略的特点

首先，与以往不同，这次出台的《远东和贝加尔地区 2025 年前经济社会发展战略》比较具有实质性内容。在以往编制的类似纲要中，关于远东发展的具体目标、任务和执行机制都不够明确，而且也没有明确建立相应的监督和管理制度，战略纲要缺乏可操作性。而这次制定的发展纲要由于前期的准备工作做得比较充分，所以具有较强的务实性和可操作性。正如舆论所评价，即使它不能百分之百地完成，也会极大地推动远东的经济与社会发展。

---

① 《俄总理普京签署政府令批准〈远东和贝加尔地区 2025 年前经济社会发展战略〉》，http:// www.chinaneast.gov.cn/2010－05/19/c_13302664.htm。
② 〔俄〕米纳基尔：《远东和外贝加尔发展的新计划》，《西伯利亚研究》2007 年第 4 期。

其次，此次出台的《2025 年前远东和贝加尔地区经济社会发展战略》重视加强与亚太国家特别是与中国、蒙古国的优先合作。该发展战略单独用了一整章的篇幅，对俄罗斯同中国和蒙古国的合作进行了分析和规划，并对合作的具体内容做了规划。该战略强调远东要利用自身优势加强与中国和蒙古国在货物运输、电力和船舶建造业等方面的合作，通过开展广泛合作为远东地区带来新技术和增加就业岗位。

最后，远东发展战略强调在合作中实行"工艺技术换资源"的原则，也就是强调在对外合作中要引进国际最先进的工艺技术来开发东部资源，以保证这些资源在开采加工合作中实现"自然资源利用效率最佳、环境保护最优、国家利益最大、产品附加值最多"。因此，远东发展战略规划要求采用最先进的环保技术，保证远东地区的石油开采系数不低于俄罗斯的平均水平。此外，远东发展战略规划还要求在俄罗斯东部从事投资合作的企业承担相应的社会责任，参与和发展当地社会基础设施的建设，同时还要求企业保护生态环境，保障动植物的生态安全，有恢复生态环境的配套措施等。为此，俄罗斯将进一步修改对损害自然资源的行为进行管制的相关法律。[①]

第三节　东北与远东区域合作的战略构想与规划

中国东北振兴规划和俄罗斯远东发展战略几乎在同一时间提出，由于两地地理位置相近且经济存在互补性，因此将两地的区域发展规划相对接，可以产生互动效应，创造更多的发展机遇。为协调两地的区域发展战略，2009 年 9 月，中国国家主席胡锦涛与俄罗斯总统梅德韦杰夫共同批准了《中华人民共和国东北地区与俄罗斯联邦远东及东西伯利亚地区合作规划纲要（2009 ~ 2018 年）》[②]（以下简称为《规划纲要》），对两地合作的长远和阶段性规划做出了明确指导。《规划纲要》的出台，不仅为两地的企业和个人开展合作指明了方向，而且也必将对中俄毗邻地区未来的经济

---

① 朱显平、李天籽：《新形势下中国东北振兴战略同俄罗斯东部发展战略的互动合作》，《东北亚论坛》2009 年第 4 期。

② http://www.lawinrussia.ru/kabinet - yurista/zakoni - i - normativnie - akti/2010 - 07 - 18/programma - sotrudnichestva - mezhdu - regionami - dalnego - vostoka - i - vostochnoy - sibiri - rf - i - severo - vostoka - knr - 2009 - 2018 - godi.html.

社会发展产生巨大的推动作用。

一 《规划纲要》出台的背景

进入 21 世纪，区域经济一体化已成为世界经济发展的重要趋势，两国毗邻地区的合作能够提升双方共同的利益。俄罗斯政府高度重视远东地区的发展，制定了一系列远东发展规划。同时，俄罗斯也清楚地意识到，远东地区的开发不可能"孤立地进行"，需要与亚太地区的国家开展合作，特别是与中国的合作。同样，中国东北地区虽然自 2003 年中央振兴东北战略实施以来，经济发展明显增快，并取得了重要的阶段性成果。但是，同全国平均水平相比，东北地区外向型经济的规模仍然偏小。为加快东北地区外向型经济的发展，必须扩大对外开放，以开放带动地区经济结构的调整，推动地区的经济发展。

早在 2007 年 3 月，中国国家主席胡锦涛访问俄罗斯期间，就曾与俄罗斯总统普京就加强中俄地区的合作达成了重要共识，双方都同意加快推动中国东北地区与俄罗斯远东及东西伯利亚地区的开发与合作。随后，国家发展改革委组织有关部门和东北四省区的相关部门进行大量的实地调研，并在此基础上，完成了《中国东北地区老工业基地与俄罗斯远东地区合作规划》的编制工作。经国务院批复后，作为与俄方商谈的基础文本，该规划通过外交渠道正式提交给俄方。此后，两国相关部门，即中国国家发展改革委员会与俄罗斯联邦地区发展部经过历时两年多的交流、磋商，共同完成了《规划纲要》的编制及文本的认定工作。2009 年 9 月 23 日，胡锦涛主席与俄罗斯总统梅德韦杰夫在美国参加 G20 匹兹堡峰会期间正式批准《中华人民共和国东北地区与俄罗斯联邦远东及东西伯利亚地区合作纲要（2009～2018 年）》，并责成两国有关部门认真落实。

从两国元首达成共识，到相关部门开始编制、磋商和两国元首正式批准，《规划纲要》历时两年半时间。作为中俄地方合作的指导性文件，《规划纲要》的出台将会推动东北振兴规划与远东发展纲要的相互对接，为两国的地方合作创造新的历史机遇，为两地经济的发展注入新的活力，同时也标志着中俄两国地区性合作已经进入实质性操作阶段。

二 《规划纲要》的主要内容

出台《规划纲要》的宗旨是协调实施中俄地区的发展战略，加强互利合作，实现优势互补。因此该纲要所包含的内容十分广泛，纲要共分为 8 个章节，分别是口岸及边境基础设施的建设与改造、地区运输合作、园区合作、劳务合作、旅游合作、人文合作、环保合作以及区域合作重点项目。在纲要的附件中还列出了由双方提供的招商引资重点合作项目共 205 项，覆盖矿产、能源、农业、林业、渔业、建筑、机械、建材等诸多产业。《规划纲要》的主要内容概括起来可分为以下三个方面。

一是构建地区合作大交通、大流通的格局。《规划纲要》首先强调的是要双方合作，加强交通运输通道及港口的建设。目前，在两国边境地区，一些道路、口岸等涉外基础设施不完善的状况已经成为制约地区发展与合作的瓶颈。为解决这一问题，《规划纲要》指出要尽快启动相邻地区基础设施的建设，包括在两国边界地区修建跨境桥梁、公路、铁路等通道，完善口岸等相关设施等。为方便两地人员及货物往来、加快两地市场统一创造条件。

二是加大环保、旅游、人文等民间交流和合作。《规划纲要》除了对经济领域的合作进行规划外，还对两地间的旅游、科技、环保以及人文领域的合作进行了规划。《规划纲要》提出加强地区环保合作，维护区域生态环境，是开展合作的重要内容之一；此外，要重视民间交往，扩大人文合作，这有助于增进双方的友谊与互信，有利于巩固中俄关系的社会基础。为促进两地旅游合作的快速发展，需要两地共同培育有特色的地方精品旅游路线，逐步将旅游市场向两国内陆及东北亚地区辐射。

三是推动中俄地区重点合作项目的实施。在《规划纲要》的附件中收入了双方重点推荐的 200 多个工业合作项目，涵盖能源、矿产品、森工、农业及基础建设等各个领域。《规划纲要》要求在开展这些合作项目的过程中，明确中俄分工，按照市场规律进行运作，兼顾双方利益。对于一些已经具备合作条件的大型合作项目，由于其规模和影响都较大、具有示范和带动作用，因此，政府应给予重点支持和推进，目的是通过建成一个大项目，带动一批合作项目或一个地区的发展。①

---

① 《中华人民共和国东北地区与俄罗斯联邦远东及东西伯利亚地区合作规划纲要（2009～2018 年）》，http：//www.chinaeast.gov.cn/2010－06/03/c_13331199.htm。

三 《规划纲要》的主要特点

（一）目标明确，内容务实，可操作性强

《规划纲要》是根据中俄两国的地区发展规划，以两地经济发展建设的实际需要为出发点，从全球的视角，以发展的眼光制定的区域合作规划。它不仅体现了中俄双方发展区域经济合作的强烈愿望和真诚态度，而且合作内容具体充实，在纲要中还列入了双方推荐的 200 多个重点工业合作项目。如此详细地阐述两地的合作领域并列出了具体的合作项目，这是以前所没有的，因此这个规划纲要是非常务实的。

（二）合作领域宽，覆盖面广

《规划纲要》所涉及领域之广，合作项目之多，在中俄已批准或签署的文件中堪称首例。纲要涉及的合作范围覆盖两地的基础设施建设与改造、地区运输、劳务合作、园区合作、旅游合作、人文合作和环保合作以及区域合作重点项目 8 个领域。附件中列出的重点合作项目遍及远东和东北的各个地区。比如在附件 1 中列出了在俄方境内实施的重点项目 80 多个，遍布远东及东西伯利亚地区几乎所有的共和国、边疆区、州以及自治区。在附件 2 中列举的在中国东北地区计划实施的重点项目，也覆盖了东北四省区，其中内蒙古 21 项、黑龙江省 33 项、吉林省 37 项、辽宁省 20 项。[①] 如此广泛的合作项目若能够得到落实，一定能够带动地区的经济发展。

（三）项目繁多，任务量大，合作周期长

《规划纲要》作为国家级规划文件，不仅合作内容广泛，而且任务繁重，合作周期长达 10 年。对众多项目来说，其具体落实是具有一定难度的。在区域合作的进程中，要积极推动双方经贸合作方式的调整和升级，即在合作中调整贸易结构，逐步实现中俄贸易合作的规范化，从以贸易为主转向以投资合作为主，从初级的资源开采合作转向加工贸易型的产业合作，而这些目标的实现更是任重而道远。

---

① 谢颖：《解读〈中国东北地区同俄罗斯远东及东西伯利亚地区合作规划纲要（2009～2018年）〉》，《黑龙江对外经贸》2010 年第 5 期。

第四章

东北与远东区域经济合作的
优先领域与模式

第一节 东北与远东区域合作的优先领域

远东开发是俄罗斯的一项重大战略决策。远东开发将会给中俄区域合作带来难得的历史机遇。由于地理位置毗邻以及经济存在互补性，东北与远东开展经济合作的范围十分广泛，不仅仅局限在商贸领域，还包括投资、旅游、基础设施建设、人力资源、环保、技术等多个合作领域。尽管两地的合作领域广泛，但是考虑到东北和远东两地的自然资源禀赋、科技发展水平及两地在不同产业部门的产品竞争力状况，根据比较优势原理，目前东北与远东开展区域经济合作的优先领域主要有以下几个方面。

一 能源领域的合作

能源领域的合作是中俄合作的重要组成部分。两国在能源领域存在巨大的互补性，这为两国在能源领域开展合作奠定了基础。目前，两国在能源领域的合作范围很广，在石油、天然气、核能、煤炭、电力等领域都已展开互利互惠的合作。

（一）石油天然气领域的合作

俄罗斯的石油资源丰富，据美国相关部门的统计数据，2008年世界石油剩余探明可采储量为1838.82亿吨，其中俄罗斯为82.2亿吨，占世界总储量的4.5%，居世界第八位。俄罗斯的石油资源主要分布在西伯利亚、伏尔加－乌拉尔和远东地区。其中西西伯利亚地区的石油储量最为丰富，约占俄罗斯石油总储量的54%。其次为伏尔加－乌拉尔、东西伯利亚地区和远东地区。① 一直以来，俄罗斯对本国的石油、天然气储量等国家储备数据采取不对外公开的做法。2013 年 2 月，普京总统授权取消对石油储量的保密做法。于是 2013 年 7 月俄罗斯联邦自然资源部发布统计数据称，截至 2012 年 1 月 1 日，俄罗斯的 C1 类石油可采储量为 178 亿吨，C2 类为102 亿吨。② 这是俄罗斯国家储备数据解密后首次正式对外公布有关石油和天然气储量的数据。

俄罗斯是石油生产大国，2007 年俄罗斯的石油产量为 4.91 亿吨，约占世界总产量的 12.6%，居世界第二位。2008 年俄罗斯的石油产量为4.92 亿吨，约占世界总产量的 13.5%，居世界首位。根据英国石油集团公司发布的《2011 年世界能源统计报告》，俄罗斯 2010 年的石油产量为5.051 亿吨，占世界总产量的 12.9%，排名世界第一。俄罗斯国内的石油消费量远远小于石油开采量，2007 年俄罗斯的石油消费量为 1.26 亿吨，仅占其石油产量的 25.7%，当年俄罗斯石油产量为 4.91 亿吨；2009 年，俄罗斯共生产了 1.76 亿吨油品，其中出口 9200 万吨。③ 可见，俄罗斯的石油产量不仅能满足本国的消费需求，而且还能大量对外出口。俄罗斯每年有大量的石油出口国外，是世界上重要的石油出口国，在世界石油市场上占有举足轻重的地位。2004 年俄罗斯对外出口石油 2.3 亿吨，是仅次于沙特的世界第二大石油出口国。

一直以来，欧洲是俄罗斯石油出口的主要市场。据相关部门的统计数据，2004 年，在俄罗斯石油出口国中排前五位的国家依次是荷兰（占俄罗斯石油出口的16.11%）、德国（10.99%）、乌克兰（8.16%）、波兰（7.80%）和意大利（5.73%）。2004 年俄罗斯出口到欧洲的石油占其全部出口量的65.8%，出口到独联体国家的石油占12.78%。相对于欧洲来说，俄罗斯出口到亚洲市场的石油数量微不足道。2004 年，俄罗斯对亚太地区两个最大

① 刘增洁：《俄罗斯石油资源、生产及供需形势》，《国土资源情报》2009 年第 6 期。

② 中国石油新闻中心网：《俄罗斯首次公布石油和天然气储量》，http：//news.cnpc.com.cn/system/2013/07/16/001437752.shtml。

③ 俄新网：《俄罗斯可能大幅提高油品出口关税》，http：//rusnews.cn/xinwentoushi/20101020/42902260.html。

的石油消费国日本和中国的出口量分别为 709.73 万吨（占俄罗斯出口量的 3.07%）和 772.23 万吨（占俄罗斯出口量的 3.35%）。[①] 俄罗斯的石油出口结构是与其地理位置，以及其与欧洲之间的传统、密切的经济联系相关的。从客观上看，俄罗斯通往欧洲的石油输出系统相对于亚洲也更为完善。

俄罗斯是世界上天然气储量最为丰富的国家之一，2009 年 12 月 22 日发表的美国《油气杂志》报道，2009 年俄罗斯的天然气探明储量为 47.54 万亿立方米，居世界第一位，占世界天然气总量的 22.86%。另据英国石油集团公司（BP）发布的 2013 年《BP 世界能源统计年鉴》中的数据，2012 年全球已探明天然气储量为 187.3 万亿立方米，其中俄罗斯拥有已探明天然气总储量为 32.9 万亿立方米，占世界储量的 17.57%，排名世界第二位，仅次于伊朗（伊朗为 33.6 万亿立方米，占世界的 17.94%）。[②] 而根据俄罗斯自然资源部的统计数据，截至 2012 年 1 月 1 日，其 C1 类天然气储量为 48.8 万亿立方米，C2 类为 19.6 万亿立方米，天然气储量居世界首位。英国石油集团公司和俄罗斯的自然资源部以及美国的统计数据之所以存在差异，主要是因为 BP 公司采用的是西方的评估标准，按照西方的标准，在评估天然气储量时不仅注重采收率，而且还会考虑开采技术和经济性等方面的因素。尽管根据不同的方法统计，结果存在一定差异，但是都足以证明俄罗斯的世界天然气大国地位。

同样，俄罗斯也是世界上重要的天然气生产国和出口国。2011 年俄罗斯的天然气开采量为 6070 亿立方米，占世界总产量的 18.5%，排名世界第二。与俄罗斯传统的石油出口市场一致，俄罗斯的天然气出口也主要是面向欧洲和独联体国家。2011 年，俄罗斯出口天然气 2070 亿立方米，其中 67.9% 输往欧洲，其余 32.1% 出口到独联体国家。[③]

然而，近年来，欧洲经济危机导致欧洲大多数国家经济低迷，对天然气的需求大幅下降。而且，俄罗斯与欧洲石油进口国间发生了一些摩擦事

[①] 王剑江：《俄罗斯石油出口分析》，《西伯利亚研究》2006 年第 6 期。

[②] 廖伟径：《俄罗斯能源"家底"依然丰厚》，《经济日报》2013 年 6 月 20 日，第 4 版，ht-tp：//paper. ce. cn/jjrb/html/2013－06/20/content_160369. htm。

[③] 李明岩、罗佐县：《俄罗斯天然气出口战略的调整以及对我国的影响》，《当代石油石化》2013 年第 4 期。

件，比如俄乌天然气管道控制权之争、天然气价格之争等。因为俄罗斯出口到欧洲的天然气有80%需经由乌克兰境内输送，这种局面给俄罗斯的天然气出口带来了很多问题和安全隐患。因为按照协议规定，俄罗斯对欧洲的天然气出口价格要与国际市场油价挂钩，而国际市场的油价要高于俄罗斯国内的价格。比如，2011年，俄罗斯对欧洲的天然气出口价格要比俄罗斯国内的价格高出2.4倍，如此大的价格差距，使得欧洲国家的进口公司不满，于是多家欧洲天然气进口公司强烈要求与俄罗斯天然气工业公司就天然气进口价格问题进行谈判，但双方的意见始终不能达成统一，最后不得不诉诸仲裁法庭来解决。这一切都使俄罗斯认识到这种能源出口市场过于单一的局面是极其不利的，必须改变这种局面，实施能源出口多元化战略。

与此同时，随着经济的快速增长，亚太地区对能源的需求也迅速增加。据相关的资料，近年来，东北亚地区的能源需求快速增长，其占世界能源总需求的比重已接近1/5，特别是东北亚的中、日、韩三国对能源的需求已占整个地区能源需求总量的98%以上。

面对全球能源市场形势的变化，出于长远考虑，同时为了稳定国家的油气出口，俄罗斯的能源战略开始向亚太市场倾斜，即在力保欧洲传统出口市场的同时，不断加大开拓亚太市场的力度。早在2008年，俄罗斯科学院远东分院的专家拉夫连季耶维奇出席在长春召开的第四届东北亚博览会时就表示，当前，俄罗斯的对外能源政策方向正在发生变化，过去主要是面向欧洲等西方国家，如今，东北亚国家成为俄罗斯发展石油外交的战略重点。

俄罗斯能源出口战略的东移并不是权宜之计，而是长远的战略考虑。俄罗斯在2003年出台的《2020年前俄罗斯能源战略》中就明确提出要增加东部地区的石油开采量和出口量，提出到2020年前，国家东部地区的石油年开采量应达到1亿吨，天然气达到1050亿立方米。随后，在2009年8月出台的《2030年前俄罗斯能源战略》中也提出计划到2030年，俄罗斯将面向东方的石油出口量由2008年占出口总量的8%提高到22%～25%，天然气出口量由2008年的零出口提高到19%～20%。

俄罗斯能源出口战略的转变，不仅有助于俄罗斯实现能源出口市场多元化，稳定能源出口市场，提升能源出口的经济利益，而且也能为远东经济发展创造有利条件。中国是能源消费大国，也是世界上第二大石油进口国。自 1993 年成为石油净进口国以来，中国对进口石油的需求越来越大，目前，中国的石油进口依存度已超过 40%。由于近年来中国新发现的油田规模逐渐缩小，而能源需求量却不断增大，所以，未来中国对石油、天然气的进口需求仍将快速增长。中国能源市场的稳定需求为中俄油气资源开发合作奠定了基础。对于俄罗斯来说，与中国开展石油、天然气领域的合作，有助于巩固和提高俄罗斯在亚太国家能源市场的战略地位。另外，加大对亚太地区的能源出口，客观上能够带动远东地区油气资源的开发，从而推动远东地区的经济发展，提高当地居民的生活水平。

中俄两国油气领域的合作始于 20 世纪 90 年代，1996 年，俄罗斯时任总统叶利钦访华，中俄双方正式签署《中俄共同开展能源领域合作的政府间协定》，拉开了两国在能源领域合作的序幕。进入 21 世纪，在两国各级政府的大力推动下，两国政府和企业在石油领域的合作举措不断增多，中俄两国能源合作的一些重大项目纷纷启动。2000 年中俄双方达成协议，合作修建一条从俄罗斯安达尔斯克到中国东北大庆的石油管道（安大线），但是，后来因日本介入等多重原因该计划流产。2006 年普京总统访华，两国签署了《中国石油天然气集团公司与俄罗斯天然气工业股份公司关于从俄罗斯向中国供应天然气的谅解备忘录》。该文件规定，俄罗斯将从 2011 年开始通过东西伯利亚与西西伯利亚两条线路向中国供应天然气，每条线路的年出口量约为 300 亿～400 亿立方米。2009 年 4 月中俄两国政府又在北京共同签署了《中俄石油领域合作政府间协议》，根据协议，中俄两国将共同建设和运营一条连接俄罗斯斯科沃罗季诺和中国大庆的输油管道。该管道建成后，俄方将在今后 20 年内每年向中国输出 1500 万吨原油，而中方将向俄罗斯提供总计 250 亿美元的长期贷款。该协议的签署，不仅体现了双方在政治领域的高度互信以及两国战略协作水平的提升，而且也标志着两国的能源合作实现重大突破，为两国在能源领域开展全面、长期、稳定的合作奠定了坚实的基础。

当然，上述能源领域的重大合作项目大多是通过两国中央政府签署协议开展的，这些项目也主要由政府和大型公司共同参与。但是两国的油气合作项目广泛且具有多层次性，两国不仅可在能源开采上游合作，还可在能源加工下游进行合作；除了国家级的能源合作项目外，与东北三省有密切关系的地方级能源项目也很多。比如，在俄罗斯阿穆尔州与中国黑河建设跨国石油加工厂，此外，俄方准备在中国一些边境地区开设加油站等。总之，中俄两国在能源领域的合作范围很广泛，合作项目有大有小，东北与远东在这一领域开展合作大有可为。[①]

（二） 电力领域的合作

中俄两国在电力领域的合作始于俄罗斯独立之初。1992 年，中俄第一条跨国输电线路——由俄罗斯布拉戈维申斯克市通往中国黑河市的输电线路顺利建成并投入运行。2005 年 7 月，中俄两国拉开了大规模电力合作的序幕。中国国家电网公司与俄罗斯统一电力系统股份公司签署了长期合作协议，双方就送电方式、送电规模、定价原则以及合作进度安排等一系列重大问题达成共识。

2006 年 3 月普京总统访华，双方正式签署了《中国国家电网公司与俄罗斯统一电力系统股份有限公司关于全面开展从俄罗斯向中国供电项目的可行性研究的协议》。根据该协议，国家电网公司将从俄罗斯引进电力，共分三个发展阶段：第一阶段是 2006～2008 年，在该阶段要扩大边境输电规模，到 2008 年远东向中国黑龙江省的输电量要达到年输送 36 亿～43 亿千瓦时；第二阶段是 2008～2010 年，通过中俄直流背靠背联网工程，俄罗斯远东电网向中国辽宁省电网输电，年供电量为 165 亿～180 亿千瓦时；第三阶段是 2010～2015 年，俄罗斯远东电网或东西伯利亚电网向中国东北电网或华北电网输电，年供电量将达 380 亿千瓦时。

中俄的电力合作主要集中在两国毗邻的远东和东北地区，其中与俄罗斯边境线最长、口岸最多的黑龙江省最具有优势。据哈尔滨海关统计，2009 年，黑龙江省自俄罗斯远东进口的电力达 7.38 亿千瓦时，比上年增长 316.69 倍，占同期中国自俄罗斯进口电力的 100%，价值近 2908.55 万美元，比上年增长约 480 倍。[②]

目前中俄两国电力合作的形式比较单一，而且由于双方在价格及合作形式等方面存在一些分歧和矛盾，所以在合作中难免会存在波折。

---

① 〔俄〕科尔茹巴耶夫：《俄西伯利亚和远东与中国东北在石油领域的合作前景——俄罗斯在国际石油天然气交易中的利益》，赵欣然译，《西伯利亚研究》2010 年第 4 期。

② 曹霁阳：《中国进口俄罗斯电力，去年猛增 300 多倍》，http://news.xinhuanet.com/fortune/2010-03/24/content_13237116_1.htm。

但是，加强能源领域的合作是互利双赢的举措，只要双方通过沟通协商，切实解决合作中存在的问题，未来中俄的电力合作就会有很大的发展空间。

（三）煤炭领域的合作

俄罗斯是一个煤炭大国，煤炭储量极其丰富，其探明可采储量位于中国和美国之后，排名世界第三位。俄罗斯煤炭储量的75%分布于亚洲地区，但至今该地区的煤炭资源一直没有进行大规模开采。[①] 主要原因是俄罗斯天然气的大量开采并用于取暖和发电，导致其国内对煤炭的需求减少。煤炭在俄罗斯能源消费结构中的比例逐步降低，从20世纪70年代的接近50%，下降为目前的12%左右。需求不足导致俄罗斯的煤炭产业多年来几乎陷入停滞状态。此外，由于资金缺乏，俄罗斯煤炭行业的设备改造和技术进步受到了限制，也制约了煤炭业的发展。

虽然俄罗斯的煤炭也出口到欧洲，但出口量一直很小。目前，俄罗斯年产煤炭约3亿吨，其中约1亿吨用于出口。俄罗斯的煤炭出口对象有一部分是欧洲国家，但欧洲煤炭需求量比较平稳，在短期内难以有大幅提高。而且随着环保意识的提高，欧洲对煤炭的消费有限制措施，这也制约了俄罗斯煤炭对欧洲的出口。总之，由于煤炭内需长期不足，加之外部需求不大，俄罗斯的煤炭开采量减少，一些采矿企业甚至因需求不足而减产或停产。

中国的煤炭储量丰富，但是能源消费结构比较单一，在我国一次性能源消费构成中，煤炭所占比重达66%～70%。由于长期依赖煤炭消耗，国内煤炭的开采条件日趋恶化，煤炭产量也有所下降。随着我国对煤炭消费需求的不断增长，国内的煤炭资源已不能满足国内需求，需要从国外进口。一直以来，中国煤炭的进口主要来自澳大利亚、印度尼西亚和越南等国。但是近年来，由于澳大利亚的港口吞吐量小，煤炭进出口等待周期过长。所以，煤炭进口多元化问题对中国来说已迫在眉睫。

中俄两国煤炭资源市场的互补性为两国开展煤炭合作奠定了基础。随着俄罗斯东部发展战略的实施，俄罗斯开始重视与国外开展煤炭合作。2004年6月，俄罗斯总理弗拉德科夫在"能源对话"会议上提出，俄罗斯

---

① 王高峰：《俄罗斯东顾：中俄煤炭合作引起业界关注》，《能源》2010年第10期。

将在开采新矿和开辟新市场上寻求国际合作。2009 年 11 月，俄罗斯政府出台了《2030 年前俄罗斯能源战略》，指出今后俄罗斯要在提高煤炭使用量及其效益的同时，进一步扩大煤炭出口。到 2030 年，俄罗斯的煤炭出口量要在目前 1 亿吨的基础上增加 6070 万~9750 万吨。鉴于欧洲客户的需求已经停滞，俄罗斯的煤炭企业将把目光转向需求旺盛的亚洲太平洋地区，特别是日益增长的中国市场。

加强中俄之间的煤炭合作，对俄罗斯来说，一方面可以促进俄罗斯煤炭业的整体发展；另一方面也可以借此开发远东地区的煤炭资源，促进远东经济发展。而对中国来说，开展与远东的煤炭合作，不仅能够节约运输成本，而且也可以为中国的煤炭进口多元化开辟新的途径。

2009 年 6 月，胡锦涛主席出访俄罗斯时两国签署了《中俄关于在煤炭领域合作的谅解备忘录》，从而开创了两国在煤炭领域合作的新局面。2009 年 10 月，在中俄总理第十四次定期会晤中双方明确提出，两国将根据《中俄关于在煤炭领域合作的谅解备忘录》，支持双方企业在煤炭资源开发、开采及加工转化方面，以及与煤炭开采及加工相关的机械设备、煤炭科技研究等方面开展合作。在两国政府的推动下，两国的煤炭合作发展迅速。据俄方统计，2009 年，中国从俄罗斯进口煤炭 1209 吨；2010 年上半年，中国从俄罗斯进口的煤炭总量已达到 600 万吨，俄罗斯已成为中国主要的煤炭进口国之一。

2010 年 9 月中俄两国相关部门又在俄罗斯远东的布拉戈维申斯克市签署煤炭合作协议。根据该协议，在未来 5 年内中国将从俄罗斯每年进口至少 1500 万吨煤炭，而后 20 年进口煤炭量将会增加至 2000 万吨。同时，中国将为俄罗斯提供总额为 60 亿美元的贷款，用来共同开发远东阿穆尔河（黑龙江）地区的煤炭资源，以及帮助俄罗斯修建铁路、公路等煤炭运输通道，购买矿产挖掘设备等。①

总之，近年来，在两国政府的推动下，中国东北和俄罗斯远东地区在石油、天然气、电力、煤炭等能源领域开展了广泛的互利互惠的合作。随着双方合作的不断深化，两国能源领域的合作正在逐步从一般贸易向生产

---

① 杨海洋：《中俄两国签 60 亿美元煤炭协议》，http://finance.591hx.com/article/2010 - 09 - 09/0000078850s.shtml。

合作与相互投资方向发展。①

二　人力资源领域的合作

远东地区的人口本来就稀少，平均每平方公里仅有 1 人。俄罗斯独立后，由于远东地区经济多年不景气，加之当地气候条件恶劣、基础设施差等原因，人口外流现象严重，在过去的 20 年里，俄罗斯远东地区的人口减少了约 1/4。

人口不断减少给远东的社会经济发展带来了巨大影响。人口减少导致劳动力短缺，不能满足远东的经济开发，尤其是不能满足自然资源开发及基础设施工程建设对人力资源的需要。据统计，2001 年远东地区经济自立人口比 1992 年减少了 14.5%，经济部门中在岗人数减少了 19.2%。在远东 600 多万人的总人口中有劳动能力的人口约为 350 万人，其中 330 万人就业。② 目前，远东地区各生产部门均存在劳动力不足的问题，特别是林业、农业和采掘业等部门的劳动力缺口严重。2012 年 6 月，时任俄罗斯总统驻远东地区全权代表伊沙耶夫发表讲话时指出，要完成远东振兴发展的任务，就应该在 2025 年前使该地区的居民人口增加 50 万人，而且其中约 80% 应该是具备一定技能的专家。

为了抑制远东人口外流，缓解远东地区劳动力短缺的问题，俄罗斯政府制定出台了一系列吸引和留住远东居民的政策和措施，包括改善远东地区的医疗卫生等基础设施、提高当地的社会福利水平等。虽然俄罗斯政府积极鼓励中西部地区的人口迁移到远东地区，但是，以远东地区目前的经济发展水平、气候、地理位置等客观条件，难以把国内其他地区的劳动力吸引过来。

因此，远东地区只能依靠吸引国外的劳动力来解决劳动力不足的问题。中国是人口大国，劳动力资源丰富。与远东毗邻的东北地区拥有 1.2 亿人口，不仅劳动力资源丰富，而且这里的劳动力更能适应远东地区的气候环境。两地在人口发展上的差异，为两地在人力资源方面的合作提供了现实基础。对于远东来说，开展人力资源合作可以解决远东劳动力不足的

---

① 孙永祥：《中俄煤炭工业现状及对两国煤炭合作的思考》，《俄罗斯中亚东欧市场》2010 年第 7 期。

② 牛燕平：《俄罗斯远东地区人口与劳动力资源问题》，《西伯利亚研究》2004 年第 6 期。

问题；而对东北地区来说，与远东开展劳务合作，不仅可以有效缓解国内就业压力，而且还可以创造外汇收入。

正是由于两地人口的互补性，自 20 世纪 80 年代末两国边境地区就开始了劳务合作，随着相互间经贸关系的深化，两地劳务合作的范围越来越广泛。目前，劳务合作已成为两地经济合作的重要组成部分。但是不可否认，目前在两地劳务合作中存在很多问题，主要表现在两地劳务合作规模小、中国输出劳务人员层次偏低等。据中国商务部统计，截至 2007 年底，中国在俄罗斯的各类劳务人员约为 3.1 万人，累计向俄罗斯派遣各类劳务人员约为 32 万人次。但这一规模相对于远东的劳动力缺口来说甚小。据俄罗斯国家统计委员会的资料，远东地区的劳务人员缺口达到 1500 万人，俄罗斯要保持经济年均 7% ~8% 的增长率，则至少需要 20 万 ~30 万名中国劳务人员。① 另外，从总体上看中国劳务人员结构层次偏低。目前，中国对俄劳务输出主力军是农业剩余劳动力和城镇下岗职工，他们主要在俄罗斯远东地区从事农业种植、建筑、森林采伐、木材加工等工作。这些领域大多是劳动密集型行业，中国劳务人员大多以提供低附加值的劳务为主。虽然中国劳务人员能吃苦耐劳，但是这种凭借体力的劳动出口创汇少，贡献营业额低。

此外，俄罗斯的劳务政策具有明显的限制性和排外性，这也是制约两地劳务合作发展的主要因素之一。出于对国家安全的考虑，以及对外国人会占领本国市场和夺走本国公民就业机会的担心，俄罗斯一直以来对外来移民采取限制和排外政策。2002 年俄罗斯首次颁布了专门管理外来移民的法规《俄罗斯联邦外国公民法律地位法》，其主要内容就是实行移民配额制，即对使用外籍劳务人员实行许可证和配额制度，也就是说俄罗斯用工单位要引进外籍劳务人员必须经过俄罗斯移民局的审批。根据该法规，俄罗斯劳动和社会保障部每年根据各地方所需外籍劳务人员的申请情况，来确定发放外国移民的配额数量。每年发放的外籍劳务人员配额数量远远低于实际需求量，并且近年来有不断缩减外来劳务人员配额的趋势。比如 2014 年俄罗斯政府相关部门批准的发放外国劳务人员配额数量大约是 163 万份（占全国劳动力人口比例的 2.2%），比 2013 年约减少了 10 万份。

---

① 范蓓：《论中国对俄劳务输出问题》，《经济研究导刊》2009 年第 18 期。

2013 年 4 月俄罗斯国家杜马对《俄罗斯联邦外国公民法律地位法》和《俄罗斯出入境管理法》进行再次修订，主要内容就是要对办理赴俄一年期以上（含一年期）劳务签证的外国劳务人员进行俄语水平测试，只有具备俄语综合考核合格证书才可以办理签证。虽然俄罗斯强调对外国务工者进行俄语水平测试是为了更好地保障他们的合法权益，使他们更好地适应和融入俄罗斯社会，但是从中也反映出俄罗斯对外来劳务人员的限制与排斥态度。

尽管在合作中存在各种问题和障碍，但是东北和远东两地劳务合作在未来的发展空间很大。随着俄罗斯东部发展战略的实施，远东一大批基础设施，包括港口、铁路、公路、桥梁以及一些工厂、建筑物等陆续开工建设，从而使远东劳动力不足问题更加突出。这将为东北地区扩大对远东的劳务输出提供新的契机，两地的劳务合作也必将随着远东发展纲要的实施进入快速发展阶段。

三　林业与木材加工领域的合作

远东地区的森林资源丰富，其森林资源储量仅次于东西伯利亚，居全俄第二位。远东地区的森林总面积约为 3.16 亿公顷，森林覆盖率为 40.7%，木材蓄积量为 223.1 亿立方米，其中，成熟林和过熟林占该地区木材总蓄积量的 70% 以上。远东地区的森林资源不仅数量大，而且品种繁多，就贵重木材和种类而论，远东地区在全俄占第一位。[①]

森林采伐业和木材加工业是远东地区传统的经济部门，也是远东地区的三大支柱产业之一，在地区经济中发挥着重要作用，在全国也占有重要的地位。在苏联解体前，远东的木材采伐量约占全国采伐量的 10% 左右。苏联解体后，远东林业和木材加工业的生产量急剧下降，在全国的比重明显下降，由 1990 年的 8.4% 降至 1995 年的 5.4%。[②] 这是因为实施私有化改革后，远东地区原有的各林业局被改造成股份公司，而在各股份公司以下又设有数量不等的个体所有的森林采伐企业。由于这些企业的自有资金很少，生产规模不大。加之市场经济改革以来，国内运输费用迅猛上涨，

---

① 侯建筑、剑泉、段新芳等：《中俄远东地区木材贸易问题与对策研究》，《林业科技》2008年第 1 期。

② 《俄罗斯远东地区的林业与木材加工业》，http://www.wood168.net/woodnews/8100.html。

迫使远东中断了与传统业务伙伴的经济联系。特别是随着远东市场的开放，国外大量优质产品和半成品大批涌入，对远东的木材加工业带来巨大的冲击。

目前，远东森林工业所面临的问题主要是木材加工业薄弱，每年只有47%的木材制成加工品。远东的木材出口带有很大的粗放性，在出口结构中未经加工的原木占有很大比重。出现这种状况的原因在于缺少资金和技术，不能更新已经严重老化的机器和设备，木材加工技术落后于世界先进水平。加之远东林区人口流失严重，劳动力不足，导致森林采伐和加工人员不足，严重影响远东地区森林资源的开发和利用，目前远东地区潜在的森林资源得到利用的仅有1/3左右。

在这种情况下，俄罗斯政府一直积极寻求与外国合作开发远东和西伯利亚的森林资源，并把开发森林资源作为带动远东经济发展的重要动力。远东地区的各个联邦主体也在积极寻找国外合作伙伴，希望引进外资和劳动力以及先进的设备、技术和管理经验，从而为远东森林工业的发展注入活力，同时也为远东增加就业岗位。

东北地区是我国森林资源分布最为集中的地区，也是我国最重要的木材产品生产基地，在我国的林业生产中占有重要的地位。在实施天然林保护后，东北地区的商品木材产量仍占全国的1/4左右，东北地区的制浆造纸和人造板工业也有一定优势。① 此外，我国东北林区拥有一大批业务过硬的林业技术人员和劳动力资源，他们在森林采伐、木材加工、人造板生产、家具制造等方面都有较丰富的经验。

远东与东北地理位置相邻，加强两地之间森林资源的开发与合作，不仅有助于促进中俄林业企业的成长壮大，而且也有利于增加当地居民的就业，带动当地的经济增长。事实上，自20世纪80年代中俄两国边境地区开放以来，中国东北地区的一些企业已积极开展与远东地区企业的林业合作。经过多年的摸索和发展，目前双方已开展了多种形式的合作，包括木材贸易，主要是边境小额贸易，以及劳务合作，主要是中方劳务人员到远东从事森林采伐与木材初加工等劳务服务。此外，还有一些中国企业到远

---

① 贾骞、赵戈、刘国珍：《对我国林业产业发展有关问题的思考》，《中国林业企业》2002年第6期。

东租赁或承包林地，进行森林采伐和木材初加工等，并取得了较好的经济效益。

俄罗斯政府为减少原木出口，促进本国木材加工业的发展，于 2007 年 7 月 1 日大幅上调俄罗斯原木出口税率。俄罗斯政府希望通过政策的引导，使今后东北同远东林业领域的合作逐渐转向在远东地区开展投资合作，建立加工企业，更新林业设备，不仅进行初级加工，还要进行深加工。[①] 因此，未来将会有更多东北地区的木材加工企业转移到远东境内，开展加工合作。

四 农业开发与合作

由于自然地理和气候的缘故，远东地区的农业在全国很不发达，农业从业人口仅占全区就业人口的 8% 左右，2008 年远东农业总产值仅占该地区生产总值的 5.6%。远东农业包括种植业和畜牧业两方面，其中种植业产值占全地区农业产值的比重约为 1/3。[②] 种植业主要集中在南部气候较适宜的海滨边疆区、哈巴罗夫斯克边疆区和阿穆尔州（见表4-1），主要种植小麦、豆类、土豆和蔬菜等农作物。畜牧业分布地较为广泛，遍及远东各边疆区和州，主要有牛、羊、猪、禽类饲养业和养鹿、养马业等。[③]

表 4-1 1991~2009 年远东地区农业发展情况

单位：亿卢布,%

	1991 年	1995 年	2000 年	2005 年	2006 年	2007 年	2008 年	2009 年
远东农业总产值	0.12	83.15	259.06	532.21	614.77	616.31	726.65	857.23
萨哈（雅库特）共和国	13.7	20.0	20.6	22.9	21.3	23.0	21.5	19.8
堪察加边疆区	6.5	7.8	6.4	6.1	6.7	4.7	5.4	5.1

---

① 申高兹：《俄罗斯远东的林业综合体开展对外合作的潜力》，《西伯利亚研究》2006 年第 1 期。

② 李传勋：《转型期的俄罗斯远东》，哈尔滨工程大学出版社，1998，第 115~116 页。

③ 崔建平：《俄罗斯远东地区生活资料生产情况》，《俄罗斯中亚东欧市场》2006 年第 5 期。

	1991 年	1995 年	2000 年	2005 年	2006 年	2007 年	2008 年	2009 年
滨海边疆区	26.6	22.6	20.5	20.2	22.1	19.7	21.5	25.4
哈巴罗夫斯克边疆区	16.1	13.7	14.9	17.1	16.3	15.5	14.4	14.7
阿穆尔州	20.2	17.5	25.2	18.4	18.0	20.2	20.9	19.8
马加丹州	6.5	2.3	1.4	1.3	1.3	1.7	1.8	2.0
萨哈林州	10.4	10.6	7.2	7.7	7.9	8.2	7.5	7.3
犹太自治州	—	4.2	3.5	5.8	5.7	6.2	6.3	5.8
楚科奇自治区	—	1.3	0.3	0.5	0.7	0.8	0.7	0.1

资料来源：葛新荣：《俄远东地区农业经济发展的现代化诉求》,《西伯利亚研究》2011 年第 5 期。

在苏联时期，尽管国家为发展远东农业投入大量资金并采取了许多促进措施，但远东的农业发展依旧落后，人均农作物产量和畜产品产量均低于全国平均水平。粮食、蔬菜、肉、奶等主要农产品不能自给，需要从外地调入。进入 20 世纪 90 年代以后，随着向市场经济的转轨，国家对农业的支持力度大幅下降，政府不仅大幅减少对远东农业的财政拨款，而且也停止对农产品差价进行补贴。大规模的激进改革导致远东地区的农业投资严重不足，直接影响了远东农业企业的农机设备的保障率，1992 年远东地区农业企业拥有的拖拉机比 1990 年减少 1/3，饲料收割机减少 64%，谷物联合收割机减少 2/3，载重汽车减少 1/6。远东地区的农业物质技术基础本来就薄弱，而 1992 年国家物价放开后，工农业产品的"剪刀差"加大，受此影响远东农业企业的收入大幅减少，许多企业出现亏损。资金严重短缺还使得远东地区的农作物播种面积缩小，牲畜存栏数也大幅度减少，远东农业陷入持续衰退状态。与 1990 年相比，2010 年耕地面积减少了 18.6%。其中，谷物播种面积仅为 1990 年的 33.6%，蔬菜播种面积为 78.3%，马铃薯播种面积为 82.4%。同样，资金不足导致饲料供应不足，致使远东地区大牲畜和禽类的饲养数量大幅下降。2010 年远东联邦区大牲畜存栏数仅为 45.42 万头，比 1990 年减少了 125.48 万头。① 持续多年的农

---

① 杜康、盖莉萍：《俄罗斯远东联邦区农业种植业调查》,《西伯利亚研究》2013 年第 3 期。

业危机使得远东农产品和食品的供求矛盾越来越突出，大量进口食品充斥市场。

进入 21 世纪后，随着国家经济的复苏，以及国家新的农业发展政策和措施的顺利实施，远东农业在经过了 10 年低谷后开始复苏，农业产值出现上升趋势。但是，由于远东农业技术水平和农业生产手段落后，以及农业劳动力短缺问题没能有效解决，所以，远东的农业发展不够稳定，农业生产力水平低下、农产品不能满足当地居民需求的问题依然存在。

远东地区农业发展落后以及农产品市场日益突出的供求矛盾引起俄罗斯政府的高度重视。为促进远东地区的农业发展，俄罗斯政府出台优惠政策吸引外商投资远东农业，也下放权力使地方政府有权将土地对外出租和调整土地租金，同时放宽劳务许可政策等。远东各地方政府希望与中国边境地区开展农业合作，发展农业生产。希望吸引中国的资金和技术，促进远东地区农业发展，保证当地居民的食品供应。

远东地区巨大的农业发展空间以及俄罗斯政府的鼓励政策，为我国东北地区与远东开展农业合作提供了良好的机遇。中国是个农业大国，改革开放以来，农业取得了举世瞩目的成就。东北地区又是我国重要的商品粮和农牧业生产基地，是我国农业资源禀赋最好、粮食增产潜力最大的地区。东北地区的农业企业长期以来积累了一定的物质和技术基础，特别是锻炼和培养了一大批有技术、有经验的农业劳动者和企业经营管理人员。事实上，由于东北与远东毗邻，且两地气候相差不大，加之进行农业开发的初期投资不大，风险也比较小，所以，在地方政府的推动下，目前，东北地区的许多市县已经与俄罗斯远东和西伯利亚地区开展了农业合作，包括在远东地区开展农作物种植合作、农产品加工合作以及农业科技合作等。据黑龙江省商务厅统计，截至 2009 年底，黑龙江省已在俄罗斯开发农产品基地面积达 520 万亩。全省已有 34 个县（市）走出去，分别与俄罗斯各地区签订了境外农业开发合作协议，建立境外粮食、蔬菜种植、畜牧养殖和农产品加工基地等重点项目 158 个，在合作过程中，对俄劳务输出累计已超过 5 万人次。

展望未来，由于远东和东北两地在农业领域的互补性较强，东北具有丰富的劳动力资源以及现代农业的种植和管理经验，农产品品种多，农业实用技术先进，而远东具有丰富的土地资源和较大的农产品市场。因此，两地可在农产品贸易、农业劳务、农业技术交流和投资等方面展开广泛的合作。[1]

五 渔业资源开发合作

远东地区三面临海，海岸线漫长，鱼类资源十分丰富。根据俄罗斯水产和海洋学研究院的统计，俄罗斯已探明的水生物资源储量约为 700 万吨，其中 70% 集中在远东地区。远东地区是俄罗斯最大的捕鱼区，也是世界著名的渔场。远东渔业在全国渔业中占有举足轻重的地位，远东海域年捕鱼量达 300 万吨左右，约占全国捕鱼总量的 65%，其海洋捕鱼量占全国海洋总捕鱼量的比重达 90% 以上。[2] 丰富的海洋生物资源为远东发展渔业加工业创造了得天独厚的条件，所以，渔业是远东地区的支柱产业之一，渔业产值约占远东工业总产值的 1/5。[3] 对于远东来说，渔业不仅是地方税收的主要来源部门，而且也是为当地居民提供就业岗位的重要部门，在国民经济和对外贸易中发挥着重要的作用。

在 20 世纪 50~70 年代中期，由于当时政府重视渔业，把渔业作为食品工业的优先发展方向，所以这一时期渔业快速发展。苏联的鱼类捕捞量从 1950 年的 175 万吨猛升到 1976 年的 1000 万吨。到 20 世纪 70 年代后期，远东渔场的生产能力进一步加强，已经具有自己的码头、拖网渔船队、修理厂和远程无线电通信站等各种生产技术设备。20 世纪 80 年代初，远东渔船发动机总功率以及鱼类加工能力均占全苏的 1/3 左右。到 1988 年远东渔船队迅速扩大，已发展成拥有 1241 艘大中型船只的船队。远东渔船队主要进行远洋捕鱼，远东远洋舰队的快速发展确保了远东巨大的远洋捕捞力量。1988 年，远东捕鱼量达到了高峰，远东渔业各类捕捞量达到 495.5 万吨，苏联成为当时世界远洋渔业强国。

在苏联实行计划经济体制时期，国有企业占主导地位，远东 90% 以上的鱼类产品都是由国营渔业企业生产的。苏联解体后，俄罗斯开始向市场

---

① 党国英、吴国宝、权兆能、刘燕生：《俄罗斯农业发展及中俄农业合作前景》，http：//www.cass.net.cn/file/20100520268749.html。

② 王殿华：《中国与俄罗斯渔业合作的潜力分析》，《俄罗斯中亚东欧市场》2006 年第 11 期。

③ 崔亚平：《俄罗斯远东渔业的现状与未来》，《俄罗斯中亚东欧市场》2011 年第 1 期。

经济转轨，远东的渔业部门也进行了大规模的私有化改革。市场化改革不仅使远东渔业失去了国家政策的支持和财政补贴，而且也导致原有的大型企业被分割，捕捞企业和加工企业之间的联系遭到破坏。受此影响，远东地区的渔业与其他经济部门一样经历了严重的危机，海产品捕捞量大幅下降，鱼类和其他海产品加工量也急剧减少（见表4-2），许多渔业企业陷入亏损状态。需要指出的是，即使是在远东渔业陷入危机的时期，远东的渔业产量在全国也仍然占有举足轻重的地位。比如，1993年是远东渔业产量最低的一年，在这一年远东仍然提供了占全国56%的食用鱼、60%的鱼粉和45%的鱼罐头。① 从1995年起远东渔业捕捞量停止下降，开始出现明显的回升，当年捕捞量达278.3万吨，但也仅相当于历史最高水平的1988年捕捞量的一半左右。2011年远东鱼类和海产品捕捞量也只有280多万吨。

表4-2 俄罗斯远东渔业和鱼类加工产品产量

项 目	1985 年	1990 年	1991 年	1992 年	1993 年	1994 年
捕捞量（万吨）	419.30	462.80	406.20	313.00	271.50	221.20
食品（包括罐头）（万吨）	193.40	223.56	200.26	165.51	142.91	111.55
罐头食品（百万听）	1303.40	1319.00	1041.80	704.20	421.90	—
非食用产品（万吨）	55.19	50.27	45.32	31.67	22.42	19.31
其中鱼粉（万吨）	29.97	31.57	24.53	16.07	14.34	12.26

资料来源：赵海燕：《俄国远东渔业发展问题》，《西伯利亚研究》1998年第3期。

可见，相对于苏联时期，远东的渔业捕捞量已经大幅减少。而且，目前远东渔业的发展存在许多亟待解决的问题。一方面，过度捕捞导致渔业资源大幅度减少，远东地区的捕鱼量难以大幅增长。另一方面，为防止过度捕捞，合理配置渔业资源，俄罗斯政府在2000年12月颁布决议，对本国的内陆海域、领海、大陆架和特殊经济区的各类水产生物资源实行定额捕捞制度。2001年3月，俄罗斯还成立了工业捕捞定额招标委员会，负责定额招标工作。2007年9月，普京总统批准成立国家渔业委员会，专门负责管理国家的水资源捕捞、保护、加工和发展等一系列问题。尽管如此，

---

① 崔亚平：《俄罗斯远东地区生活资料的生产情况》，《俄罗斯中亚东欧市场》2006年第5期。

远东渔业领域中非法捕捞和非法销售等各类违法现象一直十分猖獗，这不仅冲击了国内的海产品市场，使合法的渔民不能获得应有的利润，而且减少了国家应收的纳税额，给国家造成严重损失。2006 年 8 月，远东总统代表伊斯哈科夫在接受《滨海渔民报》记者采访时表示：当前的首要任务是规范渔业领域的捕捞秩序，杜绝各类违法犯罪行为的发生。

远东虽然渔业资源丰富，但加工能力较弱，资源利用率低。目前，远东地区的加工能力不超过 6 万吨，而远东每年的捕捞量却超过 200 万吨。[①] 所以，每年都有大量捕捞出来的海鱼被运到国外进行加工，然后再以制成品的形式返销俄罗斯，致使国家利润大量流失。俄罗斯希望改变远东的渔业出口结构，希望出口有技术含量的高附加值的深加工产品，而非未经加工的资源。

此外，由于资金短缺，不能及时维修、更新和改建各种基础设施和设备，因此远东的捕捞船和沿岸作业企业的相关基础设施和设备老化现象严重。多数渔船及相应设备已接近使用年限，而且原有船舶设备及船队的结构已经不能适应渔业的发展需求。远东船队中大型船只所占比例过高，小型船只数量过少，这种船只结构不利于近海水域作业，不利于捕捞 200 海里专属经济区内的小鱼群。由于不能及时购置和配备各种现代化的船只和设备，不能充分利用海洋资源，远东渔业的进一步发展受到制约。

虽然远东地区的鱼产品捕捞量占全国的绝大部分，但是由于距离遥远，远东的鱼产品很难销售到国内其他地区。因为长途运费高昂，销售环节增多等原因，远东鱼产品在国内其他地区的售价过高。2009 年远东地区的鱼类运到中西部地区每公斤要增加 10 卢布运费，这样在国内中西部地区远东鱼类的价格反而超过了当地的进口鱼价。比如，太平洋鲱鱼在远东当地的批发价为每公斤 25 ~ 30 卢布，而运到莫斯科后售价就升为 35 ~ 40 卢布。由于售价高于当地的进口同类品价格，远东的鱼类产品难以在中西部扩大销路，因此国内中西部地区的水产市场长期被外国鱼产品占领。为此，远东渔业企业呼吁政府提高进口关税。

俄罗斯政府意识到为了重振国家渔业，保障远东渔业资源可持续发

---

① 俄罗斯之声网：《控制外流：俄将在远东建渔业加工群》，http：//radiovr. com. cn/2013_09_28/244578649/。

展，就必须改善远东渔业的基础设施，加快远洋渔船的建造以及专业人才的培训等，而这些目标的实现都离不开与外国的合作，特别是与技术领先的世界主要发达国家的合作。2006 年 5 月，俄罗斯农业部长戈尔杰耶夫在参加远东举行的渔业问题会议上宣布，俄罗斯远东渔业的优先任务之一是扩大与日本、韩国和中国等国的国际合作。为了吸引国外商家前来远东投资渔业，俄罗斯政府计划在远东滨海边疆区建立渔业加工企业基地。希望通过创建这样一个平台，扩大与周边国家在渔业深加工领域的合作，继而提升远东渔业出口的附加值。据悉，目前日本方面对此已经表示出兴趣，韩国也有意对远东渔业领域进行投资。

中俄两国山水相连，两国的边境地区有着长期密切的渔业生产和水产品贸易历史。中俄两国政府一直高度重视两国在渔业领域的合作，早在1988 年两国政府就签订了《中苏渔业合作协定》，鼓励两国相关部门在渔业捕捞、水产品运输、水产养殖业、海产品加工和造船及船舶维修等方面加强合作。1994 年两国签订了《中俄关于黑龙江、乌苏里江边境水域合作开展渔业资源保护、调整和增殖的议定书》。2012 年 12 月在中俄总理第十七次定期会晤期间，两国总理签署了《中俄关于预防、阻止和消除非法、不报告和不管制捕捞海洋生物资源的合作协定》，随后两国相关部门就落实上述文件的具体实施细节进行了磋商。总之，在两国政府政策的推动下，两国渔业领域的合作与交往不断拓展和深入。

俄罗斯政府欢迎中方合作伙伴到远东地区投资，共同发展捕鱼、渔业加工、水产品养殖等项目。远东各地方政府及各渔业公司为提升本地区的渔业技术、吸引外部资金和人才，也积极欢迎包括中国在内的外商赴远东建立渔业生产联合企业，开展渔业生产和科学技术方面的合作。展望未来，东北地区与俄罗斯远东地区在渔业领域的合作主要有以下几个方向。

首先，加强渔业捕捞和水产品养殖方面的合作。远东地区渔业资源丰富，1988 年远东地区的鱼类和海产捕捞量为 495.5 万吨，是历史最高水平，此后苏联解体和市场经济改革造成国内局势动荡和经济危机，导致远东渔业陷入危机，捕捞量逐年下降。虽然 1995 年以后远东渔业捕捞量和加工量有所回升，但至今未达到改革前的水平。俄罗斯希望大力推进远东地区的渔业发展，因为远东地区的渔业基础好，近海渔业资源和淡水渔业资源都相当丰富，渔业又是远东地区重要的工业部门，但由于缺乏资金、技术和经验，远东的渔业发展受到限制。而中国目前在水产品生产方面居世界领先地位，在海洋生物资源捕捞方面，中国每年的捕捞量约为1500万～1600万吨，居世界第一位；在水产养殖方面，中国每年养殖的水产品大约为4300万～4500万吨，也居世界领先地位。① 但是中国长期以来对水生物资源过度开采，使得中国国内的海洋捕捞量已经接近自然资源的极限。所以，中国也希望同俄罗斯加强这方面的合作，充分利用远东的水生物资源进行渔业资源开发。中国政府鼓励中方渔业企业到远东开展渔业捕捞和养殖方面的合作，包括租赁或承包俄罗斯渔场、渔船，进行捕捞和养殖合作。目前，中俄两国在海洋捕捞方面已达成两项合作共识，一是关于开展渔业合作，俄方同意在其专属经济区给予中方捕捞配额，中方给予俄方相应的经济补偿。双方在开展捕捞领域合作的同时，共同致力于研究、保护渔业资源，确保渔业资源可持续发展。二是为预防非法捕捞现象的发生，中俄两国将建立海上执法安全合作机制。

其次，加强两国在渔业加工领域的合作。远东地区渔业资源丰富，但加工能力比较薄弱，资金短缺、设备老化，致使远东渔业加工企业的生产成本上升。由于当地加工能力有限，加工品种少，因此远东地区的渔业资源利用率低，每年有大量未经加工的渔业资源出口到国外。为改善远东地区的渔业出口结构，减少资源出口，提高附加值高的渔业深加工产品出口，远东急需与国外合作改善加工设备、提高渔业加工技术水平。中国在近几十年间在渔业水产品加工业领域发展迅速，在国际市场上也具有较强的竞争力。中方相关企业到远东开展渔业产品精细加工领域的投资合作有良好前景。因此，东北地区在加大与远东地区的水产品贸易的同时，可以到远东投资办厂，建立渔业生产联合企业；也可以通过建立海产品贮存、加工与贸易基地，同远东开展渔业加工合作，提升远东地区水生物资源的利用率。远东地区的渔业基础好，主要捕捞区距港口和加工综合体近，而且远东是俄罗斯最大的鱼类加工及罐头制品生产区，在俄罗斯国内拥有绝对的市场份额。据国家统计局的统计，2012年远东联邦区的鱼类和鱼类产品的产量占全俄总产量的60%。两地开展渔业

---

① 〔俄〕尤里·鲍雷罗夫：《俄罗斯和中国：水产业合作前景》，http：//www. asiadata. ru/？lang = zh&id = 2988。

合作不仅可以充分发挥我国的渔业优势，而且还可以带动中国的劳务出口，促进两地经济共同发展。

最后，加强界江水域的船舶监管合作。近年来，两国在中俄界江水域的船舶数量逐年增多，水域船舶通过密度不断加大。为加强界江航行安全管理，需要加强中俄双方在船舶航行安全、污染信息通报以及水上应急反应机制建设等方面的沟通与合作。为推动中俄船海领域的科技合作，2007年11月，黑龙江省中俄船舶与海洋技术合作中心在哈尔滨工程大学挂牌成立，这是我国首个在船舶与海洋技术专项领域开展对俄科技合作的机构。2013年5月，中俄两国界河船检机构合作会议在哈尔滨召开，双方商议加强两国在船舶检验业务与信息方面的交流与合作，推进中俄船舶检验合作机制，鼓励开展船舶修造与贸易合作，为强化两国界江安全监管、提高口岸通关效率、促进中俄航运业的健康发展奠定良好基础。

六　基础设施领域的合作

基础设施是保障经济增长的重要前提之一，它不仅关系到生产与发展，而且也与居民生活质量和社会福利水平密切相关。完善的基础设施对加速社会经济活动、合理化经济布局起着巨大的推动作用。远东地区基础设施薄弱，在苏联时期，远东作为全国重要的军工生产基地，长期实行与外界隔离的封闭政策，致使该地区的基础设施建设不能与社会发展同步，落后于国内其他地区。向市场经济转轨后，持续多年的经济危机造成地区经济实力下降，使远东地区基础设施落后的面貌难以得到根本改变。远东的公路运输业是在第二次世界大战后发展起来的，目前，远东地区的交通运输设施老化、破损状况较为严重。同俄罗斯其他经济区相比，远东地区的公路汽车运输业比较落后。以1991年为例，远东的汽车公路密度居俄罗斯各经济区倒数第一位；汽车公路总长度约为5.1万公里，仅为全俄平均水平的1/5。此外，远东地区的公路网分布极不平衡，71%的硬面公路都集中在南部地区。[①] 在铁路运输方面，目前远东境内仅有两条铁路干线，即西伯利亚大铁路和贝阿铁路。在两者之间连接着三条纵向铁路，此外在

[①] 马蔚云：《俄罗斯远东公路运输业现状与发展趋势》，《俄罗斯中亚东欧市场》2005年第5期。

萨哈林岛上有一条纵贯南北的地方铁路。远东地区的铁路分布也主要是在南部的滨海边疆区、哈巴罗夫斯克边疆区、犹太自治州、阿穆尔州等地区。而位于北部地区的一些地区，如萨哈（雅库特）共和国、马加丹州、楚科奇自治区至今还没有铁路线贯通。①

远东地区港口众多，在太平洋沿岸，从南到北分布着 32 个港口，其中商港 22 个，渔港 10 个。在这些港口中，年货运量在 100 万吨以上的港口有 7 个，分别是东方港、纳霍德卡港、符拉迪沃斯托克港、瓦尼诺港、波西埃特港、彼得罗巴甫洛夫斯克港和马加丹港。近年来，随着远东出口量的不断扩大，远东地区港口吞吐量小、基础设施不完善等问题日益突出。②

运输业是维系一国或地区社会生产和人民生活正常进行的必要条件，也是保障地区经济发展的基础产业。远东地区由于铁路、公路等运输能力低、港口的吞吐量小，不能满足地区经济社会发展对交通运输的需求，不仅制约了远东地区的经济发展，也影响了该地区与东北亚各国的经贸联系。除了交通运输业外，远东地区的输电线路、机场基础设施、城市供水管道以及通信线路等基础设施也需要改造和更新。此外，远东地区的居民住房已经严重老化，亟待改善更新。

为了加快上述远东地区的各种基础设施建设，俄罗斯政府在加大预算投入扶持力度的同时，也积极采取措施鼓励和吸引外国投资者参与项目的建设。2011 年 11 月，俄罗斯总统助理阿尔卡季·德沃尔科维奇曾在亚太经合组织峰会上表示，2012 年俄罗斯担任亚太经合组织（APEC）主席国期间的优先工作方向之一是邀请外国投资者参与远东地区的交通和能源基础设施建设，具体包括参与远东的港口、铁路和公路建设等。他还表示，俄罗斯有发展远东基础设施的宏伟计划，目前正在与亚太地区的合作伙伴日本、韩国进行有关共同发展这些基础设施的谈判。

完善的基础设施也是确保两地区域合作成功的一个重要条件。中国特别是东北地区的相关企业可以认真研究、积极参与俄罗斯远东地区的基础

---

① 于晓丽：《俄罗斯远东交通运输中的问题及解决办法》，《俄罗斯中亚东欧市场》2004 年第 9 期。

② 刘慧丽：《俄罗斯远东地区港口概览》，《俄罗斯中亚东欧市场》2006 年第 5 期。

设施建设，特别是边境口岸交通等基础设施建设。加强两地基础设施领域的投资合作，还可以借机扩大对远东的建筑材料和配套设施的出口，为深化双方的经贸合作奠定坚实的基础。因此，有实力并有意向开拓俄罗斯市场的中国企业应在充分论证可行性的基础上，争取有前途的大项目合作，包括公路交通网建设、城市住宅建设、港口建设等。

七　旅游领域的合作

旅游业作为对外交流中的新兴产业，也是中俄区域合作的一个重要方面。发展跨国旅游合作不仅可以推动两地间的人员和文化交往，扩大两地的商品及服务流通，而且可以推动当地的基础设施建设，拉动地方经济的发展。对于东北和远东地区来说，开展跨境旅游合作还可以推动地区产业结构升级转型。因为旅游业的发展能够带动地区交通运输、城市建设、商贸、餐饮住宿、文化娱乐等行业的发展，从而提高地区现代服务业的整体发展水平，提高第三产业在经济发展中的比重。

中俄两国政府十分重视开展旅游合作，2005 年 8 月双方签订了《中俄旅游互免签证协定》，2011 年 10 月在《中俄总理第十六次定期会晤联合公报》中指出："双方将积极协助 2012 年在中国成功举办'俄罗斯旅游年'，2013 年在俄罗斯成功举办'中国旅游年'。"希望通过互办旅游年，把旅游业作为一个新的经济增长点来带动地区经济的发展。

中俄地区的旅游合作是中俄旅游业合作的重要组成部分，远东地区的旅游资源丰富，这里不仅有优美的自然风光，而且还拥有独特的俄罗斯民族文化。同样，中国东北地区也具有发展旅游业的得天独厚的优势。这里自然景观壮美，拥有闻名中外的冰雪旅游资源，还有众多历史文化古迹和绚丽的民族风情。远东和东北两地丰富的旅游资源，以及地理毗邻、交通方便的地缘优势，为两地开展跨国旅游合作提供了良好的基础条件。

由于地缘环境方面的因素，俄罗斯游客非常热衷于到中国东北地区旅游，主要形式是购物旅游。据俄方统计，2008 年大约有 200 万名俄罗斯公民因各种目的赴中国旅游，到远东与外贝加尔地区旅游的中国游客占当地接待外国游客总数的 56%，俄罗斯远东公民赴中国旅游的人数占其出境游人数的 96%。① 中国公民到远东旅游相对较少，主要原因是远东地区的旅游基础设施相对落后，以及远东一些宾馆的食宿费用和交通运输费用相对较高等。

近年来，在两国政府的推动下，东北和远东两地之间旅游业的合作不断深入。中俄边境地区的旅游形式已经由最初的边境一日游、边境多日游、购物旅游发展到购物加观光旅游、购物加度假旅游等多种形式。中俄旅游互访人数也快速增加，黑龙江省由于地缘优势和边境口岸众多，在中俄边境出入境旅游中占重要地位。据相关统计数据，每年从哈尔滨市出发赴俄罗斯边境旅游的人数占全国赴俄罗斯边境旅游的绝大部分。2011 年，中国成为俄罗斯第二大出境游目的地，俄罗斯也成为我国第三大境外客源地市场。在这其中，经由黑龙江省进入中国境内的俄罗斯游客达 146.34 万人次，占全国入境俄罗斯游客的 57.7%；由黑龙江出境赴俄罗斯旅游的游客为 42.7 万人，占全国赴俄旅游人数的 52.8%。② 伴随着中俄两国经贸合作关系的发展，两国边境旅游合作发展快速，并且呈现出从边境口岸向腹地延伸、旅游人数逐年上升的趋势。

目前，两国边境地区的旅游合作已经成为繁荣边疆经济、改善地方经济产业结构、促进外向型经济发展、增加地方财政收入，以及发展对俄经贸关系的重要渠道。为推动两地跨境旅游合作，双方需要继续完善各自的旅游基础设施及服务，加强边境旅游管理，规范旅游企业的经营行为，提高双边旅游从业人员的职业素质。另外，要结合两国边境地区客源市场的需求，加快双边旅游资源和产品开发，努力打造中俄跨境旅游的特色品牌。大力发展商务旅游、会展旅游、休闲旅游和生态旅游等具有地方特色的旅游路线。同时，要加大宣传促销力度，积极开拓新的客源市场，要充分利用各种旅游交易会和节庆日活动等机会扩大宣传。要密切两地旅游机构的合作，共同开展旅游营销活动。在积极开展区域内旅游合作的同时，积极扩展经营范围，努力把两地变成中俄旅游的枢纽和中转地，引导两国游客经由本区域向两国腹地延伸，从而扩大两地的旅游规模。

---

① 〔俄〕布雷：《21 世纪初中俄在远东地区的合作成果》，《西伯利亚研究》2009 年第 4 期。
② 王媛：《中俄旅游合作：龙江全力打造中俄旅游交流大通道》，哈尔滨新闻网，http：//har-
　bindaily. my399. com/system/20120616/000406311. html，2012 年 6 月 16 日。

第二节　东北与远东区域经济合作的模式选择

一　区域经济合作模式的构想

东北和远东地区的经济互补性较强，两地开展区域合作有利于促进经济发展。但是，采取何种有效的合作模式才能把两地经济组织起来，将互补性变成经济的互利性，实现共同发展的目的，这是近年来两国相关部门和学术界所关注的研究课题。所谓区域经济一体化的模式，就是指一国或地区为在合作中带来确定的或更大的收益，而与他国或地区采取的经济一体化合作的安排。

鉴于远东和东北之间的合作属于次区域合作，两地间不仅社会制度不同，而且经济运行体制、技术发展水平也不同，特别是两地在历史文化方面存在巨大差异。因此，在短时期内无法实现两地间经济的统合，只能采取循序渐进的方式，以边境地区和各中心城市为核心，促进两地区域经济合作与交流的不断扩大。因此，促进两地之间经济合作与交流的有效模式应当是：以边境经贸合作为依托，以双方的中心城市为核心，以双方优先合作领域的开发合作为切入点，通过能源和资源开发，以及森林工业、农业等领域的大项目合作，点面结合，全面展开。通过减少两地之间商品、人员和资金的流动障碍，扩大两地之间产业的跨国联合，加强区域内的内部协调，有效地开展区域专业化分工，减少相互之间的无效竞争。最终实现生产要素的优化组合，提高经济效益，达到共同发展的目的。

加强两地合作之所以要以边境地区的经贸合作为依托，是因为中俄两国有着漫长的边境线，边境地区作为两国睦邻友好合作的前沿和重要平台，在双边经贸合作中占有重要的地位。边境地区是两国政治、经济、文化力量的交汇处，因此自然成为地区开展区域经济合作的中介和先导。对于两地开展区域合作来说，边境地区是一种永恒的资源。由于在短时期内两地之间的经济合作难以全面展开，所以必须以边境合作为依托，在边境地区合作发展的基础上逐步推进，实现边境地区与中心城市的优势互补，并最终实现由以边境地区为主的局部合作向以中心城市为支撑的区域合作转变。

以双方优先合作领域的开发合作为切入点，是立足于中俄毗邻区域在资源、产业结构、技术、资金、市场需求方面的互补性，由两地的现实经济条件所决定的。因为在这些领域双方的优势差异和发展差异较大，且开展合作对经济的推动作用较大。通过消除或减少两地在政策和体制方面的障碍，促进两地在上述优先合作领域的合作，积极打造以物流为载体，集现代物流、出口加工、国际贸易、跨国旅游为一体的边境经济合作区。通过促进区域内各类生产要素的合理流动，实现优势互补。整体提升中俄边境区域的对内对外开放水平，将中俄毗邻地区打造成最具竞争力和吸引力的经济发展区域，最终实现区域共同发展。

二　区域合作模式的构建基础

构建中俄毗邻区域的经济合作新模式，必须立足于中俄两国的国情。远东与东北之间有着漫长的边界线，众多的边境口岸和城市，为发展两国边境和地方贸易创造了有利条件。事实上，边境地区由于地理位置毗邻，口岸与铁路、公路、水路相通，相互往来便利，使得边境地区已经成为中俄区域合作的先导。自从 1983 年中俄两国恢复边境贸易以来，边境地区的经贸合作规模持续扩大，合作领域不断拓宽。边境地区的经贸合作已经成为双边经贸合作的重要组成部分，在两国经贸关系中占有重要的地位，见表 4 - 3。

表 4 - 3　2002 ~ 2008 年中俄贸易额和中俄边境贸易额

单位：亿美元，%

年　份	中俄贸易额	中俄边境贸易额	中俄边境贸易额占贸易总额的比重
2002	157.7	31.7	20.1
2003	157.9	35.2	22.3
2004	210.0	42.0	20.0
2005	278.5	55.7	20.0
2006	299.5	62.0	20.7
2007	481.4	78.4	16.3
2008	568.0	100.1	17.6

资料来源：常乐：《中俄边境贸易发展研究》，《合作经济与科技》2009 年第 18 期。

从表 4 - 3 可以看出，进入 21 世纪以来，两国的边境贸易额每年都有较大幅度的提高。即使是在 2003 年中俄双边贸易额有所减少的情况下，两国的边境贸易额也在增长。在 2002～2006 年，两国的边境贸易额在中俄双边贸易额中所占的比重一直在 20% 左右。此后两年比重虽有所下降，但是对远东和东北两地来说，边境贸易不仅极大地促进了边境口岸城市的发展，而且也带动了地方生产型、贸易型企业的发展，为实现兴边富民、安邦睦邻做出了重要的贡献，也成为当地政府财政收入的主要来源。边境经贸合作已经成为东北地区和远东地区经济发展的重要推动力。

目前东北和远东之间的合作只是一种低层次和初期形态的合作，尚不是严格意义上的区域经济合作，而是两国毗邻地区按照历史的经济联系和现实的经济发展需要，在自愿互利的基础上建立的合作组织。随着中俄两国经贸合作领域的逐步扩大，其经济联系日益密切，协调两国边境地区的发展战略因而更具有迫切性和现实意义。一方面，边境地区间的经贸合作尚有很大的潜力需要挖掘；另一方面，目前在中俄毗邻地区随着经济联系的加强正呈现出区域经济一体化的雏形，需要两国政府及相关部门进一步探索扩大及深化这种合作的途径和办法。

三 区域经济合作的动力机制

建立有效的合作机制是推动和加深区域合作的制度保障。同其他区域合作的动力机制一样，远东与东北开展区域经济合作的动力机制也分为制度与市场两个方面，即推动区域经济合作的动力机制主要有市场的自发作用和政府相关政策的协调推动作用。

市场机制是促进区域经济一体化发展的主要推动力。所谓市场机制就是指区域内的分工、协作与深化是在市场机制推动下形成的。具体来说，就是区域内商品的集聚与扩散、区域内产业的跨地域重组，以及区域内的分工协作，都是企业出于利润最大化的动机与长远发展的考虑而自行决定的。企业是市场经济的主体，拥有生产经营的自主权。在市场机制的作用下，企业通过竞争实现跨地域重组，实际上是对生产要素的优化配置。企业的跨境重组不仅可以实现优势互补、降低生产成本，而且能够提高生产要素的使用效率，扩大企业的纯收益。由于企业跨地区重组存在一定的风险成本，所以，企业是否跨境重组取决于企业的实力和抗风险的能力。

政府的协调机制主要是指政府通过制定政策和相关的法律法规，对开展区域经济合作进行引导、监督与管理。为推进两地的区域市场整合，需要政府发挥积极的引导作用，包括制定区域合作的整体规划，制定促进市场一体化的政策，通过完善法规和加强监管保障区域市场公平竞争的环境，此外，还需要政府搭建区域合作的信息平台，为市场协作与区域发展提供良好的硬件设施等。当然，中俄都是市场经济体制国家，任何企业都是市场经济主体，都有经营决策的自主权利。政府不能直接干预企业的经营决策，政府的作用只是引导和服务。政府在实现区域经济一体化中的作用不是主体作用，而是一种外在推力。

中俄双方的经贸合作是多层次的，既有政府之间的大项目合作，比如重大能源合作工程、重要基础设施建设等，也有地方、民间的合作。一般来说，政府间的合作项目都是在双方政府已经达成共识的基础上展开的。因此，这类合作项目一般是政府推动在先，然后企业作为主体跟进；而一般的民间合作项目则主要是由企业积极发挥主体作用，在市场这只"看不见的手"的作用下，根据市场规律，为实现企业利润最大化，以国内外市场为导向，自主进行决策经营。企业在开展经济合作过程中，自愿选择合作产品、服务和要素的区位。因此这类项目都是企业在自愿选择的基础上自发形成的区域分工协作关系。

目前远东和东北的区域经济合作还是以市场配置资源的基础性作用为主，即主要是以自发的经贸往来为主，两国相关的法律法规并不完善。也就是说区域市场的扩大和客观融合是在市场机制的作用下自发形成的，并没有超国家的机构进行管理和约束。目前政府的推动作用主要表现在创造良好的中俄区域发展的软环境，如降低税费、减少管制、依法办事、鼓励竞争和提高办事效率等方面。

四　区域经济合作的运行特点

远东与东北的经济合作属于次区域合作。同其他次区域经济合作一样，它具有以下几个特征：一是只涉及成员国领土的一部分，是一个比较小的范围内的经济合作，它是为解决在短期内很难形成整个地区的经济合作这个问题而选择的一种有效方式。二是次区域经济合作的主要目的与内容是促进生产要素的直接流动与合理配置，实现优势互补。如远东和东北开展区域合作的主要目标包括区域基础设施建设与衔接、实现贸易与投资的便利化等。三是相对于中央政府，地方政府在次区域合作中发挥着重要作用。这是因为生产要素跨国界流动，必然需要政府介入进行协调。由于边境地区的地方政府相对于中央政府来说更熟悉实际情况，而且地方政府出面进行政策协调成本较低、风险较小。所以，地方政府促进本地区经济合作比较容易开展，而且容易取得实效。因此，地方政府在区域经济合作中扮演着重要角色。[①]

远东与东北开展区域合作除了具备上述次区域合作的共同特征外，还具有开放性和松散型的特点。因为次区域大都只涉及主权国家的一部分领土，其内部资源是有限的，需要借助外部的力量，补充自身区域内的资源不足，所以必须实行对外的高度开放。特别是远东和东北地区相对两国国内来说，都属于经济欠发达地区，区域内的资金、技术均存在不足。两地发展经济所需的资金、技术及其产品市场都需要依赖本区域以外的地区，特别是远东地区这种依赖性更为严重。这就决定了远东与东北开展区域合作必须采取开放式的合作模式，采取封闭式区域合作方式自然是行不通的。因此，开放性是两地区域合作的一个重要特点，也是一种必然的选择。

两地合作具有松散型特点，这是因为东北和远东作为两国的一部分地区参与合作，所以在合作过程中，一方面其要作为国家的组成部分参与国家间的经济合作与交往；另一方面，地方政府在其行政权限内为谋求合作与发展而展开地方间的区域经济合作。这种多层次的特点决定了区域合作具有松散性、灵活性的特点。在经济合作过程中需要根据实际情况灵活调整，也就是说允许各地区根据自身的经济发展水平、市场开放程度和承受能力，自愿选择合作方式，不具有强制性。在合作过程中，既没有法律和协定的约束，也没有超国家机构进行管理，成员之间以灵活方式进行经济合作。

总之，构建中俄边境区域经济合作模式，要立足于两地现有的经济发展水平。经济协作区是目前两地开展区域经济一体化的主要形式，它是一种初级的、松散的区域经济合作形式，开展区域合作的目的就是通过提高地区的开放水平，促进生产要素更有效率地流动。为此，必须消除和减少政策和体制方面的障碍，共同推动区域市场的形成和发展，促进区域内各

---

① 鲁晓东：《中国与周边国家次区域经济合作》，《国际经济合作》2004 年第 1 期。

类生产要素的合理流动，实现优势互补、互利共赢，通过更大范围的经济合作，整体提升中俄边境区域对内、对外的开放水平。在此基础上，加强两地在能源、交通及其他基础产业和基础设施的建设及合作，以调整产业结构、产品结构和企业组织结构为目的，共同打造中俄毗邻地区最具竞争力和吸引力的经济发展区域，不断提高地区经济效益和挖掘新的经济增长点。相信随着两地经济相互依赖程度的加深，地区经济合作的制度机制也将会逐渐形成并完善。

第五章
东北与远东区域经济合作的路径

第一节 深化边境地区合作

远东和东北地理位置毗邻，相互间有着3000多公里的漫长边界线。长期以来两国边境地区一直保持着互通有无、友好往来的良好传统。边境地区的经贸合作已成为中俄经贸合作的重要组成部分，特别是近年来，随着两国经贸合作的不断深化，边境地区的合作领域不断拓宽，从过去单纯的商品贸易转向多种形式的经济技术合作。边境地区的经济合作，成为推动双方边境地区经济发展的一个重要因素。在当前中俄经贸合作不断深化的新形势下，中俄边境贸易仍具有巨大的发展潜力。特别是《中华人民共和国东北地区与俄罗斯联邦远东及东西伯利亚地区合作规划纲要（2009～2018年)》的签订，给中俄边境的经济合作带来了难得的历史机遇。如何有效推进两地间的合作，将东北与远东地区的经济互补优势转化为实实在在的利益，就需要我们在实践中不断探索和总结。

一 加大边境地区的开放力度

区域一体化的实质就是发挥地区的整体优势，通过合理的地域分工，在区域范围内实现生产要素的优化配置，以提高区域经济总体效益的动态过程。区域一体化的实践表明，区域经济合作的关键就在于促使区域内生产要素更有效率地流动起来，而其前提是实现区域内的市场一体化。所谓市场一体化，即实现货物、服务、人员和资本在区域内的自由流通。可以说市场一体化是区域经济一体化的前提，也是区域经济协作最基本的要求。如果没有市场一体化，其他一体化都将是没有基础的。与市场一体化相对应的概念是地方市场分割，主要是指各地方政府为了维护本地区的利益，通过行政管制手段，限制外地商品、资源进入本地市场或限制本地资源流向外地的行为。东北和远东地区要实现资源的优化配置，就必须促进区域内产品和生产要素的自由流动。为此，首先要加大双方边境地区的开放力度。只有扩大开放，才能实现两地人力、财力及物力资源的跨境流动。也只有这样，才能互通有无，开展大规模的经济开发与合作。

两地开展区域经济合作的进程在很大程度上取决于双方的开放程度，而开放程度从另一个侧面体现出双方的合作诚意。只有在加大开放的基础上，才能推进市场一体化，进而促进投资一体化、金融一体化和人才一体化。为此，东北和远东两地政府和相关部门都应从互惠互利、合作发展的原则出发，取消或者尽可能减少合作过程中的各种壁垒。比如，减少通关环节、提高验放速度、改善两地合作的通关环境。通过人员、资金、技术等生产要素在本区内的自由流动，促进两地企业在贸易、投资和技术服务等领域的合作。另外，两国边境地区在经济合作中应积极实施减免关税、限制非关税壁垒、降低各种收费标准等措施，以降低两地开展合作的交易成本。未来两地可在充分论证可行性的基础上，积极探索中俄双方口岸"两地一检""一地一检""一地共检"以及完全自由进出新模式的可行性和可操作性。最终使两地形成一个相对独立、完整的统一市场，在发展商品贸易的基础上，协调两地的分工协作体系，使本区域的经济逐步融为一体。

总之，实现区域一体化的基础是实现区域市场一体化，取消或减少东北和远东之间阻碍产品和各种生产要素自由流动的行政因素和经济障碍，提高区域内资源的配置效率，这是加强中俄边境合作的重要路径之一。

二　大力发展边境出口加工业

为充分发挥两国边境地区在经济结构和资源禀赋上的互补优势，需要积极推进两地在相关领域的投资合作。对于中国东北地区来说，要充分利用与远东距离较近、运输方便、文化又比较接近的地缘优势，抓住国家实施东北地区振兴战略和推动对俄经贸战略升级的机遇，以远东的市场需求为导向，充分利用中方一侧的劳动力价格较低、技术工人素质较好的优势，以及俄方一侧产品市场需求量较大、资源丰富的优势，通过整合内外优势资源，大力发展边境加工业，尤其是出口加工业，实现边境地区"以贸带工，以工促贸"的良性循环。

东北地区依托边境地缘优势，以俄罗斯的市场需求为导向，发展对俄出口加工业，不仅可以扩大销售额，实现工业增加值，而且可加快产业结构的调整。具体的加工合作方式，可以根据两地在产业、技术、原材料、劳动力资源和市场需求等方面的具体特点而定。目前，在中俄边境地区主要有以下两种合作方式。

一是利用本地的资源优势，在边境地区建立工业品出口加工基地，在当地进行加工，最后运到俄罗斯销售。加工的产品主要根据俄罗斯的市场需求确定，重点发展方向是俄方市场需求较大的轻纺工业、建材及装饰材料业、家电及信息产业、机电产业和原材料等产业的产品。因为电子、轻工、纺织、食品、中草药生产等行业都是俄罗斯目前较薄弱的行业，在俄罗斯远东的市场空间很大，而这些行业在我国又是发展比较成熟的行业。所以，在边境地区要大力发展这些产品，满足远东甚至俄罗斯国内西部地区的市场需求。除此之外，还要积极在边境地区建立农产品出口基地，重点建设符合俄罗斯居民消费需求的绿色、有机和无公害粮食、蔬菜、瓜果、肉、蛋、奶等生产基地，重点培育在俄罗斯市场有知名度的农副产品品牌。

二是用俄方原料在边境地区投资建厂，进行联合加工，合作生产。俄罗斯远东地区拥有丰富的森林资源、矿产资源和渔业资源，东北企业可充分利用远东地区丰富的资源，通过进口木材、海产品以及其他原材料在边境地区与俄方联手开发和加工，提高进口商品的附加值。通过出口基地建设带动边境地区产业结构的调整，促进沿边外向型经济发展。比如，黑龙江省绥芬河市充分发挥口岸优势，大力发展加工业，在大规模进口木材的同时，积极辟建木材出口加工园区。目前，绥芬河已经形成了从原木粗加工到原木精加工的产业链，并已经向终端产品延伸，真正实现全方位的经济合作。

总之，要积极鼓励和扶持东北企业在沿边地区规划建设对俄出口加工基地，把中俄有明显比较优势的企业吸引到这里来，通过两地边境企业的对接，实现优势互补，进而带动边境地区的经济发展。

三 推动建立跨境经济合作区

目前，东北和远东地区的经贸合作主要还是以贸易为主，要推动区域合作实现战略升级，就必须拓宽合作领域。建立跨境经济合作区是推进中俄边境地区合作升级的重要途径，对于扩大两地的经济合作规模、提升合作水平具有不可替代的作用。

所谓跨境经济合作区是指在两国边境地区划定一个特定区域，赋予该区域特殊的财政税收、投资贸易以及配套的产业政策。同时，对区内进行跨境海关特殊监管，允许第三国人员、货物自由进出。各国商家均可以在区内从事贸易、投资活动，并形成跨境产业链。可见，跨境经济合作区具有对内相对自由、对外开放相结合的特点。它可以积极有效地吸引其他国家的人员、资金、物流和技术、信息等各种生产要素在此集聚，实现该区域加快发展，进而通过辐射效应带动周边地区的经济发展。

建立跨境经济合作区是为了适应当前区域发展的实际需要。目前，国内很多企业缺乏到俄罗斯投资的信心，其中一个主要原因是缺少一个缓冲区和缓冲机制。通过建立跨境经济合作区可以统一区域内的规则和制度，可使企业避免关税和非关税壁垒以及资本和劳动力自由流动方面的障碍，同时还可以减少因货币兑换带来的风险。这样就可形成缓冲区和一系列缓冲机制，有利于打消中国企业到俄罗斯投资的顾虑。因为对于企业来说，这样可以避免边境管理方面遇到的各种问题。随着中俄边境贸易日趋发展，越来越多的客商云集于此，以跨境经济区为基础，可逐步扩大对俄投资领域与规模。

事实上，目前在中俄边境地区，很多地方政府都在积极推动这一进程。自从20世纪80年代中俄开展边境贸易以来，绥芬河－波格拉尼奇内、东宁－波尔塔夫卡、黑河－布拉戈维申斯克、满洲里－博尔贾等这些中俄对应口岸城市间，都在积极探索推进边境经济合作区、互市贸易区、跨境加工园区、两国一城区等不同形式的跨境合作方式。其目的都是充分发挥边境口岸的区位优势，加快边境地区的经济合作，努力推动边境地区的合作从单一的贸易模式向贸易、投资、加工制造以及旅游等多方协调带动的综合模式转变。

随着中俄两国企业的逐渐成长与壮大，其已经具备一定的实力到境外开辟市场。但是，过高的过境费用加上各种行政限制以及投资缺乏保障，导致这些企业裹足不前，阻碍了区域经济合作的进程。如果建立了跨境经济合作区，企业就可以到区内进行合作投资办厂，进行加工贸易和装配贸易。这样企业就可以在避开俄罗斯对我国出口产品实行高关税和非关税壁垒的前提下，将生产要素重新组合，形成区域内的优势产业，继而打造边境地区双方合作的产业集群，逐步实现生产经营规模的扩大，带动两地相关生产设备和产品的出口，从而推动东北和远东地区的经济发展。此外，通过跨境经济合作区的建设，还可吸引其他国家的投资，在经济区内形成投资热点，扩大地区在全球的影响力。

2004 年 8 月，在两国政府和相关部门的高度重视和大力支持下，中俄两国正式启动了中俄绥芬河－波格拉尼奇内贸易综合体（简称绥－波贸易综合体）的建设。该综合体是经中俄两国政府批准，由两国大企业共同参与建设的中俄边境地区最大的跨境经济合作项目，绥－波贸易综合体占地4.53 平方公里，其中中方占地 1.53 平方公里，俄方占地 3 平方公里。综合体的功能定位是以国际贸易为基础，以投资合作为主导，集贸易、旅游、商务、会展、金融服务、物流、加工等多功能于一体的中俄跨国经济合作区。建立该经济合作区的目的是鼓励和吸引两国企业到此投资办厂，开展生产加工合作，实现贸易与投资、技术合作相结合，从而提升两国边境地区的合作层次。将边境地区的合作从单一的贸易合作扩大到资源开发、工程承包等经济技术和投资合作于一体，并在此基础上逐步建立跨境生产加工基地、科技成果产业转化园区，直至建立中俄自由贸易区。[①]

第二节　发挥中心城市的推动作用

城市是现代经济的载体，特别是中俄毗邻地区的中心城市在中俄区域经济合作中发挥着不可代替的重要作用。因此，在推进中俄区域经贸合作过程中，应重视发挥两地城市特别是中心城市的作用。通过加强两地城市

---

① 赵洋：《辟建"中俄远东自由贸易区"问题研究》，《俄罗斯中亚东欧市场》2008 年第 1期。

间的交往，共同开发合作项目，这不仅有利于提升中俄经贸合作的层次，也有助于推进两地区域合作由以边境地区为主的局部合作向以中心城市为支撑的区域合作转变，实现边境地区与中心城市的优势互补。

一 利用中心城市的聚散功能搭建合作平台

东北地区城市化程度较高，拥有各种独具特色的大中城市，还有众多边境口岸城市和旅游城市。一般来说，由于城市特别是中心城市具有较强的经济实力、丰富的经济信息以及发达的科技力量和方便的交通运输网络，所以在区域经济发展中发挥着重要作用。各国经济发展的实践表明，距离中心城市越近的地区，其经济发展越快，市场经济环境也越完善。因为中心城市的市场发育程度远远高出其他地区，市场体系及功能也更加完善。所以，中心城市在客观上成为区域经济合作的重要窗口和桥梁，对周边地区具有较强的辐射和集聚力。

为推进中俄区域经济合作，要充分发挥中心城市的核心作用。首先要利用中俄毗邻地区中心城市的集聚、扩散功能，积极打造合作平台，创造合作机遇。目前，中俄边境地区各类会展活动已成为促进区域经济合作的重要载体。通过打造各类会展交易平台，将其办成集商品贸易、投资合作、技术服务、高层论坛和文化交流于一体的综合展会，为两地企业进入对方市场架起合作桥梁，促进两地间商品、服务和投资的双向流动，加快两地的合作进程。目前在东北中心城市中已建立起多个定期开展的大型经贸合作平台，比如每年6月的哈尔滨经济贸易洽谈会（哈洽会）、9月在长春举行的"吉林东北亚投资贸易博览会"（东博会）和在沈阳举办的中国装备制造业博览会（沈阳制博会）等。这些中心城市举办的国际性展会每年都吸引很多国内外客商参展，已经成为中俄两国企业进入对方市场的良好平台。

此外，两国边境地区还有许多中小城市也纷纷建立了经常性商贸交流平台，比如牡丹江木博会、齐齐哈尔绿博会、佳木斯国际农机博览会等各种专业性展会等；在俄罗斯远东地区，也同样利用城市的聚散作用搭建了各种经贸合作平台，比如，在海参崴市建立的名优商品展示中心、赤塔州边境合作国际展览会等。通过这些展会定期或不定期举办的经贸洽谈、名优产品展销、项目推介、国际论坛等各种经贸活动，提升企业在对方国家的市场知名度，扩大产品的市场占有率，同时也促进两地经贸合作的战略升级。

二 利用友好城市推动区域全面交流与合作

随着中俄两国睦邻友好和战略协作伙伴关系不断深化，两国的地方性交流与合作也逐步加强。许多省州市先后结为友好城市，截至 2006 年 10 月，中国与俄罗斯两国先后有 68 对省州市建立了友好城市关系，其中 19 对是友好省州，49 对是友好姐妹城市（见表 5-1）。

表 5-1 中俄缔结友好省区市情况（按批准时间排序）

	中 国	俄罗斯	批准时间
1	上海市	圣彼得堡市	1988 年 12 月 15 日
2	沈阳市	伊尔库茨克市	1990 年 8 月 12 日
3	内蒙古自治区	赤塔州	1990 年 9 月 11 日
4	吉林省	滨海边疆区	1990 年 11 月 19 日
5	哈尔滨市	斯维尔德洛夫斯克市	1991 年 4 月 22 日
6	吉林市	纳霍德卡市	1991 年 7 月 16 日
7	朝阳市	苏尔古特市	1992 年 4 月 26 日
8	白城市	巴尔瑙尔市	1992 年 4 月 30 日
9	大庆市	秋明市	1992 年 6 月 24 日
10	通化市	马加丹市	1992 年 7 月 1 日
11	海拉尔区	赤塔市	1992 年 7 月 14 日
12	四平市	马哈奇卡拉市	1992 年 7 月 15 日
13	鞍山市	利佩茨克市	1992 年 7 月 20 日
14	河北省	彼得格勒州	1992 年 7 月 30 日
15	辽阳市	克麦罗沃市	1992 年 8 月 15 日
16	大连市	海参崴市	1992 年 9 月 10 日
17	延吉市	南萨哈林斯克市	1992 年 9 月 22 日
18	辽源市	切列波韦茨市	1992 年 10 月 28 日
19	牡丹江市	乌苏里斯克市	1993 年 4 月 12 日
20	哈尔滨市	哈巴罗夫斯克市	1993 年 6 月 15 日
21	满洲里市	克拉斯诺卡姆斯克市	1993 年 6 月 28 日
22	丹东市	阿斯特拉罕市	1993 年 7 月 14 日

	中　国	俄罗斯	批准时间
23	辽宁省	新西伯利亚州	1993 年 8 月 4 日
24	衡阳市	波多利斯克	1993 年 9 月 20 日
25	重庆市	沃罗涅日市	1993 年 10 月 20 日
26	吉林省	伏尔加格勒州	1993 年 12 月 8 日
27	吉林市	伏尔加格勒市	1994 年 2 月 22 日
28	辽宁省	伊尔库茨克州	1994 年 3 月 20 日
29	邢台市	孙塔尔市	1994 年 4 月 28 日
30	德阳市	弗拉基米尔州	1994 年 6 月 1 日
31	佳木斯市	阿穆尔河畔共青城市	1994 年 6 月 11 日
32	营口市	特维尔市	1994 年 6 月 26 日
33	太原市	塞克特夫卡尔市	1994 年 9 月 1 日
34	济南市	下诺夫哥罗德市	1994 年 9 月 23 日
35	黑龙江省	阿穆尔州	1995 年 5 月 14 日
36	北京市	莫斯科市	1995 年 5 月 16 日
37	黑龙江省	哈巴罗夫斯克边疆区	1995 年 5 月 19 日
38	锦州市	安加尔斯克市	1995 年 7 月 15 日
39	淄博市	诺夫哥罗德市	1995 年 11 月 12 日
40	太原市	萨拉托夫市	1995 年 12 月 8 日
41	威海市	索契市	1996 年 10 月 18 日
42	河南省	萨马拉州	1997 年 3 月 19 日
43	广西壮族自治区	沃罗涅日州	1997 年 12 月 16 日
44	连云港市	伏尔斯基市	1997 年 12 月 28 日
45	徐州市	梁赞市	1998 年 5 月 13 日
46	兰州市	奔萨市	1998 年 9 月 20 日
47	黑河市	克拉斯诺亚尔斯克市	1999 年 8 月 19 日
48	江苏省	莫斯科州	1999 年 8 月 20 日
49	新疆维吾尔自治区	阿尔泰边疆区	1999 年 8 月 22 日
50	满州里	赤塔市	1999 年 9 月 28 日
51	塔城市	鲁布佐夫斯克市	2000 年 2 月 24 日
52	洛阳市	陶里亚蒂市	2000 年 4 月 25 日
53	陕西省	卡卢加州	2000 年 8 月 8 日

续表

	中　国	俄罗斯	批准时间
54	长春市	乌兰乌德市	2000 年 9 月 27 日
55	平顶山市	瑟兹兰市	2000 年 11 月 28 日
56	呼和浩特市	乌兰乌德市	2000 年 12 月 6 日
57	山西省	乌里扬诺夫斯克州	2001 年 7 月 17 日
58	襄樊市	科斯特罗马州	2001 年 11 月 1 日
59	西宁市	伊热夫斯克市	2002 年 6 月 13 日
60	广州市	叶卡捷琳堡市	2002 年 7 月 10 日
61	湖北省	萨拉托夫州	2002 年 12 月 4 日
62	杭州市	喀山市	2003 年 10 月 16 日
63	七台河市	阿尔乔姆市	2004 年 9 月 14 日
64	张家港市	维亚基马市	2004 年 10 月 11 日
65	拉萨市	埃利斯塔市	2004 年 10 月 27 日
66	重庆市渝中区	弗拉基米尔市	2004 年 11 月 13 日
67	江西省	雅罗斯拉夫尔州	2005 年 3 月 24 日
68	丽江市	喀山市	2006 年 10 月 15 日

资料来源：赵旭：《中俄两国建立的 68 对友好城市》，中国广播网，http：//www. cnr. cn/jy/lx/els/ks/200801/t20080114_504678036. html，2008 年 1 月 14 日。

在次区域合作过程中，中央政府的支持大都体现在政策方面，地方政府是推动次区域合作的主要力量。对于远东和东北地区来说，由于两地在国内都属经济发展滞后的地区，所以，为了寻求经济较快发展，地方政府积极推动次区域经济合作。中俄两国众多友好姐妹城市的缔结，不仅充分体现两国政府对地方区域性交流的重视和支持，也体现了地方政府对加强区域合作交流的愿望。友好省州市作为中俄区域合作的窗口和桥梁，对推动两地开展直接经贸合作起到了重要的桥梁和纽带作用。

以双方友好省州市为平台，相互间组织企业赴对方地区进行实地考察，签订贸易合同，扩大投资领域，提升边境地区经贸合作的整体水平。同时，友好省州市间共同举办各种论坛、研讨会以及展览会等各类经贸科技文化活动，有助于推进两地在经贸、文化、科技等各个领域的交流与合作，从而推动区域合作的全面发展。

三 利用城市商会的桥梁作用推动区域合作

充分发挥城市商会在区域经济合作中的促进作用。为促进中俄非政府组织间的交流与合作，2006年1月在哈尔滨市召开了首届"中俄区域商会领导人峰会"。参加中俄区域商会的人员包括中国东北地区三省（辽宁省、吉林省、黑龙江省）和四市（沈阳市、长春市、哈尔滨市、大连市）贸促会（国际商会）的人员以及俄罗斯远东及中部地区主要州（共和国）和地区工商会的人员。由于这些商会（贸促会）都是由各类企业负责人组成的民间组织，所以，各地商会也是当地开展国际经济合作的重要桥梁和纽带。目的就是进一步扩大彼此间的往来与合作，改善双边的经贸往来，促进区域经济的发展。在这次大会上，中俄18家商会共建经贸同盟，就进一步扩大东北和远东等地区的工商组织的交流与协作以及扩大合作的新途径进行了深入详细的探讨。

投资、贸易、展览三位一体是商会所独具的职能。在现阶段，中俄边境地区的经贸合作要想实现战略升级，就必须充分发挥商会的桥梁纽带作用。因为与政府相比，商会更了解企业的优势和需求，在对外经贸合作中与企业的联络更为广泛、灵活和务实。扩展远东与东北两地的互惠互利合作，引进外资，创建经济开发区，所有这一切都需要两地商会进行沟通与协调。在两地推进区域合作过程中，需要积极发挥商会的桥梁作用，让商会成为双方企业的"牵线人"，协助相关政府部门消除区域合作中所产生的各种问题和纠纷，为双方企业提供全方位的服务。同时，还要通过商会积极组织两地工商代表团、项目考察团、培训团和经贸界人士进行互访，参加在两国各地举办的研讨会、洽谈会、实业界见面会等经贸活动，不断推进两国企业间的交流与合作，逐步强化两地民间组织在区域合作中的推动力量。

第三节 充分利用大项目的带动作用

一 中俄大项目合作的领域与范畴

中俄经贸合作关系呈现出多层次化的特点，最上层的是大型的合同项目，涉及大型基础设施的建设和重要战略物资的长期供应，处在中间层的是一般民间企业开展的各种经贸合作，此外还有以边贸为代表的下层的边境地区的大量民间经贸活动。

推进远东和东北两地间的大项目合作是加快两地区域合作进程的重要手段。因为大项目合作一般规模大、合作时间长，因而其影响范围广、示范作用强。加强大项目合作不仅可以推动地区经贸关系的大发展，而且也有助于提高双方经贸合作的质量。早在 1994 年中俄联合声明中就明确提出：两国为"提高合作档次和质量，根据需要和可能，增加重大项目合作比重"。虽然在政府的文件中并没有明确大项目这个概念，但是在两国发表的各种声明和协定中不断明确了大项目合作的领域和范畴。比如，2006年 3 月俄罗斯总统普京访华期间，两国元首发表的《中华人民共和国和俄罗斯联邦联合声明》中强调：双方将深化在能源设备制造、高科技、核能、信息技术、航天领域、汽车制造、农业机械制造、黑色和有色金属制造、森林工业和其他工业领域的合作，推动大项目的落实。一般来说，大项目都是得到国家支持，即由国家参与推动的重大合作项目，这些项目一般都需要以政府协议的方式获得批准。目前，两国政府间签订的大型合作项目主要集中在能源、运输、矿产、森林工业和基础设施等领域。比如在2009 年 9 月两国元首批准的合作规划纲要中列入的双方推荐合作的 200 多个重点工业项目主要分布在农业、渔业、化工、采矿、木材深加工和基础设施建设等领域。

二　积极落实并发挥大项目的影响力

目前，东北和远东地区的经贸合作仍处在较低的层次上，主要体现在相互间的贸易规模小，合作领域窄，对地方经济的拉动力也不强。中俄边境地区的合作潜力还没有充分发挥出来，一个很重要的原因就是缺少大项目的支撑。只有加强毗邻地区的大项目合作，通过大项目的带动作用，才能扩大和深化区域合作，促进两地共同发展。中俄战略协作伙伴关系向纵深发展，为双方的大项目合作奠定了牢固的政治基础；而中俄两国的经济连续多年实现稳定快速发展以及两国丰富的资源和巨大的市场潜力，为中俄两国的大项目合作提供了强大的经济保障；中国实施的振兴东北战略与俄罗斯启动的加速东部发展战略，以及《中华人民共和国东北地区与俄罗斯联邦远东及东西伯利亚地区合作规划纲要（2009～2018 年）》的签署，为推进两地间的大项目合作提供了难得的历史机遇。

中俄两国政府一直高度重视并积极促进政府间的大项目合作。特别是进入 21 世纪以来，两国政府在各种互访会晤之际，签署了大量经济贸易和技术合作协议。其中大型的贸易协定一直占有相当大的比重，而且有许多都分布在远东和东北地区。比如在《中华人民共和国东北地区与俄罗斯联邦远东及东西伯利亚地区合作规划纲要（2009～2018 年）》附件中推荐的200 多个重点合作项目，几乎遍及远东及东西伯利亚地区所有的共和国、边疆区、州以及自治区，也覆盖了中国东北地区的各省区。2010 年 6 月 25 日，俄罗斯联邦地区发展部专家委员会批准了首批 8 个俄中合作项目。其中包括开发楚科奇自治区的煤田、在外贝加尔边疆区建设工业园、在萨哈林州建设林业加工企业、在伊尔库茨克州生产贝加尔湖瓶装水、在布里亚特共和国和哈巴罗夫斯克边疆区建立旅游经济特区、在俄中边境（犹太自治州和中国同江市）建设跨阿穆尔河铁路桥，以及为扩大对华电力出口在阿穆尔州建设一个热电站等。[①]

大项目合作是中俄区域合作的重要支撑点，也是深化两国边境地区经济合作的强劲推动力。但是，根据初步调查，目前一些政府间签署的合作项目只停留在文件和协议层面，在实际进展中，许多项目往往由于资金缺乏等各种原因而停滞，甚至有一些政府间项目不了了之。落实两国政府间已达成的区域大项目合作协议是促使合作潜力转化为现实成果的关键所在。所以，今后要重视大项目的落实工作，加大对大项目的扶持力度，争取做到落实每一个大项目，继而形成一个大通道，带动一批项目以及一个园区的发展。

第四节　立足区域基础积极扩大"内联外引"

由于东北和远东在各自国内均属于经济欠发达地区，所以，对于东北和远东而言，如果仅仅依靠区域内的土地、资源、劳动力等初级生产要素的比较优势开展区域合作，则不仅不能实现高附加值的经济效益，而且极

---

① 《俄地区发展部批准八项俄中合作投资项目》，http：//rusnews.cn/xinwentoushi/20100624/42818801.html。

易陷入"比较利益的陷阱"。所以，东北和远东开展区域合作必须引入区域外发达国家或地区的资金、市场、管理经验和技术等。只有将这些区域外部要素与区域内各种生产要素重新组合，才能提高区域的综合竞争实力，带动区域经济的发展。

一　积极吸引区域外国家和地区的资金和技术

东北和远东开展次区域经济合作最大的不足在于区域内资金不足，因此，两地间的合作对外部资金有较大的依赖性，这也是远东和东北地区开展次区域经济合作必须坚持开放性的根本原因所在。

远东和东北地区位于东北亚腹地，区位优势突出，是中俄两国开展东北亚区域经济合作的中心和桥梁。一方面，东北和远东地理位置优越，与朝鲜、韩国、蒙古、日本等国相邻，具有吸引外资和开展合作的独特地缘优势；另一方面，东北和远东地区资源丰富，有丰富的石油、森林、煤矿、铁矿以及高技能的人力资源。更重要的是两地都对吸引外资持积极态度。对于俄罗斯来说，远东是俄罗斯经济加入亚太地区经济一体化的重要一环。俄罗斯政府一直十分重视吸引外国投资，2009 年 11 月 16 日时任俄罗斯总统的梅德韦杰夫在新加坡参加亚太经合组织第十七次领导人非正式会议时表示，希望吸引外资共同发展俄罗斯远东和西伯利亚地区。同样，东北地区也是我国参与东北亚区域经济合作的前沿和主要力量。对于东北地区来说，在实施东北振兴战略的过程中，也始终强调扩大对外开放，加强与东北亚各国的合作。因为改革开放以来，东北地区经济发展所遇到的困境，从根本上说不是开发程度低下的问题，而是随着向市场经济的转变以及社会经济条件的变化，原有的工业化道路难以为继的问题。振兴东北老工业基地的实质是要根据已经变化了的社会经济条件，对东北地区原有的经济发展方向、经济结构等进行重大调整，推动东北地区的再工业化发展。这就要求东北地区提高对外开放水平，充分利用国内外的资金、技术及管理经验，推动自身向更高水平的再工业化方向发展。

事实上，由于地理位置和历史上形成的经济联系，远东地区与包括中国在内的亚太国家的相互影响在日益增强。据俄罗斯工贸部远东局提供的资料，2009 年远东地区与 124 个国家（地区）开展经贸关系，其中独联体国家 10 个，非独联体国家 114 个。2009 年远东地区共吸引外资 84.39 亿美元，其中直接投资为 15 亿美元，占吸引外资总额的 17.8%。外资主要来源地包括日本（占远东吸引外资总额的 31.5%）、荷兰（22.7%）、塞浦路斯（10.8%）等国。远东吸引外资的主要领域为采掘业（占远东吸引外资总额的 92.1%）。[①] 同样，中国东北地区随着老工业振兴战略的实施，对外开放不断扩大，对外经济联系日益密切。2009 年，东北三省实际利用外商直接投资达 214.38 亿美元，同比增长 21.3%，大大高于全国平均水平（受金融危机影响，全国同比下降 2.6%），占全国利用外商直接投资的比例由 2008 年的 19.0% 上升到 23.7%。可见，东北地区对国内外资金的吸引力显著增强。[②]

尽管东北与远东地区的对外经贸发展势头良好，但总体上看，东北和远东区域内由于投资环境差、基础设施不完善、经济结构不合理等原因，外向型经济合作的规模不尽如人意。从长远来看，东北和远东地区位于东北亚地区中心，与多国接壤或相邻，在发展外向型经济方面具有独一无二的区位优势。相信随着中俄两国经济实力的增强和经济环境的改善，东北和远东在东北亚区域合作中的地位和作用将会进一步增强。为促进外向型经济的发展，两地应发挥各自的优势，积极参与东北亚区域合作，联手开拓国外市场，积极引进日本和韩国等国的资金和先进技术，通过深化区域外的互利合作，改造区域内的传统产业，提高区域产业的竞争能力。

二 联合国内其他地区共同参与区域开发与合作

对于中国东北地区来说，要积极联合国内其他发达地区共同参与远东区域合作，走联合开发的道路。通过广泛吸引国内沿海发达地区的大企业、大集团，利用他们的资金、技术和管理优势，以解决在合作中遇到的资金和技术不足的问题。

远东地区具有丰富的资源优势，近年来俄罗斯又出台了东部振兴规划，这无疑会给外国企业带来更多的商机。目前，中国沿海、南方乃至中

---

① 《俄罗斯远东联邦区对外经贸及对华经贸合作简况》，中国驻俄罗斯哈巴罗夫斯克经商室网，http://khabarovsk.mofcom.gov.cn/aarticle/ztdy/201004/20100406881003.html，2010 年 4 月 22 日。

② 《东北地区 2009 年经济形势分析报告》，东北振兴网，http://dbzxs.ndrc.gov.cn/jjxxfx/t20100701_358450.htm，2010 年 7 月 1 日。

西部省市与俄罗斯的经贸往来日益密切，对与俄罗斯进行合作的兴趣渐浓。一些沿海发达省份和港澳台地区的企业以及中央大型企业也在积极寻求进入俄罗斯市场的商机。但对于这些企业来说，由于不了解俄罗斯市场，直接投资俄罗斯存在较大的风险。在这种情况下，他们希望寻找熟悉、了解远东的战略合作伙伴，联手开展境外能源、原材料等投资项目的合作。正是为了适应这种需要，黑龙江省提出做好"南联"大文章，引进战略投资者，聚合内陆省市及港澳台地区等方面的力量，共同推动对远东的经贸合作。目前，黑龙江省正在积极联合香港地区共同开拓俄罗斯市场。这种联合实质上是龙港联手与俄罗斯合作，是一个共赢的举措。因为俄罗斯资源丰富、科技发达、市场前景广阔，而黑龙江省与俄罗斯远东一衣带水，比邻而居，开展对俄经贸合作具有得天独厚的地缘优势，这是其他省份无可比拟的。香港企业界可以充分利用这个优势，借助这个平台，开拓俄罗斯市场。这样，既能发挥黑龙江省的地缘优势和产业优势，也能发挥香港在金融、贸易、物流、旅游等相关服务领域的优势，通过两地联手，发挥共同的优势，推进对俄在科技领域、优势资源开发领域以及现代流通业等多领域的合作。同样，近年来广东省也把开拓俄罗斯市场作为今后工作的一个重要方向，愿意与黑龙江加强合作。

　　总之，东北地区开展对远东经贸合作只靠自身的力量是不够的，还需要积极发挥边境省区的地缘优势和桥梁、纽带作用，积极联合国内外企业，整合国内外各种优势资源，把东北地区的经贸载体优势与国内外其他发达地区的资本和管理优势相结合，把东北地区的客户网络优势与国内其他大企业的品牌优势相结合。积极开展对俄资源开采、进出口贸易、基础设施建设和跨国加工等方面的合作。通过联合多方力量，充分发挥各自优势，加快推进中俄边境地区的经济技术和投资合作，提升边境地区经贸合作的整体水平。

第六章

东北与远东区域经济合作存在的
问题及制约因素

第一节　东北与远东区域经济合作中存在的问题

近年来东北和远东的经济合作取得了较快的发展，2009 年远东联邦区对华贸易总额为 44.85 亿美元，占远东外贸总额的 26.7%，中国成为远东联邦区第一大贸易伙伴。但是，两地间的投资规模总体不大。2009 年中国对远东联邦区投资额为 4520 万美元，仅占远东吸引外资总额的 0.5%。中国对远东的投资不仅数量小，而且投资领域也比较狭窄，除了贸易和餐饮业外，主要投资领域是农业、林业采伐与木材加工业、建筑业等。在地域分布上，中国的投资主要集中在远东的南部地区，包括滨海边疆区（占中国对远东投资的 32.5%）、萨哈林州（21.9%）、阿穆尔州（16.1%）和哈巴罗夫斯克边疆区（13.3%）。[①] 尽管目前中俄边境地区的经贸合作出现了良好的发展势头，合作领域不断拓宽，但是在两地的经济合作中也存在不少问题。概括起来，目前东北和远东经贸合作中存在的问题主要有以下几个方面。

一　贸易结构比较单一

随着经济的快速增长，中俄两国的经贸合作得到了快速的发展，但是东北与远东的贸易层次至今仍然比较低，高附加值商品贸易少。特别是双

---

① 《俄罗斯远东联邦区对外经贸及对华经贸合作简况》，中国驻俄罗斯哈巴罗夫斯克经商室网，http://khabarovsk.mofcom.gov.cn/aarticle/ztdy/201004/20100406881003.html，2010年4月22日。

方边境地区的小额贸易长期以来都是以初级产品、轻工制品与资源性产品为主（见表 6 – 1 和表 6 – 2）。[①]

表 6 – 1　远东地区出口到中国的商品结构

单位：亿美元

年　份	1999	2000	2001	2002	2003	2004
机械设备、交通工具	2.091	3.926	11.913	3.283	1.912	0.776
燃料、矿产原料	2.360	3.096	1.191	2.441	7.708	7.667
化工产品	0.330	0.022	0.102	0.074	0.091	0.119
林业产品	0.263	1.238	1.923	2.903	3.444	4.236
食品	0.275	0.662	0.953	1.213	1.077	1.850
日用工业品	0.703	0	0	0	0	0
其他	0.092	1.774	0.936	0.608	0.940	0.265
总　计	6.114	10.718	17.018	10.522	15.172	14.913

资料来源：赵小妹：《俄罗斯远东地区的对外贸易结构及地理分布》，《俄罗斯中亚东欧市场》2006 年第 6 期。

表 6 – 2　远东地区从中国进口的商品结构

单位：亿美元

年　份	1999	2000	2001	2002	2003	2004
机械设备、交通工具	0.392	0.138	0.096	0.417	0.600	1.113
燃料、矿产原料	0.012	0.038	0.037	0.102	0.093	0.411
化工产品	0.017	0.077	0.066	0.175	0.249	0.431
林业产品	0.006	0.045	0.016	0.111	0.068	0.190
食品	2.567	0.774	0.541	1.037	1.672	1.316
日用工业品	1.632	0.235	0.696	1.657	1.485	2.444
其他	1.142	0.088	0.289	0.465	0.707	0.636
总　计	5.768	1.395	1.741	3.964	4.874	6.541

资料来源：〔俄〕叶·德瓦耶娃：《俄罗斯远东地区的对外贸易》，《远东问题》2005 年第 4 期。

可见，远东地区从中国进口的商品结构主要以劳动密集型产品为主，如日用工业品、食品及机械设备、交通工具等。出口商品主要是资源密集型产品。近年来，随着远东地区经济的发展，远东地区的对外贸易规模不

[①]　赵小妹：《俄罗斯远东地区的对外贸易结构及地理分布》，《俄罗斯中亚东欧市场》2006 年第 6 期。

断扩大，但是远东地区的对外贸易结构至今没有改善。2009 年远东地区对华出口额为 24.04 亿美元（占远东出口总额的比重为 20.2%），对华主要出口商品是原油和石油制品（占对华出口总额的 27.2%）、冻鱼（26.4%）和未加工木材（25.2%）等。而远东地区从中国进口的商品总额为 20.81 亿美元（占远东进口总额的 42.5%），主要进口商品为鞋类（占自华进口总额的 19.7%）、箱包（2.5%）、其他商品（56.8%）。①

东北和远东的贸易结构与远东对华的贸易结构基本是一致的。事实上，原材料和能源在俄罗斯对外出口结构中一直占主导地位，这是由历史原因造成的。在苏联时期，国家实行优先发展重工业的政策，结果导致农业和服务业长期落后，产业结构不合理。苏联解体后，由于国内经济多年衰退以及国际市场上石油价格的上涨，俄罗斯能源工业保持了较高的增长速度，使得苏联时期的以重工业为主的产业结构演变为以能源、原材料工业为主导的产业结构。在这种情况下，石油、原材料和有色金属等在俄罗斯出口总额中的比重明显提高。而由于轻工业和农业的落后状况没有改变，俄罗斯国内对生活消费品特别是对农副产品的进口依赖程度很高，在远东和西伯利亚地区更是如此。远东地区的粮食、蔬菜、水果等食品以及其他生活用品如家电、服装、鞋帽等绝大部分依赖进口（见表 6-3）。

尽管两地的这种进出口结构反映了两国经济结构的互补性，也大致符合两国经济的实际发展水平，但是从长远来看，这种单一的贸易结构会制约两地贸易额的快速增长。近几年来，远东地区向中国出口的原料数量已经明显减少。②

而且这种贸易结构也令俄罗斯方面不满意，他们担心这种结构将会使远东地区变为中国的"原料附属地甚至是殖民地"。为了改变这种现状，俄罗斯一直强调扩大对中国机电产品的出口。普京总统在 2006 年 3 月访华时发表的中俄联合声明中明确提出：双方要通过扩大机电产品和高新技术的贸易来改善贸易结构。中国政府也积极促进双方贸易结构的调整。

---

① 《俄罗斯远东联邦区对外经贸及对华经贸合作简况》，中国驻俄罗斯哈巴罗夫斯克经商室网，http://khabarovsk.mofcom.gov.cn/aarticle/ztdy/201004/20100406881003.html，2010 年 4 月 22 日。

② 〔俄〕布雷：《俄东部地区与东北亚国家经济贸易合作的发展》，《西伯利亚研究》2008 年第 4 期。

表6-3 2008年俄罗斯远东地区进口商品结构

单位：百万美元

	食品和农业原料类产品（1~24类）		燃料和能源类产品（27类）		化学和工业橡胶类产品（28~40类）		木材、纸浆、纸张类产品（44~49类）		金属及其制品（72~83类）		机电设备和车辆类产品（84~90类）	
	出口	进口	出口	进口	出口	进口	出口	进口	出口	进口	出口	进口
俄罗斯联邦	9298.0	35173.0	321184.0	4117.0	30264.0	35176.0	11561.0	6497.0	54731.0	18606.0	22900.0	140783.0
远东联邦区	330.7	1060.0	9303.5	140.9	54.1	594.4	1346.3	128.2	805.1	659.8	236.5	4761.9
萨哈（雅库特）共和国	0.2	14.5	655.5	1.3	0.0	11.9	3.4	0.3	2.4	3.4	10.2	65.6
勘察加边疆区	112.1	6.2	0.4	1.2	0.1	5.6	0.0	2.1	11.5	19.1	9.9	70.0
滨海边疆区	111.2	915.8	31.3	38.9	49.6	403.5	329.8	104.5	178.3	271.9	66.1	3086.0
哈巴罗夫斯克边疆区	10.5	67.8	314.5	44.8	0.5	38.0	847.3	10.9	518.4	71.9	15.4	576.8
阿穆尔州	0.1	24.7	0.0	1.4	0.8	10.3	143.1	1.7	3.5	40.7	11.4	216.4
马加丹州	1.3	17.7	0.0	3.5	0.0	13.0	0.0	0.8	22.1	6.9	1.1	81.2
萨哈林州	94.0	6.8	8301.8	48.7	3.1	74.8	3.6	6.9	68.8	214.2	120.2	590.0
犹太自治州	1.2	2.3	0.0	0.0	0.0	1.9	19.1	0.5	0.1	4.8	1.2	19.5
楚科奇自治区	0.1	4.1	0.0	1.1	0.0	35.4	0.0	0.5	0.0	26.8	1.1	56.4

资料来源：http://www.gks.ru/wps/wcm/connect/rosstat/rosstatsite/main/publishing/catalog/statisticcollections/doc_1138623506156。

2009 年初中俄两国政府共同采取措施完善相互间的贸易结构，尽管处于经济危机时期，但俄罗斯向中国供应的汽车与设备出口量有所增长。尽管两国政府和企业一直在不断努力解决贸易结构问题，但是完善双边贸易结构有个过程，俄罗斯期望提高对中国机电产品的出口比重也是逐步实现的，在短期内两国的贸易结构很难发生根本性改变。①

二　合作形式滞后

东北和远东的经贸合作形式比较单一，主要以货物贸易为主，服务贸易与技术贸易所占比重较小；生产、科技合作很少，相互投资更少；现代化合作形式如生产合作、来料加工等在两地合作中所占比重很低。进入 21 世纪后，尽管东北与远东地区的经济合作有了较快增长，但双方的经济合作方式依然没有多大改变。据统计，截至 2006 年 8 月，在我国驻哈巴罗夫斯克总领馆备案的在俄远东地区从事投资合作的中资企业仅有 58 家，协议投资总额为 1.3 亿美元。中方对俄远东地区投资规模小，一般是建立小型的合资或独资企业，投资领域主要是农业、建筑装修业、通信业、微电子技术业、森林采伐与加工贸易业和餐饮业等。这些大多属于初级加工部门，投资规模小，在远东地区的外资中所占比重很小。从以上资料中可以看出，东北和远东的投资合作项目少、规模小，而且缺乏高科技含量、高附加值、高效益的深度加工项目。所以，投资合作对两地的经济拉动作用不明显。②

事实上，目前远东和东北的经济合作方式和水平相对滞后的状况与中俄两国的经贸合作情况是一致的。据中国海关统计，2008 年中俄贸易额达568.3 亿美元。而同期中国对俄罗斯实际非金融类直接投资仅有 2.4 亿美元，俄罗斯对中国的直接投资项目为 95 个，合同金额为 1.7 亿美元，实际使用 5997 万美元。在承包劳务合作方面，截至 2008 年底，双方共签署劳务和工程承包合同金额为 107.8 亿美元，完成营业额 58.6 亿美元。两国的技术合作更是有限，截至 2008 年，中国自俄引进民用技术 31 项，约为

---

① 崔亚平：《俄罗斯远东地区的对外贸易结构》，《中俄经贸时报》2007 年 11 月 1 日。
② 周萍：《东北老工业基地与俄罗斯远东地区经济合作探析》，《中国经济导刊》2010 年第 4 期。

3080.1万美元。引进项目主要集中在核电、航空、航天、电子等领域。①

可见，中俄经贸合作也以一般贸易和边贸为主，科技、教育、旅游、金融、设计、劳务、运输等服务贸易的规模小，发展缓慢（见表6-4）。

表6-4　远东地区的技术和技术服务进出口状况

单位：项，百万卢布

	2005 年						2008 年					
	出口			进口			出口			进口		
	协议数量	协议项目价值	本年度资金进款	协议数量	协议项目价值	本年度资金拨出	协议数量	协议项目价值	本年度资金到款	协议数量	协议项目价值	本年度资金拨出
俄罗斯联邦	1682	35919.5	11077.0	1426	65496.3	27178.5	1861	64822.5	21443.4	1735	98117.1	55341.7
远东联邦区	6	345.6	63.8	5	1.5	117.9	28	1430.2	1131.7	24	347.7	438.2

资料来源：http://www.gks.ru/wps/wcm/connect/rosstat/rosstatsite/main/publishing/catalog/statisticcollections/doc_1138623506156。

之所以出现这种状况，一方面是因为中俄两国的资源禀赋存在较大的差异，双方贸易具有较强的互补性。俄罗斯目前仍然没摆脱苏联时期产业结构的框架，农、轻、重比例长期失调，轻工业、纺织工业和食品工业的发展相对滞后。而我国在日用消费品和食品生产方面具有较强的优势和竞争力。因此，相互之间的合作主要以传统的商品贸易形式为主。特别是在中俄边境经济合作中，一直以货物贸易为主，经济技术合作发展滞后。另一方面是因为东北和远东两地的外向型经济发展一直以来比较滞后，对外经贸主体也实力薄弱，主要以中小企业和个体商户为主。此外还有双方的投资环境不尽如人意等问题，这些都制约了两地经济技术合作的开展。

尽管这种经贸格局在目前还有其存在和发展的空间，但是从长远来看，必须提升中俄区域经济合作的层次，今后，两地经济合作的重点不应满足于低层次的货物贸易，而应该更多地开展跨国产业合作和高新技术合作。这就要求两地在原有的货物贸易、资源开发和粗加工合作的基础上，积极推进体现优势互补的加工贸易、技术贸易、技术开发和引进等现代经济技术合作方式。

---

① 中国绥芬河政府网站，http://www.suifenhe.gov.cn/chinese/txtlstvw.aspx? lstid = 63d3425 d - fa62 - 4041 - b042 - 5c55cbda50c0。

三 交易方式不规范

中俄贸易特别是民间贸易中还存在一些不规范的现象，双方之间符合国际惯例的贸易制度与经贸服务体系尚未建立起来。这突出表现在俄罗斯的"灰色清关"现象至今仍未得到彻底治理，中国商品通过正规渠道进入俄方市场仍然会遇到很多困难。所谓"灰色清关"是指俄罗斯国内一些官商勾结的"通关公司"，帮助来自外国的进口商品以低于法定水平的关税进入俄罗斯市场。具体来说，"通关公司"与货主签订运输协议，由"通关公司"负责把货物运送到货主在俄方的仓库，"通关公司"负责办理俄海关方面的各种手续，货主的报关费已经包含在其所付的租借费中。通常情况下"通关公司"通过飞机或卡车运货，即人们通常所说的"包机包税"和"包车包税"。

"灰色清关"这种方式虽然表面上为进口商节约了成本，但由于没有任何报关手续，也没有正规报关单据，因此这些商品进入俄罗斯后很难以合法、正规的渠道进入俄罗斯市场，得不到法律保护，成为俄罗斯执法部门查抄和没收的对象。这不仅使在俄罗斯的中国企业和商人的利益难以得到保障，同时也扰乱了俄罗斯的市场秩序，造成俄方税收流失、国内产业发展受损等一系列问题。

另外，"灰色清关"对中俄经贸合作的长远发展也产生了负面影响，阻碍了中俄正常贸易的发展。随着中俄两国贸易规模的不断扩大以及两国经贸关系的不断提升，"灰色清关"对两国经贸关系的负面影响日益明显。为改变这种不规范的现象，俄罗斯政府加大了对贸易秩序的整治力度。一方面，加强海关的监管，对所谓"包货"进口实施严格监控，以防止虚假报关；另一方面，俄罗斯政府加大了对自由大市场的整顿。2009年6月，俄罗斯政府关闭了位于莫斯科东部的切尔基佐夫斯基大市场。中国政府也很重视这一问题，商务部有关部门也加大了对国内从事对俄"包税"出口业务的清理整顿力度，积极配合俄方共同阻断俄罗斯"灰色清关"公司在华的非法商业活动，同时大力疏通正规清关渠道。

出现"灰色清关"这种现象的主要原因是20世纪90年代初苏联解体后，俄罗斯国内市场的商品供应极为紧张，需要从国外进口大量商品来满足国内市场的需求。由于俄罗斯的关税及其他进口税费较高，而且通关效率低下，为鼓励进口，简化海关手续，俄罗斯海关委员会允许所谓的"清关"公司为货主代办进口业务，即提供将运输和清关捆绑在一起的"一站式"服务。由于这种清关方式手续简单、货量不限、税率也比正式通关税率要低，所以一直以来，包括我国在内的许多国家的对俄出口都大量使用"灰色清关"这种方式。

在东北和远东之间的经济合作中，除了存在上述"灰色清关"问题外，还存在大量其他形式的不规范行为。特别是在边境贸易中，不规范行为更为普遍。边境贸易是中俄经济贸易合作的重要组成部分。所谓边境贸易是指边境地区一定范围内的边民或企业与邻国边境地区的边民或企业之间的货物贸易。在国际上，通常以 WTO 关于最惠国待遇的例外规定为依据，即指毗邻两国边境地区的居民和企业，在距边境线两边各 15 公里以内地带从事的贸易活动，目的是方便边境线两边的居民互通有无。但由于种种原因，在我国边境贸易的范围要比上述范围宽泛，我国边境贸易主要包括边民互市贸易和边境小额贸易两种形式。边民互市贸易是指边境地区的边民在距边境线 20 公里以内，经我国政府批准的开放地点或指定的集市，在不超过规定的金额及数量范围内进行的商品交易活动。截至 2007 年 6 月，我国经国务院或当地省级政府批准设立的中俄边民互市贸易区共有 12 个，分别是黑龙江省的黑河、绥芬河、东宁、抚远、同江、密山、虎林、饶河、逊克和萝北，以及内蒙古自治区的满洲里和吉林省的珲春。① 而边境小额贸易是指我国边境地区经国家有关部门批准的有边境小额贸易经营权的企业，通过国家指定的陆地口岸，与毗邻国家边境地区的企业或其他贸易单位之间进行的贸易活动。

我国对俄边境贸易主要在我国北方边境 4 省区——黑龙江、吉林、内蒙古、新疆与俄罗斯接壤的省区开展。从我国对边境贸易范围的界定可以看出，我国边境贸易的范围超过 WTO 中规定的距边境线 15 公里以内的限制，造成事实上我国在一定程度上存在"边贸无边"的混乱现象。

此外，在我国与俄罗斯接壤的边境地区，还存在大量的旅游购物这种边境贸易方式，即中俄边境地区的居民以旅游的名义到对方国家购物，然

---

① 中俄经贸合作网，http：//www.crc.mofcom.gov.cn/article/hqhuishiba/eshangwuri/200706/40732_1.html。

后将商品打包携带回国。这种行为通常被称为"倒包"。一方面，由于这种旅游购物游离于正规贸易之外，政府无法对产品的质量、价格、进货渠道进行有效的监控，因而消费者的权益得不到有效保障；另一方面，这种旅游购物方式绝大多数是在市场上以现金方式进行交易，从而导致国家税收大量流失。此外，在我国边境地区开展对俄劳务合作过程中，有一部分劳务输出的报酬是以实物方式回报的，而这部分回报的实物又常常通过正常进口渠道进入国内。① 总之，在东北和远东两地的经贸合作中存在很多不规范之处。这些问题的存在，不仅造成国家税收流失，扰乱两地的贸易秩序，而且也制约了两地经贸合作的正常发展。

第二节　东北与远东区域经济合作的制约因素

虽然东北与远东地区在许多领域都存在经济互补，相互间也都有共同发展的意愿，但事实上，至今东北与远东的合作潜力还远远没有发挥出来，两地发展区域经济合作还存在许多制约因素。产生这些因素的原因有很多，也很复杂。既有历史原因，也有现实原因。概括起来，东北和远东地区发展经济合作的制约因素主要有如下几个方面。

一　远东地区人口少、市场规模小、劳动力短缺

（一）远东地区人口少、市场容量有限、经济规模难以扩大

市场规模无疑是发展区域合作需要考虑的一个重要因素。远东地区是俄罗斯人口最少的经济区，只有 600 多万人，每平方公里仅为 1.1 人，而且该地区人口外流严重。据统计，在 1992～1995 年经济危机严重时，远东每年净外流的人口都超过 10 万人。2010 年 10 月俄罗斯的人口普查显示，1991～2010 年的 20 年里，俄罗斯远东地区的人口减少了 25%。2002～2010 年，俄罗斯的人口减少了 1.6%。其中人口下降幅度最大的地区为远东联邦区，下降幅度为 6%，人口降至 629 万人。人口少决定了其市场容量相对狭小，居民购买力总体有限，因为远东地理上所处的位置决定了其

---

① 张丽平：《规范并促进中俄边境贸易的发展》，http：//www.mofcom.gov.cn/article/s/200402/20040200176117.shtml。

市场规模的潜力主要是由当地人口数量和消费能力所决定的。从长远看，东北与远东开展区域合作将会受到远东地区人口减少的制约。虽然双方对两地边境贸易的稳定都有需求，今后仍会保持良好的发展势头，但是由于边境贸易规模有限，且边境贸易的结构也比较单一，偏重于低档次及一般性生活用品，因此从长远看，如果远东的人口形势得不到改善，则两地区域合作的发展空间将会受到制约，难以扩大合作规模、提升合作层次。

（二）远东地区劳动力不足

劳动力短缺是长期困扰远东经济发展的重要问题。远东地区原本就人口稀少、经济基础薄弱，加之俄罗斯独立后经济持续多年萧条，失去中央财政补贴后，经济陷入更深重的危机中，经济危机恶化了居民的生产和生活条件。而且远东地区地理位置偏远，气候条件恶劣。上述原因导致改革后远东地区的人口流失严重。人口下降、劳动力不足已经成为远东经济发展的巨大障碍。

为改善远东地区的人口状况，遏制远东人口不断减少的趋势，一方面，俄罗斯政府积极采取措施促进东部地区的经济发展，希望通过提高远东地区人民的生活水平，来稳定当地居民的生活，抑制人口外流；另一方面，俄罗斯政府也采取鼓励措施吸引国内西部地区的人到远东，并积极召回在独联体国家居住的俄罗斯族人返回俄罗斯。俄罗斯宣布从2006年1月1日起，将"赦免"100万名独联体国家的非法移民，给予他们合法身份。俄罗斯政府希望通过提供良好的居住环境和合适的工作岗位，努力吸引俄罗斯西部地区的居民以及海外侨民进入远东地区定居生活。但是，以远东地区目前的经济发展水平和基础设施状况，加之地理位置和气候等因素，很难吸引大批移民迁入。总体上看，这些政策至今尚没有取得明显效果。[①]

虽然远东可以吸引非独联体国家的劳动力，但是出于种种原因，俄罗斯对大量非独联体国家的外国人口特别是中国人口进入远东有所顾虑，因而采取限制的政策。从2008年开始，俄罗斯开始对外来人员实行配额制，要求俄罗斯境内需要雇用外国劳动力的法人单位事先向国家卫生与社会发

---

① 马剑、黄晓东、江奎霖、马威：《俄要召2500万侨民回国》，《环球日报》2005年11月30日第十版。

展部提出劳务配额申请，得到批准后才能雇用外国劳动移民。而且国家对用人数量进行限制，用人单位只能按照每年获得的国家发放的配额数量雇用外国劳动移民。而对于俄罗斯自然人来说，要雇用外国劳动力则需要给外来劳务人员办理特许证，只有持有许可证者才能为俄罗斯的自然人提供服务，如做园艺工人、保安、清洁工等，但不能为法人打工。①

近年来，俄罗斯政府为整顿国内市场秩序，保证国内就业，不断减少外来劳务配额数量。比如，俄罗斯政府最初计划在2010年使用外来劳务的配额为200万人，后来调低至130万人。在严格限制外国劳务配额的同时，政府还提高外来劳务人员进入的标准。除了执行严格的注册登记、健康体检制度外，俄罗斯政府还建议在外国劳务移民中施行俄语考试制度，要求外来劳务移民掌握一定的俄语基础词汇。

此外，俄罗斯还对外来务工的行业进行限制。俄罗斯政府曾于2006年底颁发禁止外来劳务人员从事零售业的规定，但该规定在实际执行过程中没能得到有效落实。2009年末，俄罗斯总理普京再次签署命令，规定2010年禁止在酒和药品的零售贸易中以及售货亭和市场上各类商品的零售贸易中雇用外国人。总之，上述措施表明，俄罗斯对外来劳务人员实行严格的限制，所以，大量利用外国劳务人员到远东进行开发合作是行不通的。远东劳动力缺乏，而政府又限制大量使用外国劳动力，必然使区域合作发展受到限制。

二　远东地区基础设施薄弱

加强东北与远东的区域合作，提高两地的经济一体化水平，首先需要完善区域内的基础设施。目前远东地区的基础设施不完善，无疑会制约区域一体化的发展进程。在苏联时期，远东一直是全苏联的原材料供应地和军工生产基地，长期实行封闭政策，基础设施建设滞后。向市场经济转轨后，由于经济持续多年下滑以及地区财力不足，远东地区基础设施落后的局面没能得到改善。目前，远东地区基础设施薄弱主要表现在路网密度低且分布不均衡、交通运输设施老化且破损严重、交通运输业服务价格高但

---

① 《约200万移民将获得在俄就业许可证》，http：//rusnews. cn/eguoxinwen/ eluosi_caijing/ 20091120/42640075. html。

质量差等几个方面。

（一）公路和铁路网密度低，不能满足经济发展需要

远东是全俄罗斯 7 个联邦区中面积最大的联邦区，但是，远东地区的路网密度却是 7 个联邦区中最低的。根据俄罗斯科学院远东分院经济研究所在 2001 年出版的《远东纲要》中的表述，远东及外贝加尔地区公用运营铁路的长度仅为全俄罗斯所有运营铁路总长度的 13.8%，硬路面公路的长度为全俄罗斯的 9.5%。如果按面积折算，远东的铁路密度不到全俄罗斯平均指标的 1/3，而公路密度则不到全俄罗斯平均指标的 1/5。

如前所述，远东地区的公路运输是在二战后发展起来的，同全俄罗斯相比，远东的公路建设滞后。整个远东只有三条联邦级公路干线，主要分布在南部地区。自市场经济改革后，由于国家对运输业投入不足，远东的公路运输业陷入萧条状态，货运量和客运量等相关指标虽在个别年份有所上升，但总的趋势是下降。铁路也是这样，该区大的铁路干线仅有两条，即位于南面的西伯利亚大铁路和位于北面的贝阿铁路。此外，还有三条纵向铁路与两大铁路干线相连接。远东的铁路也主要集中分布在南部地区。其中位于南部的滨海边疆区、哈巴罗夫斯克边疆区、犹太自治州、阿穆尔州和萨哈林州 5 个联邦主体的面积虽然只占全远东的 23%，但却拥有远东运营铁路总长度的 98%。而其他位于北部的许多地区，至今还没有修建铁路。

（二）基础设施老化且破损严重

从公路运输方面看，远东地区的石子路约占 1/3，桥梁有一半以上至今还是木质结构，绝大部分公用汽车已超出服役期限；从铁路运输方面看，情况也是这样，主要固定资产的破损程度已经相当严重。此外，远东铁路的电气化程度低，仅为全俄罗斯平均指标的 1/2 左右，远东绝大部分路段至今仍然在使用内燃机车。

海洋运输方面的情况也是如此。远东拥有漫长的海岸线，其间分布着众多的港口，远东货运总量的 95% 以上是通过这些港口转运的。尽管远东地区海洋运输量大，但是其港口基础设施陈旧现象严重。在远东诸多港口中，只有 19% 的港口是专门码头，其中只有 23% 的港口深度超过 11 米。其中现代化程度最高的东方港，集装箱码头的深度也只有 13 米，不能接待在跨太平洋集装箱运输线上运货的第三代集装箱运输船，亟待改造和更

新。此外，远东地区的其他港口设备，如传统的吊车设备也严重老化，海洋运输船舶等也急需更新换代。①

进行市场经济改革后，持续多年的经济危机使远东地区基础设施落后、技术设备老化过时等问题更加严重。近年来俄罗斯政府开始重视远东地区交通运输业的发展，并制定战略规划以促进该地区运输业的发展，提高远东地区运输业的竞争力，平抑远东地区过高的运输价格。如2007年9月俄罗斯政府出台的《2013年前远东与外贝加尔地区发展战略》中规定，将投入大量资金用于远东地区的公路口岸等基础设施的改造。但是由于多种原因，远东的铁路、公路等运输能力低、港口的吞吐量小等问题至今依然没有得到解决。这些问题严重制约着远东对外经贸合作的开展。

除了上面所说的硬件交通基础设施落后外，远东地区的交通运输业的服务也存在质次价高问题。进行市场经济改革后，国家放开物价制定权，远东的交通运输费用及港口收费标准大幅上涨，尽管有关部门对价格进行了几次下调，但是远东地区的公路、铁路、海运价格和港口服务价格与国外相比还是高出很多。此外，远东地区还存在主要港口行政管理部门密集、各种费用征收秩序混乱、服务质量低下、耗费时间过长、海关作息制度紊乱等问题。

而在中国一边，虽然由于边境贸易开展得比较早，相对来说基础设施得到了一定程度的改善，但是仍有一些跨境基础设施建设不够完善，与两国边境区域开展合作的实际需求还存在较大的差距。比如，在我国三个较大的对俄口岸城市中，满洲里口岸的贸易量最大，由于这里交通设施良好，所以在铁路运输方面，满洲里的交通设施基本能满足对外贸易的运输要求。而另外两个重要口岸——绥芬河和黑河的交通运输能力则相对不足。绥芬河市紧邻俄罗斯滨海边疆区，这里的铁路、公路直接与俄罗斯对接。但是绥芬河市铁路运输能力不足，目前经过绥芬河市至俄罗斯的铁路通道已接近饱和状态。黑河口岸也是这样，由于缺少陆路口岸，加上连接两岸的跨越黑龙江的大桥至今尚未动工，黑河口岸只能在夏季以水上运输及在冬季以冰上运输的方式开展对俄贸易。受运输能力的限制，黑河市对

---

① 于晓丽：《俄罗斯远东地区交通运输市场现状》，《俄罗斯中亚东欧市场》2004年第9期。

俄贸易额一直处于较低的水平。[①] 交通运输能力的先天不足无疑是制约边境口岸地区对俄贸易发展的最大瓶颈。总之，为发展中俄区域合作，中国方面也需要进一步完善交通运输等基础设施方面的规划与建设。

三　社会心理因素的制约

社会心理因素的制约主要是指俄罗斯在开展对华经贸合作时存在矛盾心理。一方面，俄罗斯意识到如果不与中国开展经济合作，则远东地区的发展战略不可能得到有效落实，而一个落后的远东很可能是影响俄罗斯长治久安的"定时炸弹"；另一方面，俄罗斯又担心远东与中国开展区域合作会增强中国在远东这块领土上的影响力，从而削弱该地区与俄罗斯中央的联系。此外，俄罗斯还担心远东在参与中俄区域合作中处于不利地位。这种既需要与中国开展合作，共同开发远东地区，又害怕在合作中吃亏甚至担心"失去"这片土地的复杂心态，使俄罗斯在远东地区开展对华合作问题上总是举棋不定、左右为难。这种状况自然也会影响双方合作的顺利开展，概括起来，俄罗斯方面的矛盾心理主要体现在以下几个方面。

（一）担心中国强大后会危害远东的领土安全

改革开放以来，中俄双方的实力此消彼长。俄罗斯自1990年以来经济陷入持续多年的危机之中，综合国力大大下降。虽然进入21世纪后，俄罗斯经济开始复苏，但是其经济发展依然面临很多问题。而中国自改革开放以来，经济连续30年保持了高速增长，两国的综合国力出现较大的差距。特别是远东地区与相邻的中国东北地区相比，差距就更为明显。在这种形势下，一些俄罗斯人士出于传统安全思维，担心随着中国国力的提升，双方的经济军事力量对比发生变化，中国会出现"领土要求论"。于是在俄罗斯出现"中俄力量对比失衡论"，认为一个强大的中国会对其领土构成威胁，因而对中国经济的快速增长保持着戒备心态。俄罗斯前副总理沙赫赖就曾表示过："中国的发展成就对贫穷的西伯利亚和远东地区来说是一种威胁。"正是出于这种心理，包括远东地区居民在内的一些俄罗斯人因中国经济的发展而产生对远东地区领土安全的担忧。

---

① 王志远：《关于中俄边境贸易发展的几点思考——基于满洲里、绥芬河、黑河三市边境贸易的调查分析》，《俄罗斯中亚东欧市场》2009年第5期。

（二）出于对两地人口悬殊的担忧，抛出"中国人口扩张论"

远东地区的人口本来就少，改革后由于经济发展缓慢和基础设施落后，大量人口流失。人口危机不仅导致该地区劳动力短缺，成为长期困扰该地区经济发展的瓶颈，而且也成为该地区发展中一个十分敏感的社会问题。目前，远东地区的人口只有 600 多万人，而毗邻的中国东北三省就有 1 亿多人。巨大的人口差异也引发一些俄罗斯人的恐惧心理，认为中国人为寻求生存空间必然会大量流入俄罗斯远东地区。而大量中国人的流入将会引起远东民族成分的改变，若干年后远东就会有脱离俄罗斯的危险。另外，远东的人口危机也引发俄罗斯政府对国家领土安全的担忧。一个地区的人口安全指的是该地区人口规模适度、结构合理以及流动有序的一种状态。只有在人口安全的状态下才可以充分满足该地区经济、社会可持续发展对人才资源的需求，并保障该地区的社会和政治稳定。而远东地区人口不断流失的现象自然会影响俄罗斯的国家安全。[①]

也正是出于这种担心，近年来进入远东地区的中国人数量屡屡被媒体夸大。可以说，远东地区的中国人问题一直是俄罗斯某些新闻媒体炒作的热门话题。之所以会出现这种现象，主要原因就是俄罗斯国内有些人出于对国家领土的担心，故意极力渲染中国移民的规模。另外，中俄在移民问题上分歧较大，其中一个重要原因就是双方对于移民这个概念的理解有相当大的差异。中国人一般认为，"移民"就是指迁往国外某一地区永久定居的人，即已经在国外安家落户的人才能称作移民。而俄罗斯学者常常将"人口流动"与"移民"这两个概念混为一谈，他们把各种形式的人口流动，包括在居住地之外的工作、学习、出差、休假等都划入"移民"的范围。正是对概念的不同理解和媒体夸大的宣扬，使得在俄罗斯国内出现"中国人口扩张论"。一些俄罗斯人认为中国人到远东投资经商是中国政府有计划的移民扩张，目的是想占领空旷的远东。

受上述言论的影响，俄罗斯对引入外国劳动力特别是中国劳动力进入远东加以限制。远东人口稀少，经济发展需要外来劳动力进入。但是，由于担心中国人进入远东将会改变地方民族成分，所以俄罗斯在劳务合作问

---

① 〔俄〕杜德钦科：《中国和俄罗斯远东：关于人口不平衡的问题》，李随安译，《西伯利亚研究》2003 年第 2 期。

题上极力排斥中国。俄罗斯前移民局副局长帕斯塔夫宁曾经这样描述俄罗斯对外来人口的"心理红线"，"在俄罗斯任何一个地区，如果外来移民的数量占到当地居民总人数的20％以上，特别是如果这些外来移民还拥有完全不同的民族文化和宗教信仰背景，就会让当地俄罗斯居民感到非常紧张"。

苏联解体后，俄罗斯的移民政策中出现了两个新的名词，即"邻近的外国人"和"远方的外国人"。所谓"邻近的外国人"是指原苏联各加盟共和国的公民，即1991年之前持苏联护照的公民，而现在是独联体国家的公民；"远方的外国人"是指独联体国家之外的其他国家的公民。一般来说，独联体国家的劳务人员赴俄罗斯开展劳务合作相对容易，而非独联体国家的劳务人员则难度较大。俄罗斯对中国人大量进入怀有戒备和排斥心理，尽管大部分俄罗斯人承认中国劳务人员客观上对远东经济发展和城市建设做出了不少贡献。[①] 远东的开发和发展需要借助毗邻国家的劳动力资源，而俄罗斯在引入外籍劳务人员的问题上顾虑重重、左右为难，自然影响了区域合作的顺利开展。

（三）担心远东在区域合作中"吃亏"的心理

尽管中俄区域合作会给远东的经济发展带来切实的利益，但是在俄罗斯却有一些人及媒体宣称，中国扩大和加强与远东及东西伯利亚地区的合作，是为了大量进口当地的石油等资源，从而使这部分地区沦为中国的原材料附庸。一些国外媒体也经常散布这种言论。

之所以出现上述的担心和忧虑，主要是因为中俄两国的贸易结构。一直以来，在俄罗斯对中国的出口商品中能源、资源性产品占主导地位，能源和原材料的出口额占出口总额的50％以上。而俄罗斯自中国进口的商品主要是消费品。远东地区的出口结构同俄罗斯是一样的。以2008年为例，2008年远东对华出口的主要商品是木材及木制品（占对华出口总额的63.7％）、石油及石油产品（19.4％）、鱼类及水产品（6.3％）等。而从中国进口的主要商品是鞋类、汽车及机械设备、机电产品、服装、铁制品及塑料制品等。可见，在现阶段远东地区对华出口结构中占主导地位的仍然是资源性产品，其中木材及木制品、石油和天然气以及水产品是俄罗斯

---

① http：//russian. china. org. cn/business/txt/2008 - 06/19/content_15855933_2. htm.

远东地区对华出口的主要商品。①

尽管中俄的进出口贸易结构与两国的自然禀赋、产业结构有关，也反映了两国及两地间的经济互补性，但是这种出口结构让俄罗斯感到担忧，一些俄罗斯人甚至认为，俄罗斯未来可能会沦为单纯的原料供给国而非真正的合作伙伴。也有一些俄罗斯人针对两国存在的贸易结构不平衡问题，提出"中俄贸易做得越大，俄方吃亏就越大"的论调。2009 年 9 月中俄两国政府签署的《中华人民共和国东北地区与俄罗斯联邦远东及东西伯利亚地区合作规划纲要（2009～2018 年）》公布后，在俄罗斯社会各界引起了很大反响，一些媒体表示对俄罗斯远东地区沦为中国支配下的原料产地而担忧。

正是出于上述担心，俄罗斯在自然资源合作方面，对外资进入怀有戒备和排斥心理。虽然远东地区的振兴以及全俄经济的发展在很大程度上依靠对远东地区丰富自然资源的开发，而且这种大规模的开发从俄罗斯目前的经济实力来看需要借助外部的力量，然而，上述担心使得俄罗斯各级政府在开展区域资源合作中对合作预期收益非常敏感。表现出来的就是远东地区对与中国在文化、旅游、社会等方面进行交流十分积极，但一涉及能源、资源、经贸合作就十分谨慎甚至避而不谈。这种心理使远东在与东北地区开展区域合作时常常面临艰难选择，从而阻碍了两地经济合作的顺利开展。

中俄两国的贸易结构的确需要调整和改善，这也是双方领导人高度关注的问题。俄罗斯为改变资源型经济模式，降低经济发展对能源出口的依赖，明确提出要使国家经济由资源型向创新型转变，走知识经济和技术创新之路。2008 年 11 月，俄罗斯时任总理普京批准了《2020 年前俄罗斯联邦社会经济长期发展构想》。根据这份文件，在 2012 年前，俄罗斯将为经济转型创造条件；2012～2020 年，俄罗斯将开始发展创新型经济。为确保经济由资源型向创新型转变，2009 年 5 月俄罗斯还成立由时任总统梅德韦杰夫亲自负责的俄罗斯经济现代化和技术发展委员会。为此，俄罗斯政府一方面采取措施，限制国内资源的出口，比如提高原木出口关税等；另一方面积极推动经济现代化，提出以节能环保、核技术、航天通信、生物医

① 中国驻俄罗斯哈巴罗夫斯克总领馆经商室：《俄罗斯远东联邦区 2008 年社会经济概况及对华贸易情况》，http：//khabarovsk. mofcom. gov. cn/article/ztdy/200904/20090406147632. shtml。

疗和战略信息技术为国家发展创新型经济的五大战略方向。

2010 年 3 月，俄罗斯宣布在莫斯科郊区小城斯科尔科沃建立一个现代化的高新技术研发和商业化中心，即俄罗斯版的"硅谷"。2010 年 12 月，斯科尔科沃创新中心发布了首批启动的 16 个项目。其中包括普希诺创新城、国际量子光学和量子技术中心、约菲物理技术研究所附属薄膜工艺科技中心、智能摄像头程序系统，自动翻译系统（ABBYY 公司）、俄罗斯超导公司的超导项目、研制病毒流行病治疗及诊断药品项目以及新型废料综合加工和节能项目等。

同样，中国政府也高度重视两国贸易结构的改善问题。鼓励国内企业进口俄罗斯的机电产品，并积极协助俄罗斯有关企业在中国展示、宣传和推介它们的产品。同时积极采取措施，鼓励中俄两国在高科技特别是创新领域进行合作。构建必要的机制和平台，推动中国企业进入包括斯科尔科沃在内的俄罗斯高新技术产业园区。此外，两国也积极启动一批技术含量高的合作项目，如直升机、冶金、机械等领域的合作项目。

在两国政府的努力下，两国的贸易结构出现改善的迹象，主要表现在俄罗斯对华机电产品出口出现增长趋势，受金融危机影响中俄 2009 年贸易额下降 30%，但是俄罗斯机电产品对中国的出口却逆势增长。2010 年前 9 个月，俄罗斯机电产品对中国的出口同比增长 9.6%，呈现平稳增长势头。但是要实现贸易结构的转变还需要一个过程。当前中俄经贸合作正处于从规模增长转向结构调整的重要时期。解决双边贸易结构问题需要通过发展贸易来实现，而不是限制贸易。限制两国贸易既不符合中俄经济发展的需要，也不利于两国人民生活的改善。当前双方应抓住金融危机后两国经济复苏的良好契机，在各自国内产业结构调整的过程中寻找更多的合作机会，尤其是要关注技术含量高的投资和经济合作项目，通过一些大项目和高质量的中小合作项目，促进中俄经贸结构和发展方式进一步优化。

（四）民族文化差异导致的心理隔阂

地缘和人文的同源性和相似性是开展次区域经济合作的一个有利条件，相同的地缘人文背景为双方或多方的交流合作创造了便利条件。中国东北与俄罗斯远东虽然在地理上相互接壤，相互间也有着悠久的经济文化交往历史，但是中俄两国的民族、宗教、历史不同，在社会制度和历史文化上也存在很大差异，这种民族和文化差异会在无形中影响两地经贸合作的开展。每个民族都有其独特的心理素质，它是一个民族的社会经济、历史传统、生活方式以及地理环境的特点在该民族精神面貌上的反映。俄罗斯文化起源于欧洲，无论是从种族起源上，还是从宗教信仰上讲，俄罗斯人都深受西方文化影响。而中国作为一个东方文明古国，与俄罗斯民族不同，历史文化不同，宗教信仰也不同。

东西方文化的差异，使中俄两国相互之间产生距离感，很难做到完全坦诚相对。虽然妨碍中俄开展区域合作的政治经济因素已经消除，但是影响区域合作开展的文化心理因素依然存在。近年来，中国在经济上发展很快，引起一些俄罗斯人的担忧。这除了政治和意识形态方面的原因外，很大程度上还是源于文化和心理上的隔阂。对于中俄开展区域合作而言，首先要彼此信任，只有相互信任，才能共同谋求发展。虽然两国政府一直致力于扩大相互交流，加强相互了解，但是要真正消除这种深层次的隔阂是困难的，因为文化属于民族心理积淀的部分，它需要长期的融合过程。①中俄之间这种文化差异导致的相互不理解、不信任也成为两地开展区域合作的一个无形障碍。

四　区域投资环境不完善

东北和远东两地的投资环境不够完善也是制约两地开展跨境经济合作的一个因素。虽然俄罗斯经济自 1999 年开始复苏，至今已经连续 10 多年保持稳定发展，而且俄罗斯政府为推动本国经济发展，也出台了一系列鼓励和调节外商投资的法律法规，但是总体上看，至今俄罗斯的投资环境还不够理想，特别是远东地区的投资环境还存在很多不尽如人意之处。除了前文所述的基础设施建设滞后外，还表现在其他一些方面。

首先，俄罗斯政策不稳定，一些政策法规在执行过程中随意性较大。虽然俄罗斯已颁布一系列鼓励和调节外商投资的法律法规，但在实际操作中，俄罗斯国内对外资进入战略性资源产业如石油和天然气等部门实施各种限制性措施，对其他一些资源性产业如电力、煤炭资源开发以及森林工业等部门也大多持消极态度。2007 年 7 月俄罗斯颁布了一项《关于在战略

---

① 于国政：《俄罗斯远东地区制约中俄关系发展的问题及我国应采取的对策》，《国家社科规划项目成果要报》2001 年第 39 期。

经济领域保护俄罗斯民族安全利益》的法律草案。根据这项草案，俄罗斯未来将在 39 个战略行业对外国资本做出严格限制，并在税收、产业政策、外汇管理等方面实行一些保护性政策。为了减少资源性产品的出口，俄罗斯政府提高了 476 类产品的出口关税，其中原木关税由每立方米 2.5 欧元逐步提高到 50 欧元。此外，为保护本国经济，俄罗斯政府不断调整政策。2007 年以来，俄罗斯为了取缔以销售假冒伪劣商品为主的"集市贸易"，共清理了 115 个大市场，关闭了远东和西伯利亚地区的 13 处大市场，致使中方企业多年建立起来的对俄出口商品营销网络受到严重冲击。虽然《俄罗斯外国投资法》明确规定给予俄罗斯境内外国投资者的法定待遇不得低于本国投资者，但是实际上，目前外资在俄罗斯缺少应有的法律保障，损害外国投资者合法权益的事件时有发生。

其次，由于市场机制不完善以及俄罗斯国内市场经济意识普遍淡薄，行政机关办事效率低下问题普遍存在。俄罗斯在历史上商品经济不发达，又经历了长达 70 年僵化的计划经济，虽然进行了 20 多年的经济改革，但是从上到下市场经济意识普遍淡薄。主要表现就是俄罗斯的官僚作风至今未见明显改观，由于办事效率低，在俄罗斯做什么事情都需要长时间排队等候。比如注册一家企业需要得到许多部门的审批许可，需要数月甚至一年的时间才能批下来。为提高办事效率，一些公司和公民不得不采取行贿的方式。俄罗斯社会舆论基金会 2008 年 9 月的一份调查数据显示：有 29% 的俄罗斯人曾有过行贿行为，经常向官员行贿的企业家高达 56%，即使在那些从未行贿过的人中，也有 44% 准备向政府公职人员行贿。由于通过行贿解决权力机关的官僚化问题的现象普遍存在，社会腐败现象比较严重，一些海关人员、警察等公务人员公然进行敲诈勒索。而政府在这方面又缺乏有效的监管，导致外国投资者在俄罗斯时常遭遇风险。这种情况使得大量潜在投资者疑虑重重，不敢贸然挺进俄罗斯。

除了上述俄罗斯共性的问题外，远东地区还存在本地区特有的问题。主要是远东的自然地理条件不利于吸引外资，远东地区冬季漫长且寒冷，只有南部的部分地区属温和的季风性气候。此外，远东地区的地震也比较活跃。[1] 上述原因导致远东地区的资源虽然丰富，但却不易开发。比如，

---

① 于晓丽：《俄罗斯远东投资环境根本性问题论析》，《远东经贸导报》2007 年 1 月 22 日。

远东的矿产资源大多分布在气候恶劣、人烟稀少以及基础设施薄弱的偏远地区。如果在这些地区从事资源开采，那么企业首先需要新建交通运输通道及相关的生产、生活设施。而与俄罗斯中心地区相比，在远东地区建设交通道路所需的花费要高出 2 倍，建设工业设施的花费则要高出 3 ~ 6 倍。上述情况表明，尽管远东地区蕴藏丰富的资源，但是自然条件恶劣，开采难度大，成本花费高。远东的气候条件、生产布局特点决定了在远东要获取同样的经济成果，需要投入比在俄罗斯中部地区多 20% 的资金。总之，由于远东的气候环境比较恶劣，加之交通物流等基础设施建设滞后，当地的生活和商业成本远远高出其他地区，这也是许多有意到俄罗斯投资的人望而却步的重要原因。

在中国方面，中国东北地区的投资环境也需要进一步完善。首先，要加大东北地区对俄口岸、公路、铁路、桥梁、机场等基础设施的建设。在继续搞好交通、通信、供水等投资硬环境建设的同时，还要特别重视加强投资软环境的建设。优化投资软环境，取消不必要的行政审批项目，减少审批手续，提高服务素质，改进服务方式，如提供一站式服务等。其次，要继续深入市场经济体制改革，完善相关的投资法规，提升对外开放意识。积极发挥市场的引导作用，改变以政府为中心的投资促进方法，以公平的竞争环境和优惠开放的经济政策吸引投资者，并逐渐使企业成为区域合作的主要驱动者，这对促进次区域经济合作是至关重要的。

第七章

东北与远东区域经济合作的
原则与中国的政策选择

第一节　东北与远东区域经济合作的总体思路

东北与远东之间的合作属于次区域合作，它是一种低层次的区域合作。其实质就是通过生产要素在"次区域"地缘范围内的自由流动，实现生产资源的有效配置和生产效率的相应提高。次区域经济合作的主要范围是贸易和投资领域。如何抓住两国促进地方经济发展的有利时机，加强两地的区域开放与交流，深化地区合作，造福于两国人民，需要对两地区域合作的发展进行全盘思考，提出总体的合作思路。

一　统一规划、协调管理

虽然东北与远东的经济合作主要是由地方政府参与和推动的，地方政府在区域经济合作中起着重要作用，但是由于两地在开展合作的过程中，必然会涉及通关制度、劳务指标、商检制度等方面的问题，而这些制度性问题如果没有中央政府的授权或参与是无法有效解决的，因此在两地一体化的过程中，必须得到两国中央政府的支持和重视。

事实上，世界上任何区域集团化经济合作的实现，都是建立在相关国家中央政府相互协商、相互谈判的基础上的，而在这一过程中也必然少不了各国高层领导的直接介入和积极推动。任何一个国家若想通过单边努力推动或者主导区域合作的进程都会面临很大的困难；同样，在东北和远东区域合作进程中，两国中央政府之间的协调至关重要。这主要体现在以下几个方面。

第一，需要国家间的协调机制排解双方合作中遇到的制度性障碍，为区域合作提供制度性保障。开展区域合作，如果将消除或减少相互间的贸易壁垒、实现商品自由流通寄希望于各国自觉采取单边行动是不现实的，也是行不通的。所以，必须在两国政府已经达成合作共识的基础上，通过对话和协商，由两国中央政府协调双方在保险、税收、仲裁、商检、海关、运输等领域的法律法规，消除双方经济合作中的体制障碍。同时，还要消除或减少两地贸易、投资和人员往来的各种行政障碍，促进区域内产品、服务和要素的自由流动，保证合作渠道的畅通。①

第二，需要两国政府的相关部门对两地区域合作的发展及一些重大项目进行整体规划和统一协调。区域合作开发是一个长期行为，需要协调地区发展战略，对毗邻地区的合作进行整体布局和统筹规划。而这一过程往往涉及两个国家的宏观政策规划，靠地方政府来协调很困难。为此需要成立两国政府间的专门协调机构，统一负责规划东北与远东地区经济合作的领域、进程、模式和激励机制等。此外，一些重大建设项目的实施也需要得到国家的大力支持。比如边境地区的口岸建设不仅仅是地方政府的工作，也需要国家相关部门的支持；同样，两国边境地区的铁路建设，需要国家铁道部、发改委等部门的统一规划和审批。为确保区域合作的顺利实施，还需要两国政府设立专门的协调机构，对两地合作进程中遇到的重大问题进行协商解决。比如，对两地的经济社会等公共政策进行协调，对两地的交通、通信、生态环保等基础设施进行统一规划等。通过双方政府的统一规划和协调，明确分工，有序推进，确保地方边境经贸合作顺利开展。

二　建立多元的推动机制

建立一个有效的推动机制是中俄区域经济合作取得成效的关键。次区域经济合作具有软约束性，也就是说，从次区域合作的机制看，相互间没有组建具有法律约束力的组织机构，更多体现的是功能一体化而不是制度

---

① 赵立枝：《俄罗斯远东与外贝加尔发展新纲要和两地拓展边境经贸合作的基本构想》，《东欧中亚市场研究》2003 年第 7 期。

一体化。在这种情况下，区域合作的主要动力就是市场经济体制。由于没有强有力的法律和组织约束，各参与方的行动表现出一定的单边性，这种情况会阻碍区域合作的进程。如果仅仅依靠市场作用的自发演进，那么，区域经济合作机制的建立和完善将是一个漫长而曲折的过程。确保区域经济合作的顺利开展，需要两国政府有目的地积极推进区域合作。双方各有关主管部门和地方政府除了结合自身职能研究制定相应的支持政策和措施外，还应强化推进机制，建立和完善从国家到地方及企业等多层次的协调、推进和落实机制，以便对中俄两国区域经济合作的进程进行积极的引导和推动。

东北与远东的合作具有多层次的特点，既包括国家层面的合作和地方政府层面的合作，也包括民间的企业合作和边境地区的边民经贸往来。合作方式也是多种多样的，从过去单纯的易货贸易发展到相互投资、建立加工基地和科技成果产业园区等多种形式；两地的合作范围也不断拓宽，不仅局限在商贸领域，还包括投资、旅游、基础设施建设、人力资源、环保等多个领域。鉴于东北和远东的区域合作具有多层次性和多样性，推动两地合作的机制也应该具有多层次性和多样性。要建立和完善从中央到地方和企业等不同层面的协调机制，从制度上保证区域合作顺利开展。

首先，在国家层面，要发挥两国现有的各层次合作机制的作用。从1996 年开始，两国逐步确立了元首和最高立法机构负责人、总理以及两国外交部部长和其他具体职能部门的定期会晤机制。目前，中俄总理定期会晤委员会经贸分委会下设工作小组，充分利用上述政府间经常性互访的机会开展工作，为两地合作营造宽松的环境。

其次，在地方一级也要建立各层次的对话交流平台，来协调两地经济合作中出现的具体问题。要借助中俄边境地方经贸合作常设工作小组的工作机制，协调和解决区域合作中出现的重大问题。如延长海关通关时间、提高服务质量等。中俄边境地方经贸合作协调委员会是于 1998 年 1 月 19日在中俄边境和地方经贸合作常设工作小组第二次会议上正式成立的。该协调委员会的俄方代表团由毗邻中国的七个联邦主体（阿尔泰边境区、布里亚特共和国、阿穆尔州、赤塔州、哈巴罗夫斯克边疆区、滨海边疆区和犹太自治州）的副行政长官组成，中方代表团由黑龙江、吉林、辽宁、内蒙古自治区和新疆回族自治区的副省（区）长和东北主要城市（哈尔滨、沈阳、长春、大连）的市长组成。该委员会的成立宗旨是完善双方经贸合作的模式与手段、促进贸易增长、降低边界壁垒、加强边区建设、协调有关法律法规、加强边境合作发展经验交流、改善跨境河流生态状况和发展交通基础设施等。[①] 另外，中俄边境地区的各个省市也纷纷建立了一些定期会晤机制，比如，黑龙江省与毗邻的远东地区的一些地方政府建立了省州（区）长定期会晤机制，加强双方的沟通，及时协调解决经贸合作中出现的问题。

最后，两国的民间机构也要积极发挥作用。如各地商会应积极与俄方相关机构加强交流与沟通，借助民间团体、企业、行业协会之间的交流沟通机制，多方面推动区域经贸合作的健康发展。总之，要通过建立多层面的合作推动机制，形成多领域、多渠道促进区域合作的局面，从而最大限度地确保区域合作的顺利推进。

第二节　东北与远东区域经济合作的基本原则

一　平等互利，相互尊重

首先，互利共赢是中俄边境经贸合作的基础，也就是说在合作过程中不能只考虑单方面的利益，而要充分考虑对方的利益。因为开展区域合作的目的是借助地区间的合作实现单个地区所不能实现的福利，也就是说开展区域合作的前提是对双方都有利，如果只是对一方有利而对另一方无利，或者合作后的利益小于合作前的利益，那么合作自然就会停止。由于东北与远东两地的经济发展水平以及产业结构存在差异，所以开展区域合作对各自所产生的影响不尽相同。因此双方应选择那些对双方都有益的领域开展，只有对双方都有利，合作才能顺利并长久进行下去。

在实践中，我国在开展对俄合作时，俄罗斯方面一般都会有一些附属条件。如俄罗斯在对华出口石油、天然气的同时，一般会要求参股中国的炼油厂建设；在对华出口煤炭时，也常常要求中方协助其对

---

① 中国驻俄罗斯哈巴罗夫斯克总领馆经济商务室资料，http：//khabarovsk. mofcom. gov. cn/aarticle/zxhz/hzjj/200704/20070404609743. html。

煤炭生产企业的基础设施进行改造，并要求开展相关技术合作等，这些都是兼顾双方利益的表现。因此，在合作过程中双方都要认真考虑在合理的情况下尽量满足双方的需求，这样才能使双方的合作具有长期性和可持续性。

其次，要在合作中相互尊重，在平等的基础上展开竞争。东北与远东在政治、文化和宗教背景方面差异较大，这些差异决定了双方对同一合作项目存在不同的理解和选择。对此，双方要互相理解，尊重对方的选择。在平等的基础上，采取协商一致的方式推进合作。

二　先易后难，重视实效

任何区域经济一体化的实践都是一项长期的过程，因为它是一个综合性的系统工程，不仅涉及面广，而且关系到双方的切身利益，所以不能操之过急。在推进东北和远东区域合作的过程中，必须始终坚持积极务实的态度，要重视实效、循序渐进。在实施一体化的过程中，坚持先易后难、循序渐进的原则，要优先发展条件成熟的项目，即先在容易达成双边共识的领域取得突破，然后在此基础上逐步拓宽和深化。要始终明确开展合作的目的是实现优势互补，促进经济发展，让两地的人民群众切实享受到合作带来的成果，而不是为了合作而合作，合作只是手段，不是目的。

在推动两地区域合作的进程中，两地要协调行动，逐步展开。首先要逐步消除或尽可能减少两地之间产品和服务流通的障碍，促进两地产品、服务的自由流动。然后，在此基础上促进生产要素跨境流动，逐步在市场准入和管理方面放宽限制，对区域内的企业的登记注册、市场准入一视同仁；同时对企业的投资条件、税收政策实行同等待遇；对两地的各种经济主体实行国民待遇。下一步就是推动区域产业布局的合理化，统筹东北和远东的产业发展，按照规模化和集约化的客观要求，形成分工明确、联系紧密的产业布局。

三　重视环保，确保可持续发展

开展区域合作必然面临当前利益和长远利益的矛盾。从世界上已有的区域合作实践来看，开展次区域经济合作的长远利益都大于其当前利益。但这首先需要各国进行先期的投入，只有这样才能保证合作的后续利益。

所以，东北和远东在区域开发和开展合作的过程中要立足长远，把近期利益与长远利益、局部利益与全局利益相结合。

经济发展与生态环境是一种相互依存、相互制约的关系。在东北和远东的区域合作中，要重视保持经济发展和生态环境的平衡，处理好发展经济与保护环境的关系。俄罗斯十分重视环保问题，2002 年俄罗斯制定了《俄罗斯联邦环境保护法》。俄罗斯环保法涉及的对象十分广泛，不仅包括土地、矿产、地表水和地下水、大气、动植物及其他生物、臭氧层和近地宇宙空间等自然环境与资源，还包括人文环境与自然－人文物质等方面。同样，中国政府也高度重视环境保护工作，始终提倡经济建设、社会效益和环境效益相统一的原则。1984 年，我国成立了国务院环境保护委员会和国家环境保护局；1989 年颁布《中华人民共和国环境保护法》；此外，政府还制定了一系列保护环境的相关法规。

在两地开展区域合作的过程中，要高度重视环境保护问题。特别是在两地合作的具体项目中，有很多是资源开发类项目，既有国家级的能源合作项目，也有地方级的能源合作项目。在这类项目的实施过程中，尤其要重视避免产业合作中的短期行为。资源开发不能以破坏环境为代价，要在全面规划、提供技术保障的条件下，从资源的生产、运输、消费等各环节的源头抓起。坚持资源综合利用，借助技术进步大力发展循环经济，杜绝新污染源产生。

总之，东北和远东在研究制定区域合作开发方案时，要注意对环境影响的评估，把环境目标列为重要内容。坚持以可持续发展为目标，切实保护生态环境，避免对生态环境造成破坏。在资源的合作中，严格执行两国的相关法规，依法强化项目管理。

第三节　推动东北与远东区域经济合作的对策建议

区域经济一体化是当今世界各国促进经济发展的重要途径，也是地理上相邻的国家或地区为应对全球化冲击下的激烈竞争环境而做出的必要选择。中俄互为最大邻国，不仅具有得天独厚的地缘优势，而且在经济上具有互补性，更重要的是两国的边境地区都面临着发展经济的历史重任，两国又都相继出台了振兴地方经济发展的规划。面对这一难得的历史机遇，双方政府都应高度重视，积极推进两国的区域合作。

东北与远东开展区域合作虽然具有良好的经济基础，也存在巨大的发展空间，但是从实际情况来看，受各种经济和非经济因素的制约，两地的合作进展缓慢，至今仍停留在初级阶段。发展区域合作除了具备必要的经济基础外，还需要其他社会方面的支持，包括相关的法律、政策及共同的合作意识等。东北和远东地区的一体化合作，不仅需要市场力量推动，更需要两国政府的激励、引导和约束。概括起来，政府的作用主要体现在以下几个方面。

一　加大政策扶持力度

政策支持是确保两地的区域合作顺利实施的关键。面对两国区域开展合作的新机遇，政府应本着互利双赢的原则，积极出台相应的政策和法规，改善区域内的投资环境，促进相互间的投资和贸易往来，为东北与远东的经济合作提供良好的制度和政策环境。

首先，政府要通过制定和完善相关法律法规来规范贸易秩序，维护市场的有效运行，保证双方合作渠道的畅通。长期以来，中俄之间的相互投资发展得相当缓慢，虽然有客观原因，即两国经济都处在高速发展与调整阶段，都需要投入大量资金。但是不能否认，俄罗斯国内法律不健全、有法不依等制度不完善等问题也是制约双方投资合作的重要因素。为完善投资环境，促进投资合作，双方政府应制定并完善在金融、保险、税收、仲裁、商检、海关、运输等领域的相关法规。通过完善政策和制度，共同打击各种商业欺诈和不法行为，使两地区域合作的联系渠道更加畅通。

近年来，两国政府为扩大双方的投资合作和推动相关项目的实施先后出台了一些法律法规。例如在 2006 年 11 月，中俄两国政府在北京签署了《关于批准俄罗斯联邦和中华人民共和国政府鼓励和相互保护投资协定及其议定书》，2009 年 6 月，两国领导人又批准了《中俄投资合作规划纲要》等法律文件。中俄两国关于鼓励和相互保护投资的政府间协定的一个重要条款就是规定在投资待遇方面，双方给予对方投资者在投资及相关活动方面不低于其给予本国投资者的待遇，也不应低于其给予任何第三国投资者的待遇。这为两地的相互投资提供了法律上的安全保障。该协定的出台给两国企业在投资领域的合作注入了新的动力。据有关部门反映，协定出台后，两国企业在发展投资合作方面表现出越来越浓厚的兴趣，包括大中小企业以及各行业协会在内的中俄两国商界人士正在重新评价两地合作的市场机会和潜力，积极探索新的合作形式和方法。《中俄投资合作规划纲要》是 2009 年 6 月 17 日由中俄两国元首批准的，该纲要明确了中俄投资合作的优先领域，以及两国发展投资合作的基本原则和推动合作的促进机制。《中俄投资合作规划纲要》的签订无疑为中俄两国投资者的经营活动指明了方向。

其次，还需要政府制定鼓励相互投资和贸易的优惠政策。通过联合制定产业合作优惠政策，或者在贸易、投资、关税、交通运输、产业政策等方面出台一些比较优惠的政策，促进两国企业开展跨区域合作，加快区域经济合作的发展进程。目前，两国政府在这方面都已经出台了一些优惠政策。比如俄罗斯政府为吸引外资、规范管理，出台了《俄罗斯联邦外国投资法》，明确规定外资重点投资项目可以享受政府的税收优惠。此外，俄罗斯还颁布了一些与《俄罗斯联邦外国投资法》相配套的联邦法律法规。其中 1995 年 12 月颁布的《俄罗斯联邦产品分成协议法》是一部专门协调国内外投资者在俄罗斯境内从事与勘探和开采矿物资源等有关投资活动的法规，该法不仅极大地简化了投资者与俄罗斯联邦国家之间的关系，而且还规定在一定期限内，投资者可以免交企业所得税和资源使用税。为鼓励投资租赁业务的发展，保护财产所有者和投资者的权益，俄罗斯政府还于 1998 年 11 月颁布了《俄罗斯联邦融资租赁法》。该法规定国家对无论国内还是国外的租赁主体都给予同样的政策支持，包括提供国家担保、为租赁项目提供投资贷款等。

除上述覆盖全国范围的优惠政策外，远东各地方政府也积极出台优惠政策，以吸引外国企业特别是大企业对远东进行投资。一般来说，远东地方政府的政策支持主要体现在用当地政府的预算为投资者提供一些贷款和税收优惠，为当地的优先投资项目做担保，为当地一些大型项目发行专项债券融资等。而且，地方政府依据外商投资项目的领域不同给予其不同程度的优惠和保护。

同样，我国政府也制定了一些鼓励对俄合作的优惠政策。1996 年我国出台了边境经贸政策，其核心是国家对边境小额贸易进口关税和进口增值税实行减半征收，即进口税收"双减半"政策。十几年来，它对促进边境经贸合作发挥了重大作用。正是在这些政策的支持下，边境地区的开放取得了辉煌的成就。2008 年，国家对该政策进行了调整，修改后的边境经贸政策的主要内容是加大对边境贸易发展的财政支持力度，采取专项转移支付的办法来替代现行的进口税收"双减半"政策，以及提高边境地区边民互市贸易的进口免税额度等。

东北地区各省区的政府也从实际出发积极出台一些优惠政策。黑龙江省政府在 2004 年编制的《关于全面提高对外开放水平促进经济加快发展的意见》中，详细列出了省政府为促进对外经贸合作所提供的各种更优惠、更具体、更有可操作性的扶持政策。比如，在土地使用政策上，一般的工业项目可采取协议出让或租赁供地的方式，依据所在地块的不同情况给予相应的土地出让金优惠，对高新技术项目则给予更大的优惠；在财税政策上，黑龙江省政府规定对企业所得税地方留成部分给予优惠。

总之，开展中俄区域合作需要两国政府的鼓励和优惠政策，通过提供政策最宽松、条件最优惠的合作环境，推动区域经贸合作顺利发展。

二 完善中方境内区域合作的基础设施

实现东北振兴和远东开发两大战略的跨国对接，提高两地的区域合作水平，加强区域的基础设施建设是一个关键因素。目前，中俄两国边境地区的基础设施落后，不仅抑制了双方边境口岸对外开放的主体功能发挥，而且阻碍了两国经贸合作的大规模发展。为此，必须加强两地的基础设施建设。

首先，要加快物流通道建设，确保区域合作大通道的形成和畅通。在区域经济合作中，必须以交通为基础，奉行"道路先行"的原则，也只有率先实施两地的交通对接，才可能谈到加强产业对接，最终才能实现区域对接。要加强地区之间的交通运输设施建设，尽快实现两地陆路（包括铁路、公路）、水路、航空立体交叉渠道的畅通。只有完善双边口岸、公路、铁路、港口、通信等基础设施的硬环境建设，才能充分发挥东北和远东地区独特的区位和资源优势。

对于中国方面来说，东北地区要加强边境地区对俄公路、铁路和跨界大桥等口岸基础设施建设。比如，加快推进同江铁路大桥、黑河公路大桥等边境地区的交通道路建设，解决边境地区的运输不畅等问题。此外，要积极打通海陆联运通道，近年来，随着俄罗斯东部经济发展战略的实施，远东地区港口基础设施的建设力度和配套能力有了很大改善。但是由于俄罗斯方面的海关限制条件比较多，再加上中方货物海运的报价偏低，所以至今还没有开通双方海陆联运大通道。从长远考虑，为进一步拓展和推进东北和远东地区的区域合作，需要将远东的海路与东北地区的海路贯通起来，实现区域大流通、大发展。为此，中俄两国政府及海关部门正在开展双边磋商，一方面，俄罗斯将加大其对海关部门的治理改革力度，另一方面，中国政府也敦促国内的货运企业按照通行的国际规则办事，杜绝过度随意砍价，做到随行就市，只有这样才能开启海陆联运业务的进程。① 只有区域物流通道的建设完善了，才能带动区域整体经贸活动的进一步升级。

其次，要完善边境口岸城市的基础设施建设。要加快对口岸地区合作开发具有重大影响的能源、交通、通信等基础设施建设，充分利用边境口岸独特的区位优势，提高边境口岸城市对外开放的基础作用。另外，从区域合作的现实需要和长远利益出发，需要重视对口岸城市的建设规划，使区域贸易中心、物流中心建设相结合，全面提升口岸的功能和作用。通过夯实口岸城市开放型经济的发展基础，引导更多的国内外优势企业到边境地区开展业务，更好地发挥其前沿阵地作用。

最后，还要加快边境地区对俄各种合作园区的建设。目前，东北地区建有各种类型的对俄合作的开发区，包括各类合作园区、互市贸易区以及合作中心等。要完善这些合作园区的建设，确保将园区建设成为全面开放、政策优惠、功能齐全的对俄经贸合作平台。在各个园区的建设过程中，要重视完善园区的各种功能建设，支持发展综合商场和商品会展中心，特别是要完善仓储物流、进出口加工、金融信息服务等功能，逐步推动对俄合作园区向跨境经济合作区过渡，成为开展跨境生产、加工、运输、销售、投资等全方位的对俄合作"大平台"。②

---

① 李靖宇、徐华：《实现东北振兴与俄远东开发战略对接须解决的问题》，《西伯利亚研究》2009 年第 3 期。

② http：//www. hlj. gov. cn/zwdt/system/2009/10/29/000073037. shtm.

三　强化对俄合作的服务功能

公共服务是政府职能的重要体现。随着我国经济体制的转轨，政府部门的职能随之进行调整，即从计划经济体制时期的"经济建设型"政府转变为市场经济体制下的"服务型"政府。

（一）完善服务环节，提高相关政府部门的办事效率

为方便两地人员的往来和要素流动，促进区域合作，东北和远东两地应积极争取本国政府的支持，减少审批环节，提高办事效率。相关单位和部门要提高立项、用地、环评等各个具体环节的行政服务效率，切实保证对俄经贸合作项目的顺利实施。同时，还要在通关、检验检疫、货币兑换、贸易结算、落地签证等方面积极探索，采取更加便利的措施。

（二）建立经贸信息发布平台，及时提供发布双方经贸政策法规及相关经贸信息

目前在中俄经贸合作中，两国的贸易发展比较顺利，而相互投资却是"短板"。通过实地调查，许多中方企业表示，其并非不想到俄罗斯投资，而是因为不了解俄罗斯市场，缺少可靠的对俄开展业务的咨询机构，所以"不敢"到俄罗斯投资，或者担心在俄罗斯开展业务会遇到自身难以解决的问题。为改变这种状况，各级政府需要积极打造对俄经贸合作的信息平台，逐步建立和完善信息发布机制。

首先，通过建设高水平的信息服务平台，为双方企业提供双方政策法律方面完备的信息。开展中俄合作必须了解和掌握对方税收、进出口等方面的政策。俄罗斯的政策经常变化，为此，政府相关部门需要跟踪调研俄罗斯政策法规的相关动态，及时准确地发布其政策调整情况，同时提供相关的法律服务。

其次，要及时发布俄罗斯市场的动态信息。市场是瞬息万变的，只有通过信息交流，及时了解俄罗斯的最新动态，才能确保企业抓住有利机遇，开展合作。为解决多年来国内各方面对俄方市场信息不灵、联络困难、渠道不畅等问题，相关政府部门应及时搜集、分析和传递俄罗斯市场的供求信息，向各级决策层和企业提供咨询服务，以利于企业及时捕捉项目建设、商品供求等市场信息，促进中俄合作向更高层次、更大领域发展。目前，中国商务部和俄罗斯经济发展部联合主办了中俄经贸合作网

站，东北各省区的各级商务部门也都建立了相应的对俄经贸信息平台，及时发布俄罗斯市场的变化情况。

（三）提供多渠道的金融支持

目前，我国东北地区开展对俄经贸合作的企业大多规模偏小，自有资金有限，迫切需要外部的金融支持。但由于企业资产规模较小，难以获得金融机构的实际支持，长期以来处于借贷无门的境地。为解决这种情况，各级政府特别是边境地区政府有必要采取措施给予必要的援助。通过打造融资平台，拓宽融资渠道，帮助企业解决开拓俄罗斯市场的资金问题。当然，具体的金融支持方式可以是多种多样的，在经济相对发达、财政收入较充足的口岸城市可以考虑设立政府专项基金，比如设立中俄地区合作发展资金，专门用以扶持边境企业，帮助它们扩大对俄经贸规模。同时，各级政府还要加大与国家进出口银行、开发银行等各银行的合作力度，努力扩大政策性信贷投放总量，帮助这些企业解决发展过程中的资金问题。

考虑到目前对俄罗斯进行投资还存在较大的风险，有必要建立有效的避险机制，以增强企业进入俄罗斯市场的信心。因此，中央政府需要充分发挥政策性保险的作用，设立对俄合作风险基金，加大信用保险力度，支持企业开展对俄经贸合作业务。同时，要鼓励更多的民间资本进入出口担保队伍，扩大担保公司的数量。根据实际需要，还可以成立专项边贸担保公司，对那些不仅信誉良好，而且具有稳定货源和销售渠道但资金不足又缺乏抵押物的企业提供银行贷款担保和进出口信用担保等。从金融上支持对俄经贸合作的发展，加快区域合作的进程。

（四）建立政府间区域合作的协调机制

东北与远东企业在开展经贸合作的过程中，难免会遇到各种各样的问题和矛盾，尤其是在海关、商检、税务、外汇等部门会遇到各方面的问题，需要两国相应的政府部门加强双方的沟通与协调，建立有效的协调机制。不断简化出入境手续、提高通关验放速度；同时，规范双边进出口货物的收费行为，统一检验检疫标准，并引导两国边境地区的经贸合作朝着符合国际惯例的方向发展。

首先，要共同规范交易秩序。为解决目前双边贸易中存在的秩序不规范、"灰色清关"等问题，2009 年 10 月，在中俄总理定期会晤委员会框架下设立了中俄海关合作分委会，双方将开展规范通关程序、提高海关监管效率、打击走私违法等方面的合作。据了解，目前，为规范贸易秩序、提高通关效率，中俄海关正在联手进行信息交换试点工作。其中，满洲里口岸成为中俄海关信息交换唯一的陆路试点。中俄海关启用信息交换试点后，两国海关将所有出口到对方的货物的有关数据实时传输至对方海关，这些货物信息包括出港日期、出口经营单位、发货单位、运输工具名称、航次号、集装箱号、商品名称、海关放行时间等 16 项。这样，对方海关就能根据传送过来的信息，提前开展风险分析，从而选择监管重点，使合法货物快速通关。这就为双方共同打击海关领域内的违法行为提供了方便，从而将使长期困扰中俄贸易并导致贸易纠纷的"灰色清关"问题得以真正解决。

在规范贸易秩序、加大执法力度的同时，还需要政府积极引导对俄合作企业调整对俄发展战略。引导企业由以贸易为主向贸易与投资、技术合作并重转变，由以商品贸易为主向技术贸易和服务贸易协调发展转变。

其次，要共同解决俄方反映强烈的非法移民问题。当前中俄间非法移民问题较为突出，为解决这一问题，2006 年 5 月，中俄两国政府成立了关于移民问题的联合工作小组。自该小组成立以来，至今已经召开了多次会议进行协调。鉴于移民问题的复杂性，中方参加会议的代表包括公安部、外交部、人力资源和社会保障部以及商务部的人士，而俄方代表团包括俄罗斯联邦移民局、卫生与社会发展部、外交部、安全总局等部门的人员。目前，上述两国政府的相关部门正在就劳务移民问题展开协商。

从中国方面来看，中方政府应该建立完善对外劳务合作的促进机制，解决我国在俄罗斯的非法劳工问题。一方面，要积极同俄方协商增加我国在远东地区合法就业人员的配额。通过这种方式，保持我国劳务人员在俄罗斯企业市场的竞争力，同时也为远东的经济发展注入活力。双方可探讨以投资带动就业的合作方式，即中方对远东地区每投资一家企业，就增加一定的就业人员配额。另一方面，鉴于目前从东北地区赴俄罗斯的劳务人员绝大部分都是农民，无论文化程度还是个人修养都需要提高。所以，需要政府相关部门加强劳务人员的培训和境外管理，提高外派劳务人员的素质，以适应俄罗斯整顿移民秩序的要求。

最后，要积极引导对俄经贸企业采用现代化的营销方式。随着现代科技的发展，企业运用电子商务开展经营业务已经越来越普遍。据中国商务部预计，未来 10 年，将会有 70% 的贸易额通过电子交易方式完成。电子商务可以节省大量人力、物力、财力，降低成本，而且电子商务交易突破了时空限制，使交易行为更加方便快捷，极大地提高了企业效率。所以，未来电子商务将成为主流的商业模式。因此，要积极引导对俄经贸企业采用电子商务，降低市场开拓成本。据了解，目前，黑龙江省绥芬河市正在重点建设中俄电子商务平台。该平台为中俄双语版，设置的栏目结构包括政策资讯、产品资源、交易大厅、网上商城、在线论坛等页面。任何一个对俄经贸主体在网上完成注册登记后，只需在中文版面上发布商品供求信息，平台客服中心就会将这些信息自动翻译成俄文显示在俄文版面上。中俄电子商务平台能够提供从发布商品供求信息、在线翻译、商务洽谈、达成交易到进出口通关、国际物流配送、国际结算、核销退税等全流程商务服务。利用该平台开展对俄经贸活动，不仅可以为中俄企业的合作消除语言障碍，而且还可以节约时间、降低成本、拓宽合作渠道、创造更多的合作机遇。①

四　重视对俄经贸主体的培育

目前东北和远东的区域合作过分依赖政府部门的推动，尽管民营企业已经成为对俄经贸的主体，而且出现了一些对俄进出口额超百万美元甚至超千万美元的企业，但是总体来看，东北地区对俄经贸主体还是很薄弱，大多是规模较小的私有企业，存在竞争力不足的问题。以我国对俄经贸龙头大省黑龙江省为例，该省的外贸企业多以中小型企业为主，2008 年全省进出口额 500 万美元以下的企业达 2200 余家，占比近 80%。由于这些企业注册资金少、固定资产少，很难得到金融机构的信用支持，大部分企业都是以自筹资金或民间借贷等形式进行发展。经贸主体薄弱这种情况严重制约了对俄经贸的快速发展。②

做强对俄经贸主体是提升对俄经贸合作层次的重要支撑，为提高对俄经贸主体的国际竞争力，必须进一步扩大对俄经贸主体的规模。为此，需要政府的引导和扶植作用。

首先，要大力鼓励更多东北地区的企业和民众从事对俄贸易与投资，

---

① 中俄经贸合作网，http://www.crc.mofcom.gov.cn/article/yantaohui/hyfy/200912/46412_1.html。
② 曲静：《黑龙江外贸现"倒春寒"出台新政力促外贸"止寒回暖"》，《黑龙江日报》2009年 3 月 26 日第 3 版。

不断培育新的对俄贸易主体，扩大主体规模。同时，要积极创造条件组织东北各类企业，特别是有意进入俄罗斯市场的中小企业到远东进行实地考察，并帮助他们解决资讯、资金、人才、技术、语言等障碍，创造机会使他们参与到中俄区域合作中来；对重点企业要加大扶持力度，在政策、信息等方面给予倾斜和优惠，引导企业提升层次，做大、做强对俄贸易龙头企业。

其次，要积极吸引有实力的境内外企业和投资商到东北地区参与对俄经贸合作。要充分利用东北和远东振兴对接的历史机遇和政策机遇，加大"南联北开"力度，以港澳台、珠三角、长三角等为重点，通过招商引资，积极吸引有实力的境内外企业和投资商联手开展对俄经贸合作。为此，需要各级政府完善东北地区的投资环境，加大东北地区的市场开放力度。因为营造良好的市场经营环境是一个地区有效地吸引外资的前提。努力提高东北地区各级政府部门的服务水平和办事效率，建立外商服务机制，帮助地区企业创造条件引进外贸人才，以及帮助企业解决人才引进过程中遇到的各种问题。

再次，要加强对俄经贸人才的培养和储备工作。为解决对俄经贸主体薄弱的问题，需要不断培育新的对俄贸易主体。为此，需要培养一批既精通俄语、了解俄罗斯国情和民族风俗，又通晓国际投资规则和俄罗斯法律的人才，作为人才储备。东北地区高等院校、科研院所众多，专业技术人才比较集中。黑龙江大学作为全国的俄语教育基地，也是我国培养各种对俄专业人才的重要基地之一。据了解，2011 年黑龙江省将依托黑龙江大学的俄语教学优势，在黑龙江大学俄语学院设立一个对俄合作专门人才培训基地。作为国内一流的对俄合作专门人才培训基地，该基地将依靠黑河、绥芬河等口岸的地域优势，在远东地区的三个城市——布拉戈维申斯克、海参崴和哈巴罗夫斯克设立境外短期实习基地。在学科设置上，除强化俄语教学外，还重点对俄罗斯联邦特别是远东地区的发展规划、政策、法律法规等对外合作基本知识进行培训。通过强化培训，培养既通晓俄语，又了解俄罗斯法律、经贸、文化、科技、传统、风俗等方面知识的专门人才，以满足对俄经贸人才日益增长的需求。

最后，要积极探索与俄罗斯方面开展形式多样的人力资源培训合作。俄罗斯的高等教育水平居世界前列，拥有许多国际著名的大学。通过合作，借助俄罗斯的教育资源，为我国培养全方位的外语通、专业精的国际复合型人才。近年来，东北地区许多高校先后与俄罗斯一些大学、院校开展联合办学。充分利用各自的教育优势，广泛开展长期或短期的人才培训合作。今后东北地区的各高校和科研部门要加强产、学、研的结合，发挥科研单位、大专院校的"孵化器"作用，互相培养急需、短缺人才。通过两地人才培养方面的交流合作，提升对俄经贸人才的层次，培养一批真正懂俄罗斯国情、法律、语言的人才，以促进区域合作的发展。

五 增进相互了解与信任

尽管目前在俄罗斯"中国威胁论"有不断降温的趋势，但是其影响依旧存在，在俄罗斯仍然有一些人士担心中国的强大会对远东构成威胁。为保证东北和远东区域合作的顺利进行，需要消除"中国威胁论"的不利影响，这不仅有助于促进两国经贸合作关系的发展，而且对进一步提升两国的政治互信有重要意义。

（一）扩大交往，增强互信

"中国威胁论"之所以到现在在俄罗斯还有一些市场，主要原因之一就在于俄罗斯民众对中国还是不太了解，相互之间缺乏信任。所以要加强相互间的交流与沟通，通过各种途径促进相互间的理解和信任。为此，两国各级政府要积极推动相互间各层次、多领域的交往，从首脑外交到民间外交，从政治交往到文化交流。特别是应鼓励中俄青少年之间的社会文化交流，因为青少年是国家的未来，中俄作为友好邻邦，两国的世代友好更要寄希望于青少年。加强青少年间的了解与信任，对于培养中俄年轻一代的友好感情、深化两国的传统友谊、加强互利合作、促进两国人民的世代友好有着重要意义。

对于东北地区来说，要充分利用其地理位置优势，加强与远东的合作，丰富交往方式，加深对彼此的了解。目前，在东北省区与远东地区之间多元化的交流与合作机制已初步形成，而且趋向常态化。这些为增进两地民间的相互信任以及进一步深化中俄区域合作奠定了重要的社会基础。

（二）通过宣传让俄罗斯人民消除偏见和顾虑，以利于两国区域合作的务实推进

首先，要让俄罗斯人民了解，中国的发展和崛起将主要立足于自己的力量，依靠国内广阔的市场、充足的劳动力资源和雄厚的资金储备。俄罗

斯国内引发"中国威胁论"的一个主要依据是担心中国经济的发展会侵占俄罗斯远东地区的资源。的确，中国是能源消耗大国。目前，中国的能源消耗量约占世界总量的1/10，石油产品进口量约占国内消耗总量的一半。而且随着我国经济的发展，面临的资源压力日益加大。但是这并不意味着中国经济的发展必然会侵占别国的资源。

我国幅员辽阔，具有丰富的可再生资源。自20世纪90年代以来，我国在风能、太阳能、生物质能等新型可再生能源领域的开发和利用就取得了很大的进步。特别是近年来，随着国际市场上化石能源价格的上涨，我国新型可再生能源产业的发展步伐不断加快。2006年我国颁布了《可再生能源法》，2007年开始实施《可再生能源中长期发展规划》，明确提出到2020年可再生能源占能源消费总量15%的发展目标。在政府的大力推动下，目前从总量来看，中国的可再生能源占一次能源消费量的比例高于世界平均水平，其中有多种可再生能源的利用量居世界前列。[1] 大量可再生能源的运用减少了中国对外国石油的依赖。另外，中国已经加入世贸组织，融入世界经济体系，即使中国需要从国际市场购买资源，也会按照国际惯例，以自愿和平的方式，按正常的商业渠道获得资源。

其次，要通过宣传与沟通让俄罗斯人民明白，中国的崛起绝不是排他性的。中国经济的发展，给俄罗斯社会带来的不是威胁，而是机遇。中国奉行"与邻为善、以邻为伴""睦邻、安邻、富邻"的周边外交政策，历来坚持和平共处、共同发展。这不仅仅是中国恪守的一项基本外交政策，也是中国文化的特点。中国文化的核心是以和为贵，追求和谐发展。所以，中国综合国力的增强，不会给其他国家带来威胁。而且，中国经济的发展还会给其他国家带来机遇。改革开放以来，随着中国经济的增长，中国的进口不断扩大，表明中国的发展给世界各国提供了广阔的市场并创造了更多的就业机会。对于中国东北和俄罗斯远东的合作来说，中国的发展只会给远东带来机遇，而不会带来危害。远东和东北的发展不是竞争关系，而是互补关系。相信未来随着经济的发展，中国将为包括俄罗斯在内的世界各国提供更多的机遇，从而更有利于促进世界经济的发展。[2]

---

①　吕薇：《可再生能源：经济持续发展的重要支撑》，《求是》2010年第10期。

②　陆南泉：《对中俄经贸合作形势的几点分析》，《俄罗斯中亚东欧市场》2006年第7期。

结　论

当今世界，开放与合作已经成为各国及各地区经济发展的重要途径。我国东北与俄罗斯远东地区山水相连，发展双边经贸合作具有独特的区位优势。两国边境民间长期以来形成的传统友谊和悠久的经贸联系为开展合作奠定了良好的基础。进入 21 世纪，中俄两国分别提出振兴东北和开发远东的发展战略，2009 年 9 月，两国元首正式批准了《中华人民共和国东北地区与俄罗斯联邦远东及东西伯利亚地区合作规划纲要（2009～2018年）》，这一切都为东北与远东发展区域合作提供了难得的契机。

本书从区域经济一体化的基本理论入手，全面分析了远东和东北开展区域合作的现实基础与合作的优先领域，并对两地开展合作的战略构想、合作模式及发展路径进行了深入的分析，通过分析研究，得出以下几个基本结论。

第一，东北和远东开展区域合作是适应当代经济全球化、区域化发展的必然趋势，也是区域经济合作理论的现实应用。对外开放是中国长期的基本国策，积极参与并推动区域经济合作已经成为我国对外经济发展的重要战略之一。这不仅是为了顺应世界经济发展的需要，更是我国经济发展到一定阶段的必然选择。特别是对于外向型经济发展比较薄弱的东北地区来说，开放是振兴之路，合作是发展之策。东北地区具有对远东开展经济合作的区位优势和产业基础，两地在能源、农业、林业、渔业、基础设施、旅游业、劳务输出等领域的合作有着广阔的发展前景。

第二，鉴于东北与远东之间的区域合作属于次区域经济合作，同时，二者都是在国内属于经济发展相对滞后的地区，因此，东北和远东的区域经济合作具有自己的独特之处。它是适应两地经济发展实际需求的次区域经济合作。从经济学观点看，次区域合作实质上就是通过各种生产要素在"次区域"地缘范围内的自由流动，通过更有效地开展区域专业化分工，减少相互之间的无效竞争，从而达到实现生产资源的有效配置和提高生产效率的目的。因此，双方的合作主要是在贸易和投资领域。

本书认为东北与远东开展区域合作的最合理的模式应当是：以边境经贸合作为依托，以双方的中心城市为核心，以能源、农业、林业、基础设施建设等双方合作的优先领域的开发合作为切入点，重点推进上述领域的大项目合作，通过大项目的带动作用，逐渐消除或减少两地之间商品、劳动力和资金的流动障碍，实现生产要素的优化组合，提高双方的生产效益，实现共同发展的目的。

第三，建立有效的合作机制是推动区域合作的制度保障。东北与远东开展区域合作的动力机制在于市场与制度。坚持市场为主、政策调节为辅的原则，即在具体的经贸合作过程中，要和市场直接对接，要在市场规律的作用下，通过"看不见的手"来调节生产要素的配置。同时，在东北和远东的区域合作中要积极发挥政府的引导作用，政府要通过制定区域合作规划、搭建合作平台、提供良好的公共服务等方式促进区域合作的顺利开展。

第四，至于东北和远东区域合作的发展路径，本书认为两地的区域合作是一个长期的、艰难的过程。因此，在合作过程中必须本着相互尊重、平等互利、由简单到复杂、由局部到整体的原则，从以下三个方面入手：一是要继续深化边境地区的合作，边境地区的合作永远是两地一体化的主线；二是要依托地缘优势，鼓励发展边境加工业；三是要推动建立跨境经济合作区，跨境经济合作区对于加快中俄边境地区的一体化具有不可替代的作用。

第五，促进一体化进程的政策建议。为保障远东和东北区域合作的顺利实现，政府首先要通过完善法律、财政、税收等制度安排来维护区域内市场的有效运行，消除中俄经贸合作的体制障碍，保证合作渠道的畅通。其次，两国政府应联合制定产业合作优惠政策，鼓励双方相互投资和贸易。实现东北振兴和远东开发两大战略的跨国对接，加强区域基础设施建设是一个关键，所以，政府还要完善对俄经贸合作的基本设施建设，强化公共服务。同时，还要重视对俄经贸主体的培育，为中俄区域发展储备后备力量。

附录一

中华人民共和国东北地区与俄罗斯联邦远东及东西伯利亚地区合作规划纲要（2009～2018 年）

为协调实施中俄地区发展战略和中国《东北地区振兴规划》与俄罗斯《2013 年前远东及外贝加尔地区经济社会发展联邦专项规划》，并根据2007 年 3 月 26 日在莫斯科签署的《中俄联合声明》第一章第八部分和中华人民共和国与俄罗斯联邦睦邻友好合作条约实施纲要（2009～2012 年），制订了《中华人民共和国东北地区与俄罗斯联邦远东及东西伯利亚地区合作规划纲要（2009～2018 年)》（以下简称《规划纲要》）。

中华人民共和国政府和俄罗斯联邦政府将在两国现行法律框架内，协助实施纳入《规划纲要》的项目。

中华人民共和国国家发展和改革委员会与俄罗斯联邦地区发展部是协调落实本《规划纲要》的负责部门，将根据合作执行情况对本《规划纲要》进行必要的修改与补充。

一 中俄口岸及边境基础设施的建设与改造

进一步发展和改造中俄口岸，完善旅检、货检系统，加快口岸电子化，提高通关效率，完善与口岸相关的基础设施。

1. 改造满洲里—外贝加尔斯克国际公路口岸。中方在中国境内建设新国际货场。改造满洲里—呼伦贝尔 301 国道，建设满洲里—大庆高速公路。俄方建设和改造赤塔—外贝加尔斯克 A‑166 联邦公路。完善铁路口岸。中方建设满洲里—新巴尔虎右旗—伊尔施铁路，改造满洲里—呼伦贝尔铁路。俄方扩大伊尔库茨克—外贝加尔斯克铁路运量，综合改造外贝加尔斯克铁路卡雷姆斯卡娅—外贝加尔斯克（"南部通道"）路段。

2. 改造黑山头—旧粗鲁海图双边公路口岸。完善口岸基础设施。中方改造黑山头—拉布大林公路，建设黑山头—海拉尔铁路。俄方改造地方公路路段（外贝加尔斯克—普里阿尔贡斯克—旧粗鲁海图）。

3. 改造室韦—奥洛契双边公路口岸。中方建设室韦口岸—室韦—莫尔道嘎公路，建设室韦口岸—莫尔道嘎铁路。俄方改造涅尔琴斯克工厂—奥洛契口岸公路（毛盖图—斯利坚斯克—奥洛契路段）。修建纳伦—卢戈坎铁路线（425公里），以开发《规划纲要》附件的"地区合作重点项目"中"外贝加尔边疆区"列举的矿区。

4. 建设或改造绥芬河—波格拉尼奇内多边公路口岸。

5. 改造同江—下列宁斯阔耶、萝北—阿穆尔泽特、嘉荫—巴思科沃、饶河—波克罗夫卡口岸。俄方建设下列宁斯阔耶口岸码头设施综合体和货运平台，实施口岸码头设施三期工程，包括口岸沿线的最终建设和客运码头的改造，改造下列宁斯阔耶客运站；建设阿穆尔泽特口岸码头综合体。

中方建设和改造嘉荫码头、货场和联检等基础设施。俄方建设巴思科沃口岸客运码头。

中方建设和改造由嘉荫、萝北、同江口岸至同三公路的公路，同三公路改造升级并延至抚远。俄方改造通往下列宁斯阔耶、阿穆尔泽特、巴斯科沃口岸的公路，包括比罗比詹—列宁斯阔耶公路、比罗比詹—阿穆尔泽特公路，通往巴思科沃公路口岸公路，以及通往下列宁斯阔耶国际水运码头公路。

6. 设立和建设同江—下列宁斯阔耶铁路口岸。中方建设同江铁路口岸—同江铁路，改造同江—向阳川—佳木斯铁路，接入同富铁路，建设前进—抚远铁路。

7. 建设和改造洛古河—波克罗夫卡双边公路口岸。中方建设洛古河口岸—洛古河—漠河公路，建设洛古河—古莲铁路，接入富西铁路。俄方建设从阿玛扎尔镇到波克罗夫卡口岸的联邦公路"阿穆尔"支线，包括跨阿穆尔河大桥。

8. 在拟建的阿穆尔大桥上建设口岸（在黑河—布拉戈维申斯克地区）。在黑河和布拉戈维申斯克所在区域建设公路桥梁。双方建设连接口岸的公路、装卸码头、货场。在黑河和布拉戈维申斯克市成立和组织交通物流综合体的联合活动。

9. 建设珲春—克拉斯基诺多边公路口岸。中方改扩建货/客运站，建设珲春口岸—珲春公路，与珲春—图们高速公路连接。

10. 完善黑河—布拉戈维申斯克等口岸的基础设施。

11. 改造现有东宁—波尔塔夫卡公路口岸的桥梁。中方建设绥芬河—满洲里高速公路东宁支线，东宁—牡丹江高速公路；建设东宁—珲春铁路。

12. 在同江市和下列宁斯阔耶居民点建设跨阿穆尔河的铁路桥梁。中方建设同江口岸—同江铁路，并与富同铁路连接，改造同江—向阳川—佳木斯铁路。俄方改造比罗比詹—列宁斯阔耶铁路支线并与在建设的阿穆尔河铁路桥连接。

13. 每年冬季在同江—下列宁斯阔耶铺设临时浮箱固冰通道。

14. 加强饶河—波克罗夫卡口岸间跨乌苏里江浮箱固冰通道。

15. 建设长春—海参崴跨境公路。中方建设珲春口岸—珲春公路，与长春—珲春高速公路连接。

16. 建设珲春—扎鲁比诺港口跨境公路。中方建设珲春口岸—珲春公路，建设珲春—图们高速公路，与长春—珲春高速公路连接。

17. 确定部分口岸作为两国使用本国货币结算试点，并从边贸扩大到商品货物贸易。

二 中俄地区运输合作

1. 开辟中俄国际铁路联运通道，南起辽宁省丹东市，北到黑龙江省佳木斯、牡丹江等市，经乌苏里斯克与跨西伯利亚铁路相连；俄罗斯铁路经满洲里—海拉尔至两伊铁路，接入中国东北铁路网。

2. 考虑研究互用中国东北地区和俄罗斯远东地区的港口出海。

3. 研究和讨论中俄过境货物经俄罗斯联邦滨海边疆区及其他地区运输合作互助问题。

4. 恢复珲春—马哈林诺—扎鲁比诺铁路运行。完善内部铁路管理制度；中方增加货运量。

5. 扩大经饶河—波克罗夫卡边境口岸的客流量。继续研究开通"哈尔滨—饶河—比津—哈巴罗夫斯克""饶河—比津"公路常设客运线路问题。

6. 研究和讨论开设跨境公路线路和扩大中俄铁路客货运量可能性问题。

7. 在对等条件下加快边境区域航空运输网络建设，协调发展地方航空运输合作，增加现有航线航班，完善航班网络结构。

8. 发展赤塔机场（卡达拉机场），建设外贝加尔斯克机场和改造克拉斯诺卡缅斯克机场。

9. 研究和讨论开通自呼和浩特、海拉尔、满洲里、哈尔滨、长春、沈阳、大连、牡丹江、佳木斯、齐齐哈尔、黑河、大庆至海参崴、马加丹、赤塔、乌兰乌德、伊尔库茨克、克拉斯诺亚尔斯克、新西伯利亚、南萨哈林斯克、雅库茨克、阿纳德尔、彼得罗巴甫洛夫斯克、托木斯克等国际航班问题。

10. 组织大连—堪察加—彼得罗巴甫洛夫斯克直达客运航线。

11. 确定哈尔滨、长春、沈阳、呼和浩特作为中华人民共和国东北地区优先机场，哈巴罗夫斯克、海参崴、伊尔库茨克和雅库茨克作为俄罗斯联邦远东和东西伯利亚优先机场。

12. 协助发展和恢复北京—南萨哈林斯克、哈尔滨—南萨哈林斯克、海参崴—长春和海参崴—延吉航班。

13. 改建布拉戈维申斯克航站楼、修建第二条起降跑道，以开通至哈尔滨、大连、三亚的干线和支线的补充及对接航班。

14. 提升呼和浩特、哈尔滨、长春、沈阳、大连等枢纽干线机场功能。加快白山、通化、白城、漠河、大庆、鸡西、伊春等支线机场建设。开展长海、抚远、五大连池、亚布力、加格达奇等支线机场建设的前期工作。

15. 为中俄航空企业在双边航运领域合作创造良好条件。

三　发展中俄合作园区

1. 建设和发展科技合作园区

建立以下科技合作园区：

——哈尔滨、牡丹江中俄信息产业园（"一园三区"）；

——长春中俄科技合作园；

——辽宁中俄科技园；

——大连中俄高新技术转化基地；

——海参崴中俄信息园区（"一园三区"）；

——帕尔吉然斯克中俄技术创新实验平台；

——阿穆尔州中俄农业技术转化中心；

继续讨论建设莫斯科中俄友谊科技园问题。

2. 黑瞎子岛（大乌苏里岛，下同）生态保护与开发合作

就黑瞎子岛的保护与开发问题加强相互协作。发展黑瞎子岛将在考虑环保法律要求的基础上实施。中方经抚远水道建设通岛桥梁及岛上公路网络。俄方经阿穆尔水道建设通岛桥梁通道。在形成必要的交通基础设施后，研究设立口岸的可能性。

四　加强中俄劳务合作

在《中华人民共和国政府和俄罗斯联邦政府关于中华人民共和国公民在俄罗斯联邦和俄罗斯联邦公民在中华人民共和国的短期劳务协定》框架内开展合作；通过农业及养殖业、工程总包和分包领域的项目发展劳务合作。

五　中俄地区旅游合作

1. 在《中华人民共和国政府与俄罗斯联邦政府关于互免团体旅游签证的协定》的框架内发展旅游合作。

2. 中俄旅游管理部门和旅游行业联合会就俄罗斯旅客在华和中国旅客在俄的安全推行现代化的安全保障机制相互协作。完善游客人身、财产安全保护措施。地方旅游主管部门建立保障游客安全和协助接待旅游公司在突发事件情况下采取紧急措施的机制。

开展边境地区旅游：

——推动旅游基础设施发展；

——推动建立和发展新旅游线路；

——提供旅游便利化措施；

——实施中俄东部有直航或转运交通线的中心城市的中俄友谊旅游线路；

——开展中俄边境口岸所在城镇居民家庭游（利用节假日）。

3. 协助并组织参与在双方国家举行的国际旅游展，在双方毗邻地区城市举行的国际旅游论坛。支持地方政府及有关部门和企业相互协作，推动会展旅游业发展。

4. 组织中俄沿江界河旅游线路，以及其他联合跨境旅游线路。

5. 实施中国东北地区与俄罗斯远东及东西伯利亚家庭交换游。

中方组织以下旅游线路：

——中俄友谊之旅旅游线路（以哈尔滨、长春、沈阳以及其他中国东北城市为对俄连接点，沿"国家年"中俄友好之旅环线）；

——海滨休闲四季旅游线路（以哈尔滨为起点，按不同季节开辟至大连—北戴河、至海南—北海、至深圳—香港等海滨休闲四季旅游线路及其他跨境旅游线路）；

俄方组织以下旅游线路：

——"东方之环"（外贝加尔边疆区、阿穆尔州、犹太自治州、哈巴罗夫斯克边疆区、滨海边疆区、堪察加边疆区、萨哈（雅库特）共和国、萨哈林州、伊尔库茨克州、布里亚特共和国）；

——"大茶道"（布里亚特共和国、彼尔姆边疆区、伊尔库茨克州、外贝加尔边疆区）。

中俄双方共同组织沿阿穆尔河道至乌苏里江、松花江、结雅河的休闲旅游线路（俄中"阿穆尔—黑龙江"旅游项目）

6. 组织毗邻地区旅游线路的协调互动，相互衔接并延伸旅游线路。

六 中俄地区合作重点项目

双方提出一批在本《规划纲要》框架内实施的地区间合作的重点项目（详见附件）。

中国东北地区各省、自治区人民政府和俄罗斯远东地区联邦主体执行权力机关对项目实施情况予以特别关注，并向两国政府通报项目落实的进程。

在经济技术、金融及其他合作方面协商一致的情况下，以市场需求为导向，这些项目由中俄对外经济活动参与者具体实施。

七 中俄地区人文合作

1. 在中华人民共和国东北地区和俄罗斯联邦远东及东西伯利亚地区举

行国际文化节、艺术比赛、电影周以及由中俄地区参加的其他形式的文化活动。

2. 共同组织以卫生为主题的国际研讨会，就保护人口健康问题进行共同研究。

3. 通过所有边境地区定期会晤机制，交换有关发展边境地区居民环境教育体系的信息和工作经验。

4. 中华人民共和国东北地区和俄罗斯联邦远东及东西伯利亚地区教育管理部门筹备并签署有关教育领域合作的协定。

5. 加强高等教育领域交流与合作，鼓励联合办学，支持知名大学联合培养本科生、硕士生和博士生；建立联合实验室、互派访问学者、加强跨学科交流的优势，提高地区科技人员水平；加强语言教学推广工作，开辟学生交流渠道，互办夏令营等活动。

6. 在伊尔库茨克国立大学贝加尔国际商学院基础上，与中国东北地区高校组织合办国际商务教学。

在阿穆尔国立大学和布拉戈维申斯克市阿穆尔国立师范大学孔子学院基础上联合组织国际文化－历史和人文教育活动。

7. 2010 年在伊尔库茨克市举行国际儿童论坛。

8. 中国东北各省、自治区政府与俄罗斯远东及东西伯利亚地区各州、边疆区政府建立人文合作机制，协调推进地区人文合作和民间交往活动。

9. 在中俄艺术院团、博物馆、图书馆之间建立合作关系，互派导演、演员、舞美、音乐指挥、演奏员、专家以及文艺团体等，进行合作演出和创作活动。

10. 组织开展学生文艺团体互访、交流、演出活动。在"六一"国际儿童节期间举办国际文化节。

11. 进一步扩大和深化毗邻地区在高等教育、语言教学、文化交流、体育联谊、科技合作以及青少年学生交流等方面的合作。

12. 开展毗邻地区地方政府、社会团体、中小企业代表团互访活动。

八　中俄地区环保合作

1. 黑龙江省政府和阿穆尔州政府的合作

根据黑河市环保局和阿穆尔州自然资源部关于建立友好工作联系的谈

判纪要进行以下合作：

保护跨境水体合作；

在双方法律框架内交换环保领域技术；

环境监控技术方法领域的交换；

交换有关发展边境地区居民环境教育体系的信息；

每年举行环保问题的联合研讨会；

开展联合行动，保护边境地区生态多样性，就建立边境特别自然保护区交换意见。

2. 内蒙古自治区政府和外贝加尔边疆区政府的合作

在中俄额尔古纳河水体生态保护地区间常设工作组框架内，推进额尔古纳河水体、景观以及生物多样性保护技术工作组的工作。

建立并确保跨境特别自然保护区的运作。

交换环保领域的信息和工作经验，其中包括绿色产品技术。

3. 黑龙江省政府和外贝加尔边疆区政府的合作

参加《黑龙江/阿穆尔河流域综合治理》环保方案的落实。

4. 黑龙江省政府和哈巴罗夫斯克边疆区政府的合作

签署关于黑龙江省人民政府和哈巴罗夫斯克边疆区政府环保领域合作的议定书。

组织和进行空气质量的联合监控。组织和进行水体表面与水体生态资源的联合监控。

为保护跨境水系生态系统，保护和研究区域特有动植物物种，建立并维护共同自然保护区的运作。

交换生产绿色环保产品、利用和加工生产与生活垃圾方面的技术，扩大垃圾处理厂家的联系，成立合资企业。

交换环保专家，在交换中研究生产和组织过程，生态政策以及涉及环保问题的法律保障，建立业务联系。

5. 黑龙江省政府和萨哈林州政府的合作

发展生态监控领域的合作。

开展生产与生活垃圾的加工和利用领域的合作，交流经验。

在环保领域（水资源、大气）交换信息和交流工作经验。

附录二

中华人民共和国东北地区与俄罗斯联邦远东及东西伯利亚地区合作重点项目目录

1. 在第一阶段俄罗斯向中国供应电力方案实施完毕后，进行第二和第三阶段方案的经济技术可行性论证，商定实施原则。

2. 在中俄各自境内建立跨阿穆尔河、功率为 750 兆瓦的直流电输电线路及换流站。

3. 利用俄罗斯远程医疗综合体建立地区间远程医疗系统，开展中国东北地区和俄罗斯远东地区的流行病监控和管理。

（一）俄罗斯境内项目

1. 在俄罗斯远东联邦区共同建设聚烯烃生产综合体。萨哈（雅库特）共和国和萨哈林州。

2. 在俄罗斯远东和东西伯利亚地区建设新的发电站和电网基础设施。

外贝加尔边疆区

1. 在别列佐夫斯基铁矿区开采项目。

2. 在诺永达拉果多金属矿开采项目。

3. 在外贝加尔边疆区东南部开采多金属矿并建立外贝尔加尔斯克采矿冶金综合体：

——布格达因斯基钼矿区

——贝斯特林斯基金－铜矿区；

——库尔图明斯基金－铜矿区；

——索洛涅琴斯基锑矿区；

——新什罗金斯基金－多金属矿区；

4. 在贝—阿干线沿线地区开发外贝加尔边疆区北部矿区（乌多坎斯基铜矿、赤涅斯基铜矿和过列夫斯基钛－钒－铁矿等）。

5. 在奥洛维亚宁斯基和毛盖图交界地区建立水泥厂。

6. 在外贝加尔斯克镇建设原木深加工企业。

7. 在赤塔建立木材加工联合工厂。

8. 在外贝加尔斯克和毛盖图建立工业区。

伊尔库斯克州

1. 在"春斯基"木材加工基地建立完整的木材加工综合体。

2. 在乌斯季—库茨基区建立木材加工综合体。

3. 在西伯利亚乌索利耶市建设多晶体硅生产工厂。

4. 在切涅姆霍夫斯克区开采萨维诺夫斯基菱镁矿区。

5. 在下乌金斯克区开采金－银－多金属矿。

6. 在泰舍特建立森工综合体。

7. 在贝加尔斯克纳米结构加热部件基础上生产节能型加热器和微气候系统。

8. 在库尔图克镇"神圣贝加尔－伊尔库茨克"股份公司关于建立开采和灌装高等级纯净水投资项目。

9. 现代化改造安加尔斯克水泥厂。

阿穆尔州

1. 开发叶甫根尼斯基磷灰石矿区。

2. 开发库利科夫斯克沸石矿区。

3. 在赖奇欣斯克建设玻璃和陶瓷制品的生产企业。

4. 在贝—阿铁路所在地区在无废料循环技术基础上建立木质纤维板、OSB板、干木材料的森工企业综合体。

5. 在布拉戈维申斯克市建设《北方居住区》综合性建筑。

6. 对白戈尔斯克罐头厂进行现代化改造。

7. 在伊万诺夫区组织糖及相关产品的生产。

8. 建设阿穆尔配电站到中俄边境长153公里的500千伏交流输电线路。

9. 在叶尔科韦茨科伊建成热电站。

10. 在布拉戈维申斯克市联合生产电梯项目。

11. 阿穆尔州农作物生产领域合作项目。

12. 在恰戈扬斯克石灰石矿基地建设水泥和水泥熟料工厂。

犹太自治州

1. 在比罗比詹、下列宁斯阔耶、巴什科沃建立原木深加工企业。

2. 改造乔普洛奥泽尔斯克水泥厂。

3. 在比罗比詹建立豆类深加工企业。

4. 在斯米多维奇建立养猪综合体。

5. 开发基坎诺姆－苏塔尔铁矿并建设远东采矿冶金联合工厂。

6. 改造比尔然斯克和托普伦斯基鲑鳟鱼养鱼厂。

7. 犹太自治州农业合作项目。

哈巴罗夫斯克边疆区

1. 开发索伯林锡矿。

2. 在尼兰诺克石灰石矿区和索克鸠坎斯克钒土区建立水泥厂。

3. 在苏克派镇为木制房屋建立锯材和复合木制品加工企业。

4. 在维亚泽姆斯克市建立薄板生产企业。

5. 在阿穆尔河畔共青城建立 OSB 板生产企业。

6. 在阿穆尔斯克市建立大型原木深加工中心。

7. 在太阳区哈尔切潘镇建立胶合板和锯材厂。

8. 在别列佐夫镇建立木质纤维板制造企业。

9. 在哈巴罗夫斯克建造 400 万～500 万瓦特天然气发电厂。

10. 在上布连斯基区建成乌尔加伊热电厂。

11. 在图古罗－楚米坎区库滕金矿矿区建立复合型选矿综合体。

12. 建立年产 10 万立方米的木材加工厂。

布里亚特共和国

1. 在卡拉斯诺亚洛沃—伊沃尔金斯克区建砖厂。

2. 在霍林斯克镇建原木深加工森工综合体。

3. 在塔克西莫镇穆伊斯基区建立木制房屋用锯材及配套产品生产企业。

4. 在乌兰乌德建设生活小区。

5. 在乌兰乌德共同建造 OSB 板工厂。

6. 共同建立玉加工企业。

7. 在乌兰乌德市周边开发粘土矿制砖。

8. 在中心地区（扎姆戈拉耶夫斯克区、谢列金斯克区、普里贝加尔斯克区）开发水泥矿区。

9. 在"贝加尔港湾"建设旅游疗养型经济特区的旅游基础设施。

滨海边疆区

1. 在雅科夫列夫区建设木材加工企业。

2. 滨海边疆区农业合作项目。

3. 乌苏里斯克康吉工业区项目。

4. 米哈伊洛夫斯克区工业园项目。

5. "阿尔乔姆"家电生产组装基地项目。

萨哈林州

1. 开发姆加琴斯克煤矿。

2. 开发诺维科夫斯克含锗的硼砂矿。

3. 在萨哈林州组织原木深加工企业。

4. 建设经济适用住房。

5. 在多林斯克市索斯诺夫卡建设制砖厂。

6. 在南萨哈林斯克市建立玄武岩加工及隔热材料生产企业。

7. 在内什镇诺格利基区共同建设 OSB 板工厂。

马加丹州

1. 综合加工近马加丹矿区褐煤。

2. 在克勒马河上建立乌斯季—斯列德涅坎斯克大型水电站。

3. 马加丹市建立海洋猎兽、原料深加工、制药、护肤品、肉类生产，皮革、毛皮制造项目。

4. 在斯列德涅坎斯克区共同建立森工综合体。

5. 在斯列德涅坎斯克区建立氢燃料工厂。

6. 共同落实《地质勘探工作以及探明奥罗耶克斯克潜在产区符合标准的铜的储量》的有关项目。

堪察加州

1. 在俄罗斯港湾生产含银离子饮用天然矿泉水。

2. 在哈拉克特尔斯克矿区组织钛－磁铁矿沙的无废料加工。

3. 在雅戈丁开采沸石矿。

4. 在克鲁托戈罗夫斯克煤矿组织工业开采。

5. 在埃利佐夫斯克区应用当地珍珠岩生产隔热材料。

6. 在米利科夫斯克区建设木材深加工综合体。

7. 发展海上养殖。

8. 在彼得罗巴甫洛夫斯克市建设捕获水生物资源深加工企业。

9. 在埃利佐夫斯克区和米利科夫斯克区建设旅游基础设施（高山滑雪疗养所、SPA 旅馆、饭店）。

10. 在彼得罗巴甫洛夫斯克市和叶利佐夫斯克区建设住宅区。

楚科奇自治州

1. 开发白令戈夫斯克煤矿区：

——组织煤炭开采与加工；

——建设可全年使用的深水港，以向运输船舶输送煤炭；

——建设阿纳得尔—白令戈夫斯克 110 千伏输电线；

——修建阿纳得尔—上捷列凯斯克—白令戈夫斯克公路。

2. 建设石油加工综合体：

——阿纳得尔市石油加工厂；

——全长 138 公里的上捷列凯斯克—阿纳得尔石油管道；

——主导罐装站；

——300 立方米的石油基地；

——石油罐装码头。

3. 在上埃琴斯克和奥利霍沃姆矿区进行石油勘探和开采。

4. 共同进行海洋猎兽，原料深加工，制药、护肤品，肉类生产，皮革、毛皮制造。

（二）中国境内项目

内蒙古自治区

1. 呼伦贝尔海拉尔区年产 4.5 万吨 1.4 丁二醇项目。

2. 呼伦贝尔扎兰屯市年产 100 万羽大鹅产品加工生产线项目。

3. 呼伦贝尔阿荣旗年产 90 吨纳豆激酶项目。

4. 呼伦贝尔额尔古纳市年产 10 万吨麦芽项目。

5. 呼伦贝尔循环经济产业园区年产 3000 吨多晶硅项目。

6. 呼伦贝尔经济开发区年组装 5000 台大型工程机械项目。

7. 满洲里市年产 30 万套中高档家具生产项目。

8. 满洲里市年产 1000 吨多晶硅项目。

9. 赤峰市克什克腾旗年产 1500 台（套）中小型矿山机械项目。

10. 赤峰市元宝山区赤峰宏文机电有限公司重组项目。

11. 赤峰市克什克腾旗年产 6 万吨锌、铅、锡合金项目。

12. 赤峰市喀喇沁旗年产 7 万吨铜板带项目。

13. 赤峰市元宝山区年产 1.2 万吨铜合金管、2 万吨铜板带项目。

14. 通辽市科尔沁左翼后旗年产 10 万吨铜材深加工项目。

15. 霍林郭勒市提质煤机械制造项目。

16. 霍林郭勒市铝深加工机械制造项目。

17. 霍林郭勒市年产 2000 吨单晶硅项目。

18. 通辽市奈曼旗年产 120 万吨兰炭的褐煤固体热载体法快速热解技术示范工程项目。

19. 霍林郭勒市年产 2.5 万吨钢芯铝绞线项目。

20. 锡林郭勒盟经济技术开发区矿山机械修造项目。

21. 锡林郭勒盟多伦县年产 3 万吨绿色精细蔬菜项目。

黑龙江省

1. 哈尔滨市宾县中俄元丰木材加工批发大市场项目。

2. 哈尔滨市年新增 13 万支浸金属碳滑板、1.5 万吨大规格超细颗粒各向同性石墨项目。

3. 哈尔滨市年加工麸皮 5 万吨、膳食纤维 2 万吨、高蛋白饲料 2.5 万吨等综合利用项目。

4. 齐齐哈尔市年产 2 万樘防火木门、5 万套橱柜项目。

5. 牡丹江市年产 30 万吨芳烃类化工基础原料项目。

6. 牡丹江市年产 3000 吨多晶硅项目。

7. 牡丹江市林浆纸一体化项目。

8. 牡丹江市远东国际会展中心项目。

9. 牡丹江市东宁县中俄机电产品产业园项目。

10. 牡丹江市华茂国际物流基地建设项目。

11. 绥芬河市国际物流园区项目。

12. 绥芬河年产 22 万 m³ 中高密度纤维板境外原料供应项目。

13. 佳木斯市年产 3 万吨海绵钛项目。

14. 佳木斯市年产 100 万吨电解铝项目。

15. 佳木斯市年产 120 万吨水泥熟料扩建项目。

16. 佳木斯市抚远县世贸中心项目。

17. 大庆市北海道温泉园项目。

18. 伊春市浩良河水泥厂年产 300 万吨水泥改扩建项目。

19. 伊春市影视娱乐城项目。

20. 伊春市嘉荫—萝北界江旅游开发项目。

21. 伊春市年产 150 万吨铁精粉及铅、锌等金属精粉综合项目。

22. 伊春市 85 万千瓦风电、14 万千瓦水电建设项目。

23. 七台河市年产 100 万吨焦化改扩建联产 10 万吨甲醇项目。

24. 鹤岗市煤矿瓦斯抽采及综合利用示范工程项目。

25. 鹤岗市年产 120 万吨磷肥项目。

26. 黑河市年产 24 万吨磷酸二铵工程项目。

27. 黑河市汽车出口基地及机械交易中心项目。

28. 黑河市年产 1500 吨多晶硅项目。

29. 黑河市年产 5000 吨多晶硅及配套 14 万吨工业硅项目。

30. 黑河市年产 20 万吨有机硅项目。

31. 黑河市五大连池年产 40 万吨矿泉水项目。

32. 黑河市中俄民族风情园项目。

33. 大兴安岭地区漠河县北极村旅游景区建设项目。

吉林省

1. 长春市年产 3 万 m² 全色 LED 大屏幕显示器项目。

2. 长春市年产 10 万辆外接充电式电油混合动力汽车项目。

3. 长春市年产 5 万吨酶制剂项目。

4. 长春市年产 5 万吨不饱和聚酯树脂项目。

5. 长春市年产 5 万吨纳米碳酸钙项目。

6. 长春市年产 1 万吨木糖醇项目。

7. 长春市年产 10 亿块蒸压灰砂砖项目。

8. 吉林市年产 2800 台采煤机、掘进机等能源装备项目。

9. 吉林市阻隔防爆产品产业化基地项目。

10. 吉林市年产 100 台（套）激光毛化、强化及熔覆设备项目。

11. 吉林市年产 30 万吨 MDI（4，4'－二苯甲基二异氰酸酯）项目。

12. 吉林市年产 1.5 万吨二萘酚项目。

13. 四平市年产 5800 台纵轴流系列收割机械项目。

14. 四平市年新增 1.8 万吨电力金具改造扩能项目。

15. 四平市年产 30 兆瓦非晶硅薄膜太阳能电池项目。

16. 四平市年产 30 套好氧生物流化复合反应器建设项目。

17. 辽源市年产 300 兆瓦太阳能电池生产线项目。

18. 辽源市年产 4400 万 m^2 锂离子电池隔膜项目。

19. 辽源市年产 500 吨活性炭纤维系列产品项目。

20. 辽源市年产 2 万吨天然高分子基活性炭项目。

21. 通化市年产轿车 300 万套、卡车 1000 万片无石棉制动器衬片等扩建项目。

22. 集安市硼泥综合利用年产 1.5 万吨轻质氧化镁项目。

23. 集安市年产 1000 吨 SOG6N 多晶硅建设项目。

24. 白山市年产 3000 万人份生物疫苗项目。

25. 白山市 140 吨天然食用色素项目。

26. 临江市年产 4800 吨各类催化剂生产线项目。

27. 白城市年产 20 万吨纤维浆粕项目。

28. 白城市年产 2000 套汽车覆盖件拉伸模具项目。

29. 松原市年加工 20 万吨石油油管、套管项目。

30. 松原市年产 7000 吨精制衣康酸项目。

31. 延边州年产 6000 吨生物杀菌剂项目。

32. 图们市年产 6000 吨钻井液用防塌剂项目。

33. 图们市边境口岸物流园区建设项目。

34. 珲春市中俄汽车零部件基地项目。

35. 珲春市年初加工 20 万 m^3 木材工业园区项目。

36. 珲春市年产 120 万吨水泥合作加工项目。

37. 珲春市年新增 180 万 m^2 实木地板扩能项目。

辽宁省

1. 沈阳经济开发区引进输变电设备配套零部件产业集群项目。

2. 沈阳市年产 3500 支 110～1000 千伏特高压套管产业化项目。

3. 沈阳市年产 500 万 m 新型系列绿色环保塑料管材项目。

4. 沈阳市年产 7000 万件高精密工程结构陶瓷生产项目。

5. 沈阳市年产 70 万 m^2 人造花岗石、60 万 m^2 石英石板材项目。

6. 沈阳市年产 14 万吨汽车用复合材料制品生产项目。

7. 沈阳市汽车模具制造中心项目。

8. 沈阳市年产 2 万吨油漆项目。

9. 大连市 VMG4－2T/2R 龙门移动高档车铣数控加工中心项目。

10. 大连市引进俄罗斯冷喷涂技术项目。

11. 大连市纳米复合金属强化与耐蚀性技术产业化项目。

12. 大连市电解式银回收及处理设备生产及机电一体化项目。

13. 大连市新型无齿轴承减速器合作开发项目。

14. 大连市中俄流感病毒防控与基因重组制作疫苗合作项目。

15. 大连市中俄生物信息与基因工程研发中心合作项目。

16. 锦州市年产 1500 吨多晶硅项目。

17. 鞍山市新型热管合作研制项目。

18. 铁岭市年产 3000 辆专用汽车生产项目。

19. 铁岭市年产 6 万套换热设备生产项目。

20. 铁岭市中俄贸易物流园建设项目。

参考文献

[1] 周八骏：《迈向新世纪的国际经济一体化：理论·实践·前景》，上海人民出版社，1999。

[2] 〔英〕彼得·罗布森：《国际一体化经济学》，戴秉然等译，上海译文出版社，2001。

[3] 张幼文：《世界经济一体化的历程》，上海学林出版社，1999。

[4] 〔英〕斯图尔特·柯尔比：《苏联的远东地区》，上海师范大学历史系、地理系译，上海人民出版社，1976。

[5] 邵方恒：《俄罗斯远东地区经济概况》，中国物资出版社，1993。

[6] 〔俄〕米纳基尔：《俄罗斯远东经济概览》，对外贸易经济合作部东欧中亚经贸合作研究咨询组译，中国对外经济贸易出版社，1995。

[7] 薛君度、陆南泉：《俄罗斯西伯利亚与远东》，世界知识出版社，2002。

[8] 李传勋：《中俄区域合作研究》，黑龙江人民出版社，2003。

[9] 郭连成：《俄罗斯对外经济关系研究》，经济科学出版社，2005。

[10] 刘清才：《俄罗斯东北亚政策研究：地缘政治与国家关系》，吉林人民出版社，2006。

[11] 〔日〕小岛清：《对外贸易论》，周宝廉译，南开大学出版社，1987。

[12] 付百臣：《中国东北地区发展报告（2009）》，社会科学文献出版社，2009。

[13] 左凤荣：《重振俄罗斯——普京的对外战略与外交政策》，商务印书馆，2008。

[14] 赵立枝主编《俄罗斯东部经济社会发展概要》，黑龙江教育出版社，2006。

[15] 李传勋：《俄罗斯远东市场研究》，社会科学文献出版社，2004。

［16］ 于晓丽：《俄罗斯远东转型期经济社会发展问题研究》，黑龙江人民出版社，2006。

［17］ 金凤君：《东北地区振兴与可持续发展战略研究》，商务印书馆，2006。

［18］ 陈乔之：《东亚区域经济合作研究》，中国社会科学出版社，2002。

［19］ 梁双陆、程小军：《国际区域经济一体化理论综述》，《经济问题探索》2007年第1期。

［20］ 陈秀莲、李立民：《区域经济一体化理论与实践的启示》，《经济与社会发展》2003年第10期。

［21］ 王德忠、吴琳、吴晓曦：《区域经济一体化的理论的缘起、发展与缺陷》，《商业研究》2009年第2期。

［22］ 孟庆民：《区域经济一体化的概念与机制》，《开发研究》2001年第1期。

［23］ 李瑞林、骆华松：《区域经济一体化：内涵、效应与实现途径》，《经济问题探索》2007年第1期。

［24］ 田青：《国际一体化经济学理论发展概况》，《国外理论动态》1999年第5期。

［25］ 王瑛：《区域经济一体化发展的驱动机制分析》，《企业经济》2005年第4期。

［26］ 赵永利、鲁晓东：《中国与周边国家的次区域经济合作》，《世界经济导刊》2007年第4期。

［27］ 陈秀莲、李立民：《区域经济一体化理论与实践的启示》，《经济与社会发展》2003年第10期。

［28］ 赵伟、程艳：《区域经济一体化的理论溯源及最新进展》，《商业经济与管理》2006年第6期。

［29］ 聂元贞：《区域经济一体化的路径选择理论评价》，《经济学动态》2005年第8期。

［30］ 董锐：《国际次区域经济合作的概念演进及理论研究综述》，《呼伦贝尔学院学报》2009年第10期。

［31］ 〔俄〕米纳基尔：《俄罗斯远东与东北亚合作的战略》，《西伯利亚研究》2005年第6期。

［32］ 〔俄〕阿列克谢·格奥尔基耶维奇·阿尔巴托夫：《多极世界中的俄

罗斯国家安全》，《参考资料》2001 年第 9 期。

[33] 〔俄〕布雷：《俄东部地区与东北亚国家经济贸易合作的发展》，《西伯利亚研究》2008 年第 4 期。

[34] 崔亚平：《东北振兴与俄罗斯远东开发战略合作的机遇与挑战》，《辽宁大学学报》（哲学社会科学版）2008 年第 3 期。

[35] 刁秀华、刘畅：《俄东部地区开发与中国东北振兴的互动发展》，《西伯利亚研究》2009 年第 5 期。

[36] 张小峰、米军：《俄日投资合作关系发展的特点及前景》，《中国外资》2004 年第 2 期。

[37] 聂松竹：《我国东北与俄远东及西伯利亚地区经济合作模式探析》，《西伯利亚研究》2008 年第 5 期。

[38] 赵立枝：《俄罗斯远东与外贝加尔发展新纲要和两地拓展边境经贸合作的基本构想》，《东欧中亚市场研究》2003 年第 7 期。

[39] 朱显平、李天籽：《新形势下中国东北振兴战略同俄罗斯东部发展战略的互动合作》，《东北亚论坛》2009 年第 4 期。

[40] 李传勋：《中国东北经济区与俄远东地区经贸科技合作战略升级问题研究》，《西伯利亚研究》2008 年第 3 期。

[41] 周萍：《东北老工业基地与俄罗斯远东地区经济合作探析》，《中国经贸导刊》2010 年第 1 期。

[42] 高欣、许凤才：《我国东北地区与俄罗斯远东及西伯利亚地区经贸合作的战略构想》，《当代经济管理》2009 年第 3 期。

[43] 〔俄〕谢尔盖·哈勒莫夫：《俄罗斯人眼中的来自远东的威胁》，王晓夏译，《现代舰船·军事广角》2008 年第 2 期。

[44] 马蔚云：《俄罗斯改革与西方经济援助的关系问题》，《西伯利亚研究》2005 年第 3 期。

[45] 赵宏：《"西方情结"与俄罗斯社会发展道路》，《科学社会主义》2002 年第 4 期。

[46] 马友君：《中国东北地区与俄罗斯经济合作态势分析》，《西伯利亚研究》2009 年第 2 期。

[47] 李传勋：《中国东北经济区与俄罗斯远东地区经贸合作战略升级问题研究》，《俄罗斯中亚东欧市场》2008 年第 9 期。

［48］〔俄〕瓦西里·米赫耶夫：《俄罗斯的东北亚政策》，刘梅华译，《外交论坛》2005 年第 2 期。

［49］王晓泉：《普京政府的俄罗斯东北亚政策特点及影响》，《当代亚太》2005 年第 4 期。

［50］〔俄〕安·弗·奥斯特洛夫斯基：《俄罗斯远东和西伯利亚参与亚太地区经济合作的主要方向》，崔志宏译，《东北亚论坛》2000 年第 4 期。

［51］沈洪波：《东北亚区域经济合作的可能性及实现途径》，《黑龙江财专学报》1992 年第 2 期。

［52］陆南泉：《中俄区域经贸合作发展趋势分析》，《俄罗斯中亚东欧市场》2009 年第 9 期。

［53］曹志宏：《俄实施东部开发战略及其对我国东北地区的影响》，《西伯利亚研究》2008 年第 3 期。

［54］邹春燕：《中国东北与俄东部地区经贸合作新模式的区域经济效应》，《西伯利亚研究》2008 年第 2 期。

［55］朱显平、李天籽：《俄罗斯东部开发及其与我国东北振兴互动发展的思路》，《东北亚论坛》2008 年第 5 期。

［56］李传勋：《俄罗斯远东对华关系的回顾与展望》，《求是学刊》2000 年第 2 期。

［57］孟庆民：《区域经济一体化的概念与机制》，《开发研究》2001 年第 2 期。

［58］李雁：《中国东北地区与俄罗斯远东地区经济合作发展研究》，《西伯利亚研究》2005 年第 3 期。

［59］陈小沁：《俄罗斯远东天然气工业的发展前景——解读〈俄罗斯东西伯利亚及远东天然气规划〉》，《俄罗斯中亚东欧市场》2009 年第 12 期。

［60］〔加〕得格·法尔肯海姆·梅耶：《俄远东与东北亚经济一体化：问题与前景》，周岳峰译，《东北亚研究》2000 年第 4 期。

［61］李传勋：《近年来中国东北地区与俄罗斯远东地区贸合作走势》，《俄罗斯中亚东欧市场》2003 年第 6 期。

［62］《中俄投资合作规划纲要》，国家发改委网站，http：//www.sdpc.gov.cn/gzdt/t20090630_288621.htm，2009 年 6 月 30 日。

［63］《中华人民共和国东北地区同俄罗斯联邦远东及东西伯利亚地区合作重点项目目录》，中国外交部网站，http：//www. fmprc. gov. cn/chn/pds/gjhdq/gj/oz/1206_13/1207/t709754. htm。

［64］《中华人民共和国东北地区同俄罗斯联邦远东及东西伯利亚地区合作规划纲要（2009 - 2018）》，中国外交部网站，http：//www. fmprc. gov. cn/chn/pds/gjhdq/gj/oz/1206_13/1207/t709754. htm。

［65］《东北地区振兴规划》，中国政府网，http：//www. gov. cn/gzdt/2007 - 08/20/content_721632. htm，2007 年 8 月 20 日。

［66］《2013 年前远东及外贝加尔地区经济社会发展联邦专项规划》，《远东经贸导报》2008 年 2 月 4 日、18 日、25 日和 3 月 3 日第二版（连载）。

［67］Г. Романова. Дальний Восток России—Северо - Восточный Китай：торговые связи, транзит, транспортные коммуникации（20 - 30 е гг. XX в.）. П роблемы Дальнего Востока No5 2010г. C72 - 85.

［68］Н. Байков. Энергетическая стратегия России на период до 2030 г（"ЭС - 2030"），Мировая экономика и международные отношения, 2010, No10, C119 - 122.

［69］В. Ларин. Китайский фактор в общественном сознании российского приграничья：срез 2003 года, Проблемы дальнего востока, 2004, No4, C66 - 84.

［70］С. Грибова. Экономические. взаимосвязи. Забайскалья. со. странами СВА, Проблемы дальнего востока, 2005, No2, C80 - 92.

［71］Е. Деваева. Внешняя торговля Дальнего Востока России, Проблемы дальнего востока, 2005, No4, C79 - 87.

［72］А. Коржубаев. Перспективы добычи нефти и газа в Восточной Сибири и на Дальнем Востоке России. Проблемы дальнего востока, 2005, No6, C46 - 60.

［73］Е. Деваева. Структура внешнеторговых потоков Дальнего востока России. Проблемы дальнего востока, 2006, No4, C71 - 80.

［74］Н. Кулнич. Китайцы в составе городского населения Дальнего востока России в 1920 - 1930 - е годы. Проблемы дальнего востока, 2006, No4.

［75］ А. Коржубаевю. Прогноз развития нефтяной и газовой промышленности в России и перспективы формирования новых направлений экспорта энергоносителей. Пробремы дальнего востока, 2006, No5, C48 – 57.

［76］ А. Караиванов. Проблема браконьерства в развитии рыбной отрасли Дальневосточного Федеральново округа. Пробремы дальнего востока, 2006, No2, C68 – 78.

［77］ А. Тарасов. Китайский труд в Забайкалье. Пробремы дальнего востока, 2010, No4, C76 – 83.

［78］ Л. Понкратова. Трансграничные обмен и взаимодействие приграничных регинов России и Китая. Пробремы дальнего востока, 2010, No6, C99 – 115.

［79］ Т. Кучинская. Региональный брендинг как инструмент позиционирования имиджа Забайкальского края в системе межрегиональных свазей РФ и КНР. Пробремы дальнего востока, 2010, No6, C116 – 122.

［80］ А. Барбаль. Транспортные связи Дальнего Востока РФ С Китаем : текущее состояние и перспективные проекты. Пробремы дальнего востока, 2010, No5, C61 – 71.

［81］ АФролов. Приграничное сотрудничество советского Дальнего Востока с северо – восточными Привинциями и Китая1950 – е годы. Пробремы дальнего востока, 2007, No3, C113 – 123.

［82］ http：//www. crc. mofcom. gov. cn/.

［83］ http：//www. russchinatrade. ru/.

［84］ http：//khabarovsk. mofcom. gov. cn/index. shtml.

［85］ http：//ru. mofcom. gov. cn/.

［86］ http：//www. chinaneast. gov. cn/.

［87］ http：//www. hljzew. gov. cn/.

［88］ http：//www. hlj. gov. cn/zerx/lgs/.

［89］ http：//www. assoc. fareast. ru/fe. nsf/.

［90］ http：//www. dfo. gov. ru/.

［91］ http：//www. gks. ru/.

［92］ http：//www. ifes – ras. ru/publications/pdv.

攻读博士学位期间发表的
论文和其他科研成果

1. 胡仁霞：《俄罗斯新一轮私有化的动因、特点与商机》，《俄罗斯中亚东欧研究》2010 年第 3 期。

2. 胡仁霞：《金融危机对俄罗斯的影响及俄罗斯的应对措施》，《俄罗斯中亚东欧研究》2009 年第 2 期。

3. 胡仁霞、李坤：《保持和扩大韩国旅华客源市场思路与对策分析》，《人口学刊》2009 年第 5 期。

4. 胡仁霞：《俄罗斯新一届政府反腐败措施及其成效》，《东北亚论坛》2009 年第 5 期。

5. 胡仁霞：《俄罗斯经济发展形势及其对新加坡 APEC 的影响》，2009 年新加坡 APEC 会议咨询报告（提交外交部、商务部和教育部）。

6. 胡仁霞、李峰：《争取国际铁矿石定价权的策略分析》，《国际经济合作》2008 年第 2 期。

7. 胡仁霞、李哲：《俄罗斯总统大选及今后 4 年的内外政策走向》，《东北亚论坛》2008 年第 2 期。

8. 胡仁霞、杨茜淋：《俄罗斯人口形势与中俄劳务合作前景》，《人口与经济》2007 年第 3 期。

9. 胡仁霞：《中俄哈经贸合作：现状、问题与发展对策》，《国际经济合作》2007 年第 7 期。

10. 胡仁霞、林逍：《中俄两国货币国际化形势分析》，《东北亚论坛》2007 年第 5 期。

11. 胡仁霞、任明：《俄罗斯远东的经济发展与中国人的作用》，《华侨华人历史研究》2007 年第 4 期。

12. 胡仁霞：《俄罗斯经济形势分析》，载《亚太经济发展报告（2009）》，南开大学出版社，2009。

13. 胡仁霞：《试析我国经济增长方式转变的前提、途径及制约因素》，《吉林对外经贸》2008 年第 2 期。

14. 胡仁霞、任明：《俄韩经贸合作的现状、问题及发展对策》，《东北亚研究》2007 年第 3 期。

15. 胡仁霞、曹楠：《俄罗斯远东地区能源领域投资环境分析》，载《俄罗斯东部及能源开发与中国的互动合作》，长春出版社，2009。

后　记

经济全球化与区域经济一体化是当前世界经济发展并行的两大趋势。在经济全球化的背景下，加强区域合作已经成为各国经济发展的重要途径。远东地区是俄罗斯最大的一个经济区，该区自然资源丰富，却一直未能得到充分开发。在冷战时期，远东地区作为苏联的军事重地长期对外封闭，人口稀少。俄罗斯独立后，受苏联解体和激进市场经济改革等因素的影响，远东经济同全国一样，遭到严重的打击，持续多年下滑。直至1999年伴随全国经济的复苏，远东经济才开始出现增长。但是，远东地区的经济发展水平还是落后于全俄平均水平。由于该地区远离俄罗斯西部中心地区且气候恶劣，因此该地区的人口流失严重。俄罗斯政府意识到，如果不改变远东地区的落后状况，那么未来将会危害俄罗斯国家领土的安全。

为振兴远东经济，维护国家领土安全，同时也为国家经济持续发展提供新的动力和资源保障，俄罗斯政府重视并大力推动东部地区的经济发展。虽然冷战结束后，俄罗斯政府多次制定远东地区的发展规划，但最终都由于中央重视程度不够或资金不足等诸多原因而没有完全落实。2000年普京执政后，随着经济的复苏和国家财政的充实，政府将远东地区的开发提上议程。2007年2月，俄罗斯政府出台了《2013年前远东及外贝加尔地区经济社会发展联邦专项规划》。随后，2010年1月20日普京又批准了《2025年前远东和贝加尔地区社会经济发展战略》。此外，俄罗斯政府还积极争取到2012年在远东海参崴召开亚太经合组织峰会的机会，所有这一切的目的都是推动远东地区的全面开发与发展。

与此同时，中国改革开放30多年来，经济快速发展，取得举世瞩目的成绩。然而，也存在区域发展不平衡的问题。其中与俄罗斯远东毗邻的东北地区由于体制性、结构性等问题的制约，进入20世纪90年代以来，经济发展相对滞后，进一步发展面临许多困难和问题。为统筹全国区域经济发展，2003 年中国政府提出推进东北老工业基地振兴战略。2007 年 8 月，国务院又正式批复了《东北地区振兴规划》。

中俄两国政府振兴地方经济规划的相继出台，为两地经济一体化提供了难得的机遇。我国东北与俄罗斯远东地区山水相连，而且在经济上存在一定的互补性，开展区域合作具有得天独厚的地缘优势和良好的经济基础。为适应世界经济全球化和区域一体化的形势，协调两国的区域发展战略，2009 年 9 月 23 日，中俄两国领导人签署了《中华人民共和国东北地区与俄罗斯联邦远东及东西伯利亚地区合作规划纲要（2009～2018 年）》，希望通过中国东北振兴战略与俄罗斯远东开发战略的相互衔接，积极促进两地的经济融合，为两地的区域合作创造大量的商机和发展空间，实现两地同步振兴与开发的目的。

如何抓住这一历史机遇，促使我国东北地区的振兴和俄罗斯远东地区的大开发相互衔接，推动两地的经贸合作形式从单一的贸易形式扩大到资源开发、工程承包等多种形式，实现互利共赢，成为两国迫切需要解决的问题。

加强两地的区域合作不仅是两地经济发展的需要，而且具有深远的战略意义。中俄区域合作是两国双边合作重要的组成部分。两地开展区域合作不仅有利于毗邻地区的经济发展，提高当地居民的生活水平，而且有助于巩固中俄交界地区的稳定与睦邻友好关系，推动两国经贸合作在现有的基础上实现战略升级。总之，区域一体化不仅是经济发展的推动力，而且也是确保两国关系长期稳定发展的重要保障。

呈现给读者的这本书，是在笔者的博士论文的基础上，经过进一步修改而成的。本书的出版得到了吉林大学东北亚研究院的大力支持。在写作过程中，国内外同行已发表的相关研究成果及其研究视角都给笔者提供了很好的参考，对于拓展本书的研究视野给予了很大的启发和帮助。另外，我国与俄罗斯接壤的边境地区的对俄经贸部门和企业的实践探索与总结也为本书的研究提供了素材和分析依据。在此，向吉林大学东北亚研究院以及各位同仁表示衷心的感谢！

笔　者

图书在版编目（CIP）数据

中国东北与俄罗斯远东区域经济合作研究 / 胡仁霞著 .
—北京：社会科学文献出版社，2014. 10
（东北亚研究丛书）
ISBN 978 - 7 - 5097 - 6442 - 8

Ⅰ. ①中… Ⅱ. ①胡… Ⅲ. ①区域经济合作 - 研究 -
东北地区、俄罗斯 Ⅳ. ①F127. 3 ②F151. 254

中国版本图书馆 CIP 数据核字（2014）第 201201 号

·东北亚研究丛书·

中国东北与俄罗斯远东区域经济合作研究

著　　者 / 胡仁霞

出 版 人 / 谢寿光
项目统筹 / 恽　薇　高　雁
责任编辑 / 颜林柯

出　　版 / 社会科学文献出版社·经济与管理出版中心（010）59367226
　　　　　　地址：北京市北三环中路甲 29 号院华龙大厦　邮编：100029
　　　　　　网址：www. ssap. com. cn
发　　行 / 市场营销中心（010）59367081　59367090
　　　　　　读者服务中心（010）59367028
印　　装 / 三河市尚艺印装有限公司

规　　格 / 开本：787mm × 1092mm　1/16
　　　　　　印 张：13.25　字 数：215 千字
版　　次 / 2014 年 10 月第 1 版　2014 年 10 月第 1 次印刷
书　　号 / ISBN 978 - 7 - 5097 - 6442 - 8
定　　价 / 59.00 元